Phänomenologie
Nitta Yoshihiro

新田義弘教授
追悼論文集

現象学
未来からの光芒

河本英夫
［編著］

学芸みらい社
GAKUGEI MIRAISHA

新田義弘

（にった・よしひろ）

哲学者。東洋大学名誉教授。1929年、石川県生まれ。東北大学文学部卒業。フッサールやハイデガーら現象学の第一世代が辿り着いた地点から出発して、「媒体の現象学」という独自の道を開いた。国際現象学叢書 Orbis Phaenomenologicus の代表編集者、Husserl Studies の編集顧問などを歴任し、国内外の現象学運動を牽引。代表的著書として『現象学』（岩波書店）、『世界と生命――媒体性の現象学へ』（青土社）などがある。2020年、没。

現象学　未来からの光芒

〜新田義弘教授　追悼論文集〜

まえがき

新田義弘先生が亡くなられた。二〇二〇年三月一五日のことである。折しも新型コロナ・ウイルスが感染拡大を始めた頃で、葬儀は近親者のみで行なわれた。享年九一歳である。私にとっては、いまだ距離の取れない出来事である。死のことではない。新田義弘先生という事象が、今なお距離が取れないのである。

新田先生は、日本の現象学の草分け的存在だった。フッサールやハイデガーやメルロ＝ポンティの著作を読み、そこから多くの知見や着想を引き出してみせる現象学の研究者たちは、日本にもかなり多くいる。各現象学者の翻訳書も、学識と丹念さに裏付けられた作業を通じて、多くの高書、良書が公刊されている。しかし新田先生は、かなり異なった道筋を進まれていた。

ごく単純化して言えば、現象学は体験的直接性の解明の学である。フッサールの個人的資質に依存しながら、この学の方法的な枠は決まってきた。それを解読し、現に何が行なわれているかを考察する作業は、当然、貴重な課題である。だが新田先生の力点は、それに留まらず、自分で現象学を実行し、自分で現象学を前に進めていくところにあった。現象学を通じて前に進む試行錯誤は、コツと執念のようなものが必要となる。

すでに体験的に経験し、それを生きてしまっている事象に隙間を開かなければ、それが何であるかを記述することさえできない。この隙間を開く作業が、「現象学的還元」と呼ばれる方法的な作業である。こうした体験レベルの経験では繰り返しそこに立ち戻るようにして、記述を繰り返していくしかない。こうした作業を自分で実行できるようにしていく道筋を開いていったのが、新田先生であった。

そこから「現象学とは一つの運動である」という名言が生まれた。

多くの若手の研究者は、新田先生のもとで現象学的な解明の手法を学び、自分なりの試行錯誤と、自分なりの探究の道筋を付けることを学んできた。また新田先生が関心をもたれた哲学史の素材、例えば後期フィヒテの「像論」から、新たな着想が得られるほど自分自身の視野の拡大を得てきた者も多い。新田先生の現象学の試みは、「終わることのできない挑戦」でもあった。その意味で才能の資質は、間違いなく「ジミ派手」であった。

そうした影響下で現象学を学んできた者や、新田先生に隣接する位置から自分なりの道筋を開いてきた人たちで論集を出そうと企画したのが、本書である。もちろんこうした企画は、網羅的でもなく、完結するはずもない。関連する全員に声をかけることは最初から不可能な仕事である。しかも体調を崩し、書けるはずの原稿が書けない人たちもでた。ともかく前に進み続ける人たちを中心にして、やれるところから開始するしかない。それは新田先生との関わりのなかで形成された伝承の、一つの区切りのようなものである。

本書全体は、新田先生との関連で自分なりの構想を述べていく「現象学の未来――伝承と展開」と、新田先生との関わりの固有性に力点を置く「追懐――私の記憶」の二つの部に便宜的に分けてある。

新田先生は、一緒にいてともかく面白く、多くの面で触発的であった。現象学を志す多くの人たちにとって、本書が導きの糸ともなり、斬新なアイデアの手掛かりとなってくれることを願っている。

二〇二一年三月　河本英夫

目次

第Ⅱ部　追懐——私の記憶

伝承と展開

第 I 部

現象学の未来

「生きられた知」の論理とその外部

——新田現象学が語らなかったものへ向けて

稲垣　諭

1　はじめに——論証とは別の仕方で

新田義弘先生（以下：新田）の著作と論述は、大学院生の頃から今まで何度も拝読してきたし、その傍で話を聞く機会にも恵まれ、私自身、強い影響を受けてきた。とはいえ、直接の弟子筋とは異なるのも確かであり、本稿では、そうしたポジションからしか見えてこない新田の現象学的な歩みについて論じることができればと考えている。

新田の記述スタイルには語句の難解さや推論のソリッドさには回収できない固有の迫力とテンションがある。文体はどこまでも静かで、余分な形容は限界まで削ぎ落とされている。かといって、著名な哲学者の引用文の周囲に、自らの思考を申し訳程度に配置するのではなく、咀嚼された読解のなかで抜粋された引用が別様の思考の動きを見せる場所を切り出そうとする。そのとき読者は、幅の狭い小路へグイっと追い込まれるように、新田の「生と知の論理」の俎上に載せられていることに気づかされる。

そうした新田の論述の骨組みだけを取り出せば、フッサールとハイデガー、そしてフィンク、彼らの思索を、あくまでもフッサール現象学を支柱としながら整序し、表象的で「水平」な地平の解釈に陥ることなく、差異性に媒介される「垂直」の深さに降りていくことである。この経験の底へ潜り込めるかどうか、そしてこの沈み込みの最中で上方に映る世界の光景を取り押さえられるかどうかが新田現象学の掛け金である。

とはいえ、この「深さ」も「底」もこれだけではただの言葉である。したがって経験の垂直な沈み込みという「現象学的な体験」を新田とともに共体験できるかどうか、そこから多様で別様な経験へと展開できるかどうかが大問題となる。

ひとまず現象学を「生きられた知を体験領域から汲み出すこと」と定義づけてみると、新田現象学を形作る最も外側の枠を指定することにはなるだろう。新田にとって知は、形骸化のリスクを周到に回避しながら、「生きられた知」とならねばならない。しかしでは、そもそもこの「生きられた知」とはどのような経験なのか、それは「生」そのものとどう関わるのか。以下では、この問いをめぐって新田の論証を追いながら、論証を追うこととは異なるどのような経験へと新田が体験を開いていこうとしていたのか、その謎を浮かび上がらせてみたい。

2　生きられた知に向かって

この「生きられた／生き生きとした(lebendig)」という形容が、何を意味するのか。「生命(das Leben)」はすべからく生きていなければならない。生を体験していると言ってもいい。これは、代謝機能やフィードバック・ループによって組織された細胞のような生命とはさしあたり関係がない。そうではなく、この形容は生の体験的な「直接性」であり、自らに対して距離が取れない「密接性」であるとも言える。生は愚直に生き、ただ行為する。現象学的にそれは、自然的態度における「素朴性」や「没入性」、「自己忘却性」との近さももつ。

対して、この生から見れば「知」は本来どこまでも超越的である。というのも、生は知の補助がなくてもそれ自体で成立し、生にとって知は余分でさえあるからである。生と知のどちらが存在論的に先に成立したかを問うてみてもそれは明らかである。その意味でも生は、知さえ内的に貫くが、知は生にとってどこまでも外的となる。フッサールの用語で言えば、知は生による一方的な基づけ関係にあるように見える。

にもかかわらず、知は生に、自らの屋台骨に迫ることをやめない。ドゥルーズを待つまでもなく、生という概念は生そのものに似ていないし、生の概念をどこまで詳らかにしても生には到達できない。が、この詳らかにする知的行為は間違いなく生の一つの働きである。この接近とすれ違いのどこかで知は「生きられた知」となる。新田はそう考えている。これは「生と知のアポリア」であるが、アポリアの間隙を縫って進むことでのみ知は生きられるのである。

試みに一つの事例を用いて、現象学的な体験の記述を行なってみたい。目の前に鮮やかな黄色のグレープフルーツがある。この果実のみずみずしさは知によって形成されているのではない。が、「果実」も「みずみずしさ」も知的な概念表現である。このみずみずしさを感受するのは感覚であり、果肉を味わうのは知覚である。生きた果実を別の生命が食し、自らの身体に取り込み同化する。それを通じて、ある生命は異なる生命の知を獲得するし、そのような生の営みを通じて知は自らを形成し、拡張する。

この場面で、言語をもたない動物もこのみずみずしさを経験しているのかと問うことはできる。仮に経験しているとして、それもまた彼らの知によってであるのか、あるいは、人間的な言語表現によってのみ構築されたにすぎないのかとさらに問うこともできる。おそらく動物であっても、みずみずしい果物とそうでないものの区別はできる。ハイデガーであればこうした知を「世界貧困的な」知と呼ぶのかもしれない。

対して新田が、こうした「動物的な生」と「生きられた知」の関係をどう考えていたのかはよく分からない。しばしば新田によって援用されるフィンクの世界開示性のコスモロギー的議論や、西田の道具的な制作行為と生命の近さの議論に鑑みれば、新田は「人間という場所」をまずは特権化していたように思える。(1) これが新田現象学の可能性にとっての決定的な分岐点となることは後述する。

さらに続けよう。このみずみずしさという経験は、例えば、ひとしきり走り回った後の喉の渇きに促され、視認し、手で鷲づかみし、口へ運び、味わう行為主体と、水分とビタミンを豊富に含んだ鮮やかな色の表皮に包まれ、弾ける果肉、それを実らせた大樹の木陰と、そこに柔らかに吹く風の景色が、多重に交差する場所で成立する。いささか牧歌的ではあるが、そこに言語はまだなく、対象、主体、身体、行為、風景が交差するなかで生きられているだけである。「生」はそのようにしてすでに一個の「世界」となる。

仮にこれらを抽象的に切り出せば、それぞれが、果実とそれを食する独立した生物種であり、飢えや乾きという心理的欲求であり、視覚と身体の認知メカニズムであり、物理的な環境となる。みずみずしさという経験は、このどれかに還元することで雲散霧消する。それはどこにもない。むしろ「この」みずみずしさの経験は、これらどれもが複合したまま「生きられる経験」である。すでにして世界だというのはそういうことである。

生の経験を、このように「みずみずしさ」の体験として記述した場合、新田が論じる生の深さとどのような関わりがあるのか。これを特定しようとすると、様々な困難が浮かび上がる。というのも、新田の論述には生の深さに迫る手がかりとなる個別的な「事例」がほとんどなく、事例を手がかりに経験を分析しようとする素振りもないからである。新田の論述は、内世界的な記述に対してとにかく閉じており、禁欲的である。この抑制は、生命と世界の超越論的関係を剔抉する際にどうしても必要なことなのか、何が事例の取り入れを難しくしているのか、以下ではその点をさらに追究してみる。

3　生と事例の空白

以前私は、経験の記述（とりわけ個体化という経験）で重要なのは、理論の道具立てや概念の配置ではなく、どのような事例からその経験をつかんでいるのか、そのことを浮き彫りにする「事例」のネットワークの方にあると主張した。[2] フッサールの分析にも少ないが事例があり、ハイデガーは事例分析を得意としていた。フッサールの場合、視覚的オブジェクトや音楽、色彩といった知覚的な事例が多く(デューラーの版画やクラゲといったものもある)、ハイデガーは、生物や技術品(道具)、芸術作品、詩など多彩である。そうした彼らの選択した事例のパターンや幅が、彼らの現象学の固有さを特徴づけているると主張したのである。

対して、すでに述べたように新田の論述には経験に迫る事例的な手がかりがほとんどない。新田が取り上げた事例として(私が調べた限り)見出せたのは、一九七八年に出版された『現象学』のなかにある「塔」に関しての記述である。[3] これは前面が赤く、裏面が緑であることによって期待が裏切られる知覚の事例として取り上げられている。この赤と緑の知覚事例は、フッサールが好んで取り上げる事例の変形だと思われ、実際、この箇所ではフッサールの『経験と判断』が参照されている。

とはいえ、そのなかでフッサールは赤と緑の「球」の事例を挙げているのであって、「塔」の事例を用いてはいない。したがってここに、新田の事例選択の固有さを見て取ることができる。「たとえばそこに聳えている塔の前面」という内世界的な事例の取り出し方は、新田にはとても珍しい記述であるし、前面が赤く、裏面が緑の「塔」はなかなか経験できるものではない。さらに、「そこに聳える」という、高みへと真っ直ぐに向かう事例を選択していることも、後述する内容との関係で興味深い。

とはいえ、ここまで新田の記述に事例が少ないことは、一体何を意味しているのだろうか。いくつか考えられうる理由を取り上げてみる。

(1) 内世界的記述という誤解の回避

フッサール現象学に対する批判の多くに、経験的なものと超越論的なものの混同と誤解があった。フッサール自身が『論理学研究』の最初期から、自らの体験分析が心理主義的な誤謬に陥らないよう細心の注意を払っていたし、経験的な記述心理学と超越論的現象学の厳密な区分を要求していた。それなのに「内世界的(mundan)」な事例を取り上げてしまうと、それだけで超越論的条件をめぐる思索が、世俗的で偶発的なものとして理解されてしまうリスクが高まる。実際に新田は、現代社会に関わる「文化論的な論説」(4)などは極力避けるような発言を度々している。

より具体的には、新田の記述には身体性についてのものが多々あるが、かといってその身体が、どんな体勢と身振りで、どのような場所でどんな対象を把捉するのか、経験的個体の身体運動として記述されることもない。「私(自我)」や「キネステーゼ」の議論も、どの私であり、誰の身体であるかが不明な一般者にとどまる。身体が、他の身体とどのように関わるのか、どの身体部位がどこに触れるのか、そうした事例もない。ここには、次の②も関わるが、超越論性の理論水準を維持し続けようとする、研究者の哲学的な矜恃(これを超越論的プライドと呼ぶ)が関与していると私は想定している。(5)それはある意味で、内世界的なものを脱した「高尚さ」の追究でもあるが、後半で改めてこの問題に帰ってくる。

② 普遍性要求の堅持

これは①の裏面であるが、哲学的な営みはどこかで普遍性に接していなければならないというカントにも共通する前提がある。新田も言う。「哲学は単なる個人的生の自省ではなく、……普遍的自省なのである」(6)と。こうした普遍性要求は、フッサールの認識論的な明証による基礎づけ構想も間違いなく貫いていた。

新田の区分で言えば、「推定的明証」(地平的、超越的)、「十全的明証」(理念的)、「必当然的明証」(反省的)という明証性のトリアス/トリアーデ構造があり、そのなかで現象学的に「世界を経験する生」は目的論的に駆動すると想定されている。(7)その際、推定的明証にとどまることなく、普遍的な記述を確立するために、「生」、「世界」、「知」、「身体」、「他者」、「言語」、「死」といった抽象度の高い、徹底的に「大きな概念」だけで経験の仕組みを論証することが目論まれる。そのため、人間以外の多様な生命や、世界の複数性、性的な身体や障害を抱える身体、同胞や外国人、パロール

（語り）やエクリチュール（テクスト）といった経験を紛れもなく複雑で多様にしているのに、普遍性要求によって周縁化されてしまう経験事例を取り上げることが困難になる。

③ 退去する運動の不可視性

これは新田が言う「深さ」の経験に対応している。「場所の場所」や、「地平の地平」、「世界の世界」といった自己言及的で、自己意識的な開示性（新田はそれを「開示の自己開示」とも言う）に対応する事例は取り出すことが端的に困難である。

例えば、時間という経験の出現はそれ自体、時間的に持続するものなのか、空間の形成は空間内の出来事として起こるのか、志向性の存在はそれとして志向的なのか、こうした「根源的に見える」問いにyesで答えてしまうと、フッサールを何度も苦しめた哲学的な「無限後退」の問題が現われる。そしてこれを回避するには、時間も空間も志向性もそのどれもが、非時間的、非空間的、非志向的な彼方からの「到来」や、無からの「創発」としてしか語りようのない次元に突き当たる。

しかもこうした次元で、何かが「生起する／現われる」その真裏で、そこから「退く」運動の経験が感じ取られることになる。いや、正確に言えば、体験的に感じ取られているのかは不明である。もしかしたら言語を用いた操作によって見抜かれただけなのかもしれない。とはいえそれが、ハイデガーであれば、隠れや退去として語られる存在の運動であり、新田もそれに近いものを生の運動に見ている。存在者は見えても、存在は不可視であるように、生の運動それ自体も見えない。だから存在者が現われるその地点で、存在や生命はそれを可能にしつつ身を引き隠れるのだといった語り口になる。この隠れの運動は現われないのだから、視覚的な反省で捉えることもできない。

繰り返すが、こうしたことが実際に起きているのかは確かめようがない。だがしかし、哲学者はこうした表現を用いて言語に無理をかけ、語同士が軋み始める場所の先にある何らかの経験、もしくは経験の「外」／記述の「外」に記述を届かせようとする。そして新田においてはその場所に、親密であり、かつ、疎遠でもある「深さ」の経験が導入される。しかもそれが、「明るんでいる隠れ」や「顕現しないで輝くこと」といった生命と世界が織り合わせられる、矛盾をはらんだ場所の深淵構造として設定されるのである。[8]

こうした構造的記述は、新田やハイデガーだけではなく、デリダやレヴィナス、アンリといった多くの現象学関連の哲学者が愛好した図式でもあり、そこには多くの研究者を引きつける何かがある。しかもこうした記述を読解していくなかで自分の経験との波長が合うと、精神が深まるような発見の体験さえ伴う。間違いなく、新田もそのレトリックを用いていた。

さらに、これは個人的印象の域を出ないのではあるが、新田の経験の近さから言えば、デリダやレヴィナスの思考よりも、アンリの生の自己感情論に親和的であったように思える。[9] その理由は、デリダもレヴィナスも、「根源と派生」、あるいは「内と外」という、いささか粗野な差異の二項関係から見れば、派生側(外)から多くの事例を用いて記述する傾向があるのに対し(当然、ドゥルーズも)、アンリはむしろ根源側(内)から派生(外)を記述しているように思えるからである。[10] それと同様に新田も根源や深さに身を置く記述になっている印象を受ける。とはいえ、この根源や内は、主体の深部であったり、実体的に確定できるものではなく、世界と生命が邂逅する「場」の中立的・中間的な運動であることから、それを指定する事例を出すことが一層難しくなる。

これら①～③の理由づけが、新田における事例の空白を呼び込んでいる可能性がある。しかも新田にとっての「生きられた知」は、③の深さのなかでしか成立しない。事例の空白以上に、そこから先の経験に入り込むには別様の工夫が必要になる。

4　視覚モデルから触覚モデルへ

新田の記述における事例の空白は、目指すべき生の深さの確信の「強度」とつながっている。たとえ新田がそう明言しないとしても、派生的な経験(事例)を迂回しないのは、根源的なものへの強度に真っ直ぐ導かれているからである。この生の深さに到達するには、新田は「視(覚)モデル」を克服する必要があるとも考えていた。視覚は、対象との距離があってはじめて成立し、精度が高まる知覚である。この距離による疎隔化が、表象を生み出す仕組みであり、志向性の超越を可能にする。これは、「対象を見ている私(ノエシス)」は、「見られている対象(ノエマ)」とは明らかに異なることを証拠づける経験の仕組みでもある。ここでは「対象」とその「対象の知」は分裂し、「対象」とそれを知る「主体」も分裂する。視覚モデルを用いる限り、こうした構造的な分離(の記述)は避けえない。したがって、この知にとどまったままでは「生きられた知」にはなりえない。生の直接性、密接性を思い出してみても、生は疎隔化する方途とは異なる仕方で接近されねばならない。

そこで新田が採用するのが「触覚(遂行)モデル」である。しかもこの「視覚モデル」から「触覚モデル」への移行が、「自我」の自己関係性から「生」の自己関係性への移行として重ね描かれていく。視覚モデルでは対象と自我(主観性)の分離が、たとえノエシス―ノエマの志向的構造であっても起きてしまう。とはいえ、上述の「みずみずしさ」の事例は、そもそも主体と客体の相関的な経験ではなかった。もしそうであったらそこに生はない。主体と対象、身体行為と世界とが多重に交差するその一点でそれは成立していたのであり、その経験をただ「感触する」場面が生だからである。ここで、生の自己感触という「触覚性」の記述が用いられる。

そもそも「視覚的な知」と「触覚的な知」が、同じ説明図式で語られるものなのか、語られえないのかはいまだによく分からない。しかし触覚について語っていたはずが、気づくと視覚モデルで説明されていたということは度々起こる。したがって「視覚モデル」とは異なる仕方で、しかもこの触覚的な「遂行」の最中で成り立つ知を問題にしなければならない。

触覚の遂行は、視覚で確認しなくても当然可能である。しかも視覚のように対象との分離が起こる手前で、あるいは、対象と接した場所でしか触覚は生じない。物に触れることは物が触れてくることであり、さらには物に触れている「自己身体」に触れることでもある。この多重交差性は「みずみずしさ」の経験ともどこか通底している。さらにこの「自己」はもはや単なる「自我」ではない。新田は、フッサールの「生き生きとした現在」の時間性の議論からではあるが、この自己感触を以下のように述べていた。

だが自我といっても、ここでは、じつは能動的作用に働く自我とか自我極の意味での自我ではなく、むしろ「究極的に機能する自我」が問われているのであり、それこそまさに「**生き生きとした遂行態**」における自己認識、どんな場合にも機能している「**非対象的な自己感触**」としての自己認識以外の何物でもない。[11]（強調引用者）

この場面で新田は「自我」や「主観性」から脱却し、生き生きと自己感触する「生命」へと経験の深度を深めていく。自我を素通りして生命の自己に触れる経験を問題にするのだ。私が私を感触するのではない。私が私に触れるという経験を発端にしながらも、私の真下で私を動かし生かす生そのものに当の生が「触れる」場所を指定するのである。私の生は、私には還元できない生にどこまで触れているのかと。

しかも新田は、こうした経験の深化が「単純に可視的領分［視モデル］から不可視の領域［触覚モデル］への舞台の転換」であってはならないと苦言も呈する。なぜならそれでは「神秘主義的体験への後退」を免れえないからである。[12]当人しか経験しようのない私秘的で魔境的な体験への没入は、現象学的には、あるいは学問としての公共性を維持するには拒絶せざるをえない。新田はこれを執拗に警戒している。では、どのようにしてこの神秘性への後退を防ぐというのか。

5　否定性／非性の現象

ここでもう一つの重大な契機が考慮されねばならない。それが「否定性」であり、「非性」の現象である。自我や主体は、触覚的な遂行において自己を感じるが、そのときこの自己は、私や自我の能力を超えた、自我の「非」自立性に裏打ちされた「知」の出現に立ち会うと新田は言う。「それは人間が、自立した主観性としての自己理解を放棄し、むしろ、自立性を自ら否定することによってはじめてその機能を発見できる」[13]ものなのだと。

ここでの自己理解の「放棄」や主観性の「自立性の否定」が、「非性」につながっている。以下は、その「否定現象」について、しかも「時間性」や「身体性」における差異化と隠れの運動が、新田によって包括的に記述されている箇所である。少し長いが引用しよう。

切れ目がないように生起する自己と世界との「間」に、**否定現象**が起きている。出現の契機と出現に答える応答の契機の根源的な対応関係のなかに、かたちなき「生(命)」がかたちある「世界になる(Weltigung)」出来事が起きている。この出来事は、身を引く「隠れ」と出現する「現われ」との差異化運動であり、「立ちとどまる現在」と「流れる現在」との、また生きられる身体(Leib)と物象化する身体(Körper)との構造的な折り目が、**両契機の相互否定**の働きとして生起してくることにほかならない。

このことを現象学的思惟がみずからの差異化する思惟機能によって、語り出そうとしている。[14]（強調引用者）

自己と世界の差異、時間と身体それぞれの差異化の運動が、否定性とともに語られている。正直に言うと、私はこの「否定性」がうまく理解できずにいる（当然、体験しているとも思えない）。この場面でいつも、新田の記述を追うことが困難になる。私も以前、フッサール研究の一端として、経験の「自己感触」について議論したことがある。その箇所では、「時間意識の究極的な作動は、視覚モデルに依拠した配置概念である所与性へと回収されることがない。そのため、作動の最中で作動としての自らに『触れる』という遂行的で、触覚的な記述を用いざるをえない[15]」と、新田の立場にも近い記述を行なっていた。

しかし、この引用に続けて私は、「この［触覚的］気づきは、日常的場面で身体行為を遂行する際には常にすでに活用されている。われわれは、反省を向けることなく、自らの意識作用やキネステーゼの運動感に気づく。感情の動きもそうである。……そしておそらく、こうした知に関しては、その身分の客観的実在性を証示したり、その根源性ないし深さを正当化するための認識論的論証を行うよりも、それが、現実の世界においてどのような役割を演じているのかを現象学的に展開するほうが議論は生産的になる[16]」と、やや批判的に述べてもいた。これは新田同様に、「神秘主義的な後退」を避けるための戦略の一つだった。

とはいえ、新田はこうした方向に同調することはない。そうではなく、この自己接触において、「感触する私と感触される私とは、同一でありながら、同一で『ない』という相互の否定関係を有している[17]」として、これを否定性・非性の問題へと積極的に接続していく。しかもこの否定性は、新田が後年主題化した「媒体性の現象学」における媒体そのものでもある。「非性として働く媒体性[18]」と明確に表現されてもいるし、以下のような他の記述からも見て取れる。

媒体は、その透明性のなかで機能するが、しかし透明性の底に湧出する非性の感覚を有している(19)。

媒体の遂行態のなかで、媒体として現成する否定性、非性を感じる働きがある(20)。

生き生きとした遂行感は、同時に、それを貫く非性すなわち自己退去の力をも同時に感得しているのでなければならない(21)。

新田にとってはこの非性の感覚、否定の感触が、神秘性への後退を防ぐ「知」の鍵となる。現われ出る運動と、それに舞台を譲るように身を引く運動、この現われと隠れの同時反発的な運動のどちらか一方に偏ったり、どちらかを廃棄することなく、相互に否定し合いながら二つの運動の渦を生み出すこと、それが触覚的な遂行をとおして「生の自己理解」として成立する。改めて新田の言葉を引こう。

その意味で、この切れ目に働く原初的な自己意識（**生の自己理解**）が問題なのである。**生の暗黙の自己理解が、それに成り切る思惟の運動によって、はじめて「自覚」の名で自己を語ることができる**のである(22)。（強調引用者）

この引用は、主体や自我の自己理解ではなく、「生の自己理解」を問題にしている。しかもその自己理解はそのままでは「暗黙」にとどまるが、「成り切る」という思惟の運動によって（ここに触覚的な遂行が関わっている）、はじめて自覚された自己理解になるとも語られている。

現象学は、直接的で、素朴な生から距離を取ることからスタートする。それは自然的態度からの離脱であり、反省的な知の内在的な超越の働きでもある。しかしその先にあるのが、視覚モデルに基づいた、主/客のような経験の分離的な構造にすぎないとすれば、そこにもまだ素朴性がまとわりついている。それは、超越論的であるとはいえ、主観性を主軸にする観念論的なモデル理解となり、それによって生そのものは相変わらず無化されたままとなる。したがって、もう一段階の素朴性の克服/否定が必要である。

一九七八年、新田が五十代に差し掛かる頃に書かれた『現象学』(岩波書店)では、「生命」や「否定性」、「非性」についてはまだ積極的に語られていなかった。とはいえ、この著作のなかでも、素朴性は二段階の克服を必要とすることがすでに留意されている。以下はその『現象学』からの引用である。

たしかに理性批判として働く反省は、素朴性の立場を実証性の立場として、つまり独断的断定の立場としてことごとく**排去しなければ**ならなかった。だが反省が素朴性を批判し、また素朴性の構造をいかに見透すにしても、**反省自体が素朴性に生きる限り**、しかも反省を成立させるその根拠が素朴性においてしか自己を告げないものである限り、反省は対象を固定化する**その働きを捨て**て自己の働きそのもののなかに自己を告げるものを承認するに至るのである。このことは反省が**直接的な自己意識**の正体を突き止めることによって逆に**自己意識によって克服される**ということを意味する。[23](強調引用者)

ここにはまだ、「生命」も「否定」の語も出てこない。しかし反省自体の素朴性が執拗に批判され、「排去する」、「働きを捨てる」、「克服する」という動詞群によって、上述の自己の否定と同じ事態が告げられている。

しかもこのプロセスをとおしてはじめて、「**非**反省的な自己責任の意識」[24](強調引用者)が保証されるとも新田は述べている。反省そのものを否定するこの非性は、「前反省的(自然的・素朴な)」でも、「先反省的(発生的)」でもない。そして、この非反省的な知に自己責任の意識が伴うと新田は言うのである。この契機が、独断的な神秘主義に対する知による防衛と新田が考えていた当のものであると断定してもよいだろう。

先に私は、新田の「否定性」がよく理解できないと述べた。それと同じ意味で、「非反省的な自己責任の意識」がどのようなものなのか、いまだに腑に落ちることはない。にもかかわらず新田は、この「否定性」こそが単なる神秘主義に陥ることとは異なる生命の自覚、しかも責任を伴った「生きられた知」をもたらすと主張している。

そもそも新田は、これまで論じてきたことのなかでも、いくつもの異なる否定のモードについて語っている。例えば列挙しうるだけでも、

(1)現出することの否定(退去/隠れ)
(2)素朴性の否定(地平的思惟の克服)
(3)自我/主体の否定(生への気づき)
(4)知の否定(成り切る思惟/自覚)
(5)生の自己否定(現出する運動)

が区分される。しかも、それぞれの否定は、他のモードを否定しなければ成立しない場合もある。例えば、知は一方で素朴性を否定する必要があるが、しかし「成り切る」という思惟はまさに没入することで、知そのものを否定しなければならない。とはいえ、この知の否定は素朴な没入ともはや同一では「ない」、といった具合にである。それぞれの否定が相互に否定し合う複合関係を作り出している。下記の引用もそのことをよく示している。

「生命」が「知」を自らにとりこみ、「知の否定性」を介して自らを覚することと、生命が「自らの否定性」を介して、自らを「かたち」と化することとは、或る意味では一つのことであり、他の意味では、

全く運動方向を逆にする出来事である。(25)

ここでは前文で（4）の否定が、後文で（5）の否定が語られており、それぞれの否定は全く異なる運動であるが、一つのことだと言われている。ここまでくると、「否定」による複雑な言語ゲームとして構成された、禅問答に近いものにも見えてきてしまう。

まとめよう。知は、自らの素朴性を究極的に克服していく際、自我や主観を否定し、反省を否定し、現われるものを否定する。この否定は、何か(とりわけ知)によって引き起こされたり、措定されたりする知的操作であってはならない。むしろ知の運動そのものが生への届かなさとして挫折する瞬間、そこでおのずと体験されるような否定性のはずである。

しかし他方で新田は、この場面で「思惟の自己遂行に成り切ること」や「自覚」についても語っていた。これは最小限の「知」を含む限り、素朴性への再没入ではない。が、かといって生と知の分離がそこで起きていれば、成り切る思惟は不可能になる。だからこの分離を生み出さずに、かつ、生と知を完全に一体化もさせない工夫、それこそが「否定」ないし「非性」の媒体的位置なのである。

6　外挿される人間

これまで論じてきたように、新田が、生の深みにおいて自己と世界の開闢点を、しかも現われと退去という二重運動の結節点を「生きられた知」のかたちとして見ていたことは明らかである。

とはいえ、そうした知は、「世界のかなたへの心の飛翔を説くような宗教論」でも、「無世界的な生命の形而上学」

でも、あってはならない。[26]これら両者は、神秘主義への後退と同じだからである。それに対して哲学的思惟は、「非反省的な自己責任の意識」を保ち続ける必要がある。そのためにも前節で論じた「否定」ないし「非性」の媒体的位置づけが重視されていた。

この「否定」は、すべてのものを疑うというデカルト的な批判精神の体現のようにも見える。世界から生命が生まれる（素朴実在論）のでも、生命が世界を生み出す（観念論）のでもなく、さらには世界を越えた彼岸がある（イデア論）のでも「ない」。こうした複数の否定に囲まれた中間地帯、非生命的で非世界的な中空に留まり続け、そこからの勇み足をしないことを新田は責任という語で語っているようにも思える。

にもかかわらず、他方で新田は、「知の責任」を問題として取り上げる際、この「媒体／中間」の位置に、度々「人間」や「われわれ」を外挿している。ここには、フィンクの「仲介者としての人間」[27]と、西田の「我々の自己」[28]という両者の思惟からの強い影響が見られるが、この局面では、「否定」と「人間」はほぼ等しい位置に置かれている。

例えば、新田がフィンク解釈の延長上で述べている「世界は人間を介してのみ出現する」という文章を、「世界は否定を介してのみ出現する」と置き換えても何の遜色もなく成立する。あるいは、以下の引用の「人間（の経験／の関与）」を「否定」に置き換えても同じである。

> 世界の出現は、その出現の場である**人間の経験**を一緒に組み込むことによって、始めて出現（立ち現われ）として可能となるできごとなのである。それゆえに**人間の関与**ができごとそのものにおいて意識化されるときに、世界経験がすべてを秩序づける包摂運動そのものの自証性に基づくことが明かされるのである。[29]（強調引用者）

これまで、「自我」や「主観」の存在身分を徹底的に解体し、「生命」の経験へと深く潜ってきた新田の探究が、この場所では「自我」や「主観」をもつ「人間」の特権化をいとも容易に許すことになる。さらに新田は、ラントグレーベを援用しつつ、「この自然（または世界）が**われわれ**を必要としている」[30]（強調引用者）として、世界の出現に立ち会い、それについて語る「人間／われわれ」の存在を要請してもいる。

観念論的理解の再導入ではないにしても、それでもこうした人間の外挿は、この宇宙が、人間が責任をもって認識できるようにファイン・チューニングされているという宇宙物理学でも物議を醸している「人間原理」に近いものに見えてしまう[31]。

しかも、フッサールであれば「超越論的主観性」であるし、ハイデガーであれば「現存在」であったように、ここでの「人間」や「われわれ」が、一体どのような存在身分であるのか、新田は一切定義しておらず、その個的事例を用いることもない。類推するとすれば、言語を介した抽象的な概念操作のできる知的理解力の高いエリート集団を、暗黙のうちに想定しているのだと思われる。というのも、言語を欠いた動物や、抽象的概念操作のできない幼児、西洋文明とは異なる場所で生きている民族、精神疾患等の障害を抱えた病者ではないことは確かだと思われるからである。こうした場面で、事例の空白が強く響いてしまう。

ここに至ってようやく、新田現象学の固有な経験の輪郭が浮き彫りになってくる。生と世界が根源的に出会う場所に立ち会う「人間」、彼らは高度な概念的知識を操りながら、その語りの自覚と、否定を介した責任をもち続けねばならない。それはまた、神秘的で私秘的な体験への没入に陥らないためのリスク管理を徹底するアカデミックな責務でもあるが、それを「人間」や「われわれ」という大きな概念で語ってしまうことで、じつは限定された人間の特殊グループ（知的共同体）による特殊な経験を際立たせていることを覆い隠しているのではないかとの疑惑を生むことになる。

7　欲望の過小さの果て

本論は、新田の論理を追いながらも、その記述の外を捉えることを目指してきた。新田の文体にはユーモアも、イロニーもない。また生命に紐づけられる自然の賛美もなく、アドルノが当てこするハイデガーの牧歌的な土着信仰もない[32]。あるのは、深さへの冷徹さと一貫さとでも言うべきものだけである。揺らめき、たゆたう水面を鋭利な刃物ですぱっと縦に切り落とし、その刹那に自己と世界が、生命として切り結ばれる場所を論理で追い込もうとする。

前節では、そうした局面で外挿される「人間」が、知的エリートだったのではないかと語ったが、じつはそれは正確ではない。むしろ新田の経験により近いのは、ヴァルデンフェルス氏が本書第Ⅱ部所収の追悼文「東洋と西洋との出会い」のなかで、新田を「修行僧」のようだと形容したように、「特殊な経験」の知的実践による研ぎ澄ましなのだと思われる。最後にこの点を踏まえて本論を終えたい。

これまで、生の自覚として語られてきた事柄は、哲学的には「自己意識」論の一種に該当する。有名な自己意識論の一つとして、ヘーゲルが『精神現象学』のなかで「意識」から「自己意識」を導出する場面がある。そこでは同時に、自己還帰する存在としての「生命」も語られている。

ヘーゲルによれば、生命の本質とは「すべての区別を克服していく無限の、純粋な回転運動――静止しつつたえまなく変化する無限の運動――にある。さまざまな運動が消えて一つの自立体になったものが生命である[33]」と述べられており、どことなく新田の生命論との近さ、あるいはその真逆さを読み取れる。そして、この生命は自己意識からすれば「無きものにすべき存在」であり、そこにそれを目指す「欲望（Begierde）」が現われてくる[34]。生命とは食い尽くされるべき欲望の対象であり、知の犠牲となるべき当のものである。

ここでヘーゲルの「自己意識」論を唐突に取り上げたのは、新田の記述に欠けているものの一つが、ヘーゲルのこの立論に不可欠な「欲望」だからである。たしかに新田も「意志」や「気分」に関する考察は行なっていた[35]。とはいえ、新田の記述の大半には、知的好奇心さえ駆動させる、突き動かされるような「欲望」は見当たらない。飢えや排泄、睡眠、性行動といった基本的な欲望や欲動はいうまでもなく、「見たい」や「動きたい」といった世界を動乱させる最小の欲望さえも削ぎ落とされ、ただ世界と自己の出現をそのままに見ることが求められているように思える。人里離れた自然の森のなかにひとり身を置くと、そこにある樹々や石、光や風、虫の羽音、枝折れや落ち葉の音、土の香りだけで、世界が完成しているような感覚に襲われることがある。それ以外の一切が余計なもののように感じられる。そこに欲望をもつ動物がいるだけで、いや、自分がいることでさえ、その世界の調和を乱すような臭みに気づかされる。

新田の論述と思考の動きは、こうした動物的な臭みが世界のなかに現われないように過度に抑制をかけた記述として成立しており、しかもその抑制の欲望さえ消し去る周到さを備えている。抑制する欲望も抑制するという、多重にかけられた欲望のロックが、固有の一貫したテンションとなって文体を貫いている。

これに関連して、デリダがハイデガーの「手」の思索について挑発的な問いを立てていることが思い出される。ハイデガーにとって「手」は、現存在の思考に内的なものである。生物である人間が「手(Hände)」という把捉器官を「もつ」のではなく、「その手(die Hand)」の方が人間の本質を占有していると、ハイデガーは言う。原文は以下である。

Der Mensch “hat” nicht Hände, sondern die Hand hat das Wesen des Menschen inne.

デリダはこの箇所で、最初の手の複数形(Hände)が、後半では単数形(die Hand)に変化していることを指摘する。ハイデガーが信じる手は、動物にも共通する器官としての手でも、タイプライターを両手で用いる手でもなく、手書きを行なう一本の手なのであると。この単数の手に、デリダはハイデガーの立つ「高み」を見てとる。ハイデガーにおいては「愛撫や欲望については何も語られることがない。ひとは、人間は、単数の手で性交するのか、それとも複数の手で性交するのか。この点について何か性差があるのか[36]」と、デリダはハイデガーを挑発する。

そして、この問いに対するハイデガーからの応答を、デリダは自作自演もしている。(デリダ演じる)ハイデガーは言う。「そのような問いは派生的なのであって、あなたがたが欲望とか愛とか呼ぶものの前提には、手なるものが言葉から出来する事態があるのだ、と。私が言及したのは、与える手、自己を与える手、約束する手、自己を委ねる手、届ける手、引き渡す手、同盟もしくは誓約のなかに巻き込む手、そうした手なのだから、あなたがたが下品にも性交するとか、愛撫するとか、さらには欲望するとか呼ぶような事柄を思考するのに必要な一切のものは出揃っているのだ[37]」と。

このハイデガーから予想される抗議の返答は、決してハイデガーが言わなかったであろう返答である。それを言うことさえ憚られるくらい高みに彼がいるからであり、それを言いたい欲望の抑制こそが「超越論的プライド」として求められることだからである。

これと同様に、新田の論述に「欲望」が欠けているのは、それについて積極的には語らないことによって維持される高い倫理性があるからである。この倫理性は、どう生きるべきか、どのような行為を諌めるべきかといった内世界的な倫理とは関係がない。むしろ、先にも述べたように、高僧が一切の欲望を否定し、世俗という内世界的なものに否を突きつけ、己を律するその先で出会われる世界経験に突き進もうとする直情さに近い。それは純粋さの結晶のような行為に、一切の行為を還元することであり、食べず、眠らず、動かない修行の果てに到達できるような貫徹さでもある。

にもかかわらず、このような試みには、こうした極地に達したいという、それ自体廃棄すべき、きわめて人間的な欲望の最小の過剰さが残り続けているはずである。この過剰さの臭みを消す、最後の抑制装置が新田にとっては「否定の論理」なのである。

道元や井筒といった東洋の思想家が語る、世界開現に関する「宗教的な体得」や「宗教の体得的吐露[38]」と、哲学の思惟の到達点は、事象としては近いが、立場としては異なることを新田は繰り返し説いている。それと同じ境位に行ってはいけないと諌めているようでもある。いや、もっと(精神分析的に)深読みすれば、そこには辿り着けない自己の諦観のようなものが、つまり、そう成り切れないことへの挫折が隠されている気もする。そのための言い分が、「否定性」の自覚を貫徹する哲学者の責任という形で現われたのではないか。新田の生きられた知の論理から言えば、責任という形で現われる語りの背後で、決して叶うことのない新田の欲望は自らを隠したのではないか。

そもそもここで語られる「責任」は、内世界的な社会における労働者や生活者としての責任とは一切接点がなく、一瞬間の宗教的体得に陥らないための哲学の責任であり、世界開現という深さにおける否定を論理として自覚する人間の責任である。とはいえ、この人間が内世界的なものや経験的事例との関わりからは語ることのできない、世俗から切り離された浮遊体であり続ける限り、それはやはり普遍性を隠れ蓑にした逆説的な「責任の否定」を内在化させている[39]。

新田は、思惟の自覚が「自足的な達成感を呼び起こすことによって、たちまち新たな仮象の虜になってしまうこと」と、「人間の理解に引き起こされる様々の被覆化」の双方と絶えず戦わねばならないと述べている[40]。この言だけを信じれば、何らかの主張や立場がそれとして確立されたことが見抜かれた時点で、それは否定されねばならないという強迫的な戦いのようにも見える。しかも新田の場合、この戦いは、内世界的な経験や事例に触れることなく、超越論的な論理を維持し続けるという強い抑制方向に進んだことになる。

とはいえ、むしろその反対方向、つまり世界と自己の境界面に現われる固有で多様な事例に積極的に接触し、それらを記述することによるリスクを直接引き受けながら、自らを鍛える哲学の道もあったのではないかと私は信じている。

註

（1）新田義弘『世界と生命——媒体性の現象学へ』青土社、二〇〇一年、一四八頁、『現代の問いとしての西田哲学』岩波書店、一九九八年、五九頁。西田において生命は行為の概念を含み、行為的直観における「行為とは、……人間の身体が道具をもって物を制作するということである」。上記引用からも分かるように、新田にとっての生命は人間の生命をデフォルトとして設定している。
（2）拙著『壊れながら立ち上がり続ける——個の変容の哲学』青土社、二〇一八年、五三頁。
（3）新田義弘『現象学』講談社学術文庫、二〇一三年、一一九頁。田口も『現象学』の解説（三三六頁）において、新田の事例分析の少なさについて言及しているが、どうして新田の現象学的探究が具体的分析へ向かうことがなかったのかには触れていない。
（4）新田義弘『思惟の道としての現象学——超越論的媒体性と哲学の新たな方向』以文社、二〇〇九年、一四四頁、一六五頁。
（5）拙論「男性原則の彼岸へ——男の現象学はどこまで可能か？」、『現代思想』二〇一九年二月号「特集＝男性学の現在——〈男〉というジェンダーのゆくえ」、青土社、二〇二—二一九頁。
（6）新田、前掲『現象学』、二〇三頁。
（7）新田、前掲『世界と生命』、五七頁。
（8）同書、八九頁。
（9）新田はアンリに対してはまとまった思考を記しているが、デリダやレヴィナスについてはそれほど多くを語らない。アンリの内的生の問題については、拙著、前掲『壊れながら立ち上がり続ける』第一章「働き」を参照。
（10）新田によるデリダについての批判的見解は以下を参照。新田義弘「断想　他者と死」、河本英夫・谷徹・松尾正編『他者の現象学Ⅲ——哲学と精神医学の臨界』北斗出版、二〇〇四年、六二頁。
（11）新田、前掲『世界と生命』、一二六—一二七頁。
（12）同書、二二五頁。
（13）同書、二二五頁。
（14）同書、一三七頁。
（15）拙著『衝動の現象学——フッサール現象学における衝動および感情の位置づけ』知泉書館、二〇〇七年、九七頁。

(16) 同書、九七頁。
(17) 新田、前掲『世界と生命』、一二七頁。
(18) 新田、前掲「断想　他者と死」、六四頁。
(19) 新田、前掲『世界と生命』、一二五頁。
(20) 同上。
(21) 同上。
(22) 新田、前掲『世界と生命』、一三七―一三八頁。
(23) 新田、前掲『現象学』、一一六頁。
(24) 同書、二一九頁。
(25) 新田、前掲『思惟の道としての現象学』、七〇頁。
(26) 同書、一五六頁。
(27) 新田、前掲『世界と生命』、一五一頁。
(28) 新田、前掲『思惟の道としての現象学』、二〇一頁。
(29) 同書、一五四―一五五頁。
(30) 同書、一五五頁。
(31) 青木薫『宇宙はなぜこのような宇宙なのか――人間原理と宇宙論』講談社、二〇一三年。
(32) テオドール・W・アドルノ『本来性という隠語――ドイツ的なイデオロギーについて』笠原賢介訳、未來社、一九九二年、六三頁以下。
(33) ヘーゲル『精神現象学』長谷川宏訳、作品社、一九九八年、一二三頁。
(34) 同上。
(35) 新田、前掲『思惟の道としての現象学』、一二六頁以下。
(36) ジャック・デリダ『プシュケー――他なるものの発明II』藤本一勇訳、岩波書店、二〇一九年、七四頁。
(37) 同書、七四―七五頁。
(38) 新田、前掲『思惟の道としての現象学』、一六六―一六七頁。

(39) 新田の記述は、ジェフリー・ハーフがシュミットとともに述べる、「ロマン主義者は何事もなそうとはせず、体験すること、そしてその体験を形にすることだけを欲している」(二〇四頁)と評されてしまうリスクを内在させている。ジェフリー・ハーフ『保守革命とモダニズム――ワイマール・第三帝国のテクノロジー・文化・政治』中村幹雄・姫岡とし子・谷口健治訳、岩波書店、一九九一年。

(40) 新田、前掲『思惟の道としての現象学』、一七二頁。

活動態の現象学

河本英夫

一九九六年の秋、ドイツ、フライブルク郊外のシャーウイスランドで、新田義弘先生とともに過ごした。私がマールブルク大学に滞在していた年である。私が車でマールブルクからフライブルクまで行き、新田先生にナヴィをしていただきながら多くの観光地を訪れた。一九九一年に私は、長崎大学から東洋大学に転任した。佐藤康邦教授の誘いに応じたのである。長崎大学には二年間だけ在職したことになる。そのときから新田先生とは、八年間、文学部の同僚だった。たくさんの思い出があり、たくさんの学恩がある。そして今でも記憶に残っている新田先生のいくつもの言葉がある。

その一つが「現象学は運動である」という言葉である。テーマや領域を変えながら、また事象を明るみに出す局面を変えながら、現象学はそれ自体で運動を続ける、という内容である。また「現われる事象には、本性的な虚偽が含まれる」というのもある。そのため事象とその解明を繰り返し括弧入れしながら、前に進むことが必要となる、という内容だった。現象学は体験的行為の解明であるが、その場合、容易には明るみに出ないものがある。途上でなんども虚偽に見舞われるという内容だった。現象学研究以外にも、新田先生は多くのことに関心をもたれていた。新田先生自身は定年になる前の年に、マールブルク大学で一年間「客員教授」をされている。その渡航前の会話では、ドイツで「シェリングの自然哲学」を読むという話であった。また禅宗系の道元にも関心をもたれていた。「絶対無」というそれ自体で活動する事象に、強く関心を寄せられているという印象だった。

1　活動態という事象

新田先生の哲学は、晩年になると、西洋哲学史総体のなかでフッサール現象学が実質的に実行してきたこと、またその意義は何かという歴史的視点と、現象学がさらに挑戦的に踏み出すとしたらどのようなものになるのかという試行的視点が、前面に出てきた。

歴史的視点の方では、世界を構成する「主観性」の権能を弱め、主観性と呼ばれるものも「世界の現われ」を出現させる媒体の一つだという方向の議論となった。「現われ」は世界の事象の最優先的な事柄である。そのことを明るみに出したことが、フッサールの議論の立て方であり、例えば物の認識ではなく、物の現われそのものに迫る方法的な仕組みが開発された。そのためまさに「現象学」なのである。その現われの出現には、主観性、自我、身体、時間のような様々な媒体の関与がある。現われそのものと現われの媒体という仕組みで、基礎づけ（根拠づけ）という構想を解除し、現われそのものの動態性を開放していくという仕組みが導入されている。

試行的視点の方では、事象の「出現」という難題に取り組まれている。精確に言えば、「出現そのものを事象として主題化する」という課題である。事象に寄り添う現象学を活用して、事象そのものの出現を扱うのだから、最初から「ただではすまない課題」となっている。これは現実性のなかに事象がそれとして出現する仕組みや、「現われ」がそれとして出現する仕組みを構想するものである。一般的には大掛かりな仕組みの導入をしなければ解けない問題である。

だが現象学である限り、主題に隣接する道具立て以外のものは、すでに括弧入れされているはずである。出現は、一つの活動態であり、活動そのものの痕跡を残すように現われそのものの成立を論じなければならない。この活動態が、生命や生と呼ばれる。活動態が現われとして姿を現わし、活動態が現実性の機能的安定化の出現を導く。私には、これはかなり苦戦の予想される解明の仕方だと感じられた。実際、新田先生によってそこに導入されたのが、「現われと隠れ」という「相反的双極性」の導入である。

現われの出現は、そこに働く活動態がまさに身を隠すこととともに成立する。この事態は、身体にも個体にも適用されて、「相反的双極性」をまとう事象が、次々と記述されることになった。これは「現われそのものの学」にギリの「構造的仕組み」を導入することであり、こうした試みの展開可能性の幅は、私にはまだよく分からない。ただし歴史的には、似通った類例はかなりたくさんある。例えばゲーテの色彩論であれば、光と闇の間の陰りのなかで「色彩」が出現してくる。色彩の出現は、光の陰りでもある。

私は、おそらく個人的に特異な経験をもちながら、現象学に接することになった。体験的直接性の解明は欠くことができない。それは全面的に現象学的な手法を用いることになる。だが「現われ」そのものも変容する。視界の明るさが一挙に変わり、世界の馴染みやすさや馴染みにくさの度合いが一挙に変わったりもする。精神医学やリハビリの現場と関わりながら、視野の半分を消してもなお意識の「自己維持」が図られる症例には、たびたび遭遇した。そのため「現われそのものの変容」を組み込んで議論を立てる必要があった。これは安定した視野のなかにある物の見え姿の変化(形態変化、パラダイム変換)のようなものではない。視野や視界そのものが変貌してしまうのである。そのとき、当人(主体)にとっては何が起きているのか分からないほどの「世界の当惑」が出現する。

もう一つ、私には大きな要請があった。活動性や活動態そのものは全面的に現われることはないが、現われるという場面では、ある種の「創発」が起きるという事態を組み込まなければならなかった。そうなると「活動態と創発」を主題にした現象学を組み立てなければならない。活動態はそれとして感じ取られていることがあっても、必ずしも「現われ」とはならない。だが「現われ」を含む活動態の場所を設定しなければ、考察を進めることもできない。この場所として、「現実性」という語で表わされる事態を考察することになった。

創発では、経験そのものの更新も同時に起きるので、経験の形成や主観性そのものの形成を組み込んだ議論を立てなければならなくなった。経験の主体は、活動の一部である運動のさなかにあるか、運動とともにある。そのため行為主体でもある。また行為主体に相応しく、活動の感じ取りを含む。この活動の感じ取りを前景化するために、まなざしではなく、触覚性の働きが主要な手掛かりとなった。そうしたやり方で構想したのが、「システム現象学」である。主体や経験は活動態のさなかにあるので、活動態の外から活動を記述するような仕組みになることはない。だが行為の要請に応じて、経験の前進的な形成、経験の持続可能性、経験の正当化の可能性を、補助線として多くの領域でそのつど語ることになった。それらの補助線が、伝統的な美、善、真に対応する。現象学に隣接するテーマを、以下で取り上げる。

2 運動の知覚

運動するものの知覚は、個物の知覚とは全く異なる。例えば川の流れのなかに出現する「渦巻」を知覚する。渦巻が出現したとき、それとしてただちに「渦巻」だと分かる。それは数分で消滅し、また出現する。この場合、水が素材で水から渦巻という形が作られるわけでない。質料―形相体制とは全く違う仕組みになっている。

渦巻は、水の運動の形であり、捉えている渦巻の形は、喩えてみれば、運動の「類型」のようなものである。渦巻が繰り返し出現する際には、運動に周期性が出現しており、この周期性はさらに運動の軌跡を変化させる。軌跡のそのつどの変化を強調したのが、カオス力学である。カオス力学は、現在、二〇種類ほどある力学の一つであり、非周期的で非規則的な運動を基本にする。

渦巻を自然哲学のモデルケースにしていたのが、シェリングだった。シェリングは、絶対的産出性を本性とする自然というモデルで考えていた。こうした大きな前提とは別に、渦巻は事象として、出現しては消滅し、また出現するという運動を行なう。このとき「出現」という事象が含まれている。これは「創発」という固有の事象である。何かが出現する。出現した結果は、知覚することができる。では出現そのものは、どのような事象なのか。

創発や出現は、活動のモードである。活動は、一般的には人間の眼では見えない。心は見えず、脳は見える。エネルギーは見えないが、物質は見える。循環は見えないが、心臓は見える。働きを直接見ることはできないが、働きに関与する物質は見える。このとき、個物に関与する働きを、それとして運動感とともに感じ取ることはできる。その活動性の極限形態が、シェリングの言う「絶対的産出性」であった。産出性―産物というモデルは、いまだ神学的な余韻を残した建付けになっている。しかしこの自然哲学は、ひとたび産物が作り出されても、そこからさらに産物そのものの生成や形成が進行する機構を備えていた。その部分が「自己組織化」に先行する構想になっているということで、ひととき話題になった。

活動態では、それとして運動感とともに感じ取られ、それに関連する個物を含めた類型的な知覚が成立している。この知覚には運動感が含まれている。運動感とともに動きの類型が知覚される。類型そのものは、運動するものの派生的な副産物である。水の運動が、渦巻を出現させようと動いているとは考えられない。水はただ運動を継続しているだけである。だがそれと同時に「渦巻」という類型を出現させる。ここが最初の「二重作動」の場面である。

しかも運動そのものは、どこかで感じ取られている。シェリングは、それも感覚的直観で捉えることができると考えていた。シェリングのこの直観的な思いは、ベルクソン、ドゥルーズに継承されていく。知覚以前に、あるいは科学的な記述以前に感じ取られている運動は、まぎれもない現実性だが、それを記述する特定の場所は、じつは存在しない。そのためなんとかイメージとしてまとまるような比喩にのせようと、多くの努力が行なわれた。「はずみ」（ベルクソン）と言い、「反復する差異」（ドゥルーズ）と言って、さらに記述の展開可能性が見出せるような場所を探し出そうとしてきたのである。

運動の知覚には、運動感が伴っている。このとき、水に運動感を感じ取っているだけではない。運動感は水という対象に感じ取られる感触だけなのではない。それを感じ取る主体にもいくぶんか緊張や集中が起き、それは身体にも、意識そのものにも起きている。どこかで身構えたり、緊張が高まったりする。急激な変化が起きる場面では、急激さの度合いも感じ取られている。それに応じて身体にも意識にも、ある種の緊迫感が出現する。この度合いが「強度性」であり、強度性は対象の変化率の度合いの感触であり、主体の緊迫や緊張の度合いの感触である。

感触は、対象の運動の感触と意識や身体の活動の変化の感触でもある。これらは密接に連動していて、必然性はないが同時に進行している。ここで「感触」という語をあえて二重に使っている。意図してそうしているのである。例えば物を触るとき、触った物の感触と、触っている手そのものの感触は二重に連動しながら進行している。この二つの感触は異なるモードだがほとんど同時に進行するため、同じ事態に含まれている。これは一切の触覚的認知に含まれている事態である。これも「二重作動」の一つのモードである。この二重の感触を統合するような第三項は存在しない。異質なものが同時に連動しながら進行する場面こそ、運動の知覚の基本形なのである。それは行為による事象への対応可能性を支える可能性の条件でもある。

渦巻に生じている運動感は、視覚ではなく、本来は触覚性の感覚であった。そして触覚は、対象を知るだけの働きではなく、同時に対象への関わりの制御へとつながりうる「全主体的な働き」でもある。触覚そのものはつねに運動を内在している。ここで生じていることは、対象の知ではなく、行為知であり、実践知である。習い性となった視覚や科学的観察のために、渦巻の動きはただちに「渦巻の運動の形」という「類型」に引き寄せられていくが、それが事象の一部でしかないことは、ただちに分かる。

もう一つ語っておきたいことがある。渦巻は、自己組織化の典型的な事例であった。渦巻は出現しては消え、また出現する。このとき水は、渦巻の出現する母体でもあり、渦巻が解消していく場所でもある。この場合には、場所を設定し、場の反復的な歪みのようなかたちで「渦巻」について語ることはでき、科学的な記述もできる。渦巻は、典型的な「散逸構造」である。エネルギーの流れに恒常的にさらされることで維持されている構造が、散逸構造である。エネルギーの場から粒子が出現してくるような場面でも、「場―個物」の体系で考察することができる。そのとき場は、あらかじめ設定された「恒常系」として配置されている。

ところが渦巻のような個体が出現したとき、渦巻そのものが、それが出現してきた場そのものを変化させてしまうような場面を考えることができる。個体の出現と維持が、周囲の環境を変え、個体と環境が連動しながら、さらに変化していく場面を考えることができる。これは渦巻のような場面から、さらにもう一段階進んだ事象であり、「個体の出現」である。個体はさしあたり「モナド」だと考えておけばよい。問題は、モナドの出現やモナド化のプロセスで何が起きるのかである。出現したモナドは世界の不連続点であるが、世界とは密接に連動する。この連動は、もはや「場―個物」のようにはならない。モナドそのものが環境を変え、ある意味で「自分自身の環境」と連動していく。このときあらかじめ設定された環境は、一つの粗い要約になってしまう。極端に言えば、モナドごとにそれに連動する環境が異なるのである。この環境をモナドから見たとき、比喩的に「地平」になぞらえることができる。

一般に個体の出現では、多くの複雑な事態が起きるにちがいない。このモナドの出現の仕組みにモデルケースを与えたのが、「オートポイエーシス」であった。このときモナドは、細胞のような個体ばかりではなく、持続的に維持されている民族や社会や様々な文化習慣にも拡張される。膨大な展開可能性を含んだ作動し続けるシステムの仕組みが、それとして出現してきたのである。そしてモナド化という事象は、個体そのものの組み換えや個体の自己更新の手掛かりを与えるのだから、人間にとって新たな課題が同時に出現してきたことになる。

3　運動のさなかでの知覚

庭園を歩き、様々な工夫や催しをひとしきり堪能する。庭園は、歩きながら知覚し、鑑賞するものである。身体動作を伴わない知覚は、むしろ例外であり、この例外が「物知覚」である。眼前のものをじっと見る知覚から、知覚の基本形を導き出すことはできる。だが移動しながらの知覚や、移動のさなかでの知覚は、全く別の性格を備えている。移動しながらの知覚は、運動そのものの制御に内的に連動している。場合によっては、運動の制御のための最も重要な変数が、知覚である。

今、長い壁のあるところで、壁に沿って歩いてみる。壁から付かず離れずのところを歩くことができる。意識的な努力なしに、いつものことのようにそうすることができる。壁から離れるように歩いてみる。あるいは少し歩行速度を上げるように歩いてみる。そのとき何かが変わる。壁の過ぎ行く速さが変わるのである。逆に言えば、壁の過ぎ行く速さを指標にしながら、壁との距離や歩行速度を一定にするように、歩行動作の調整を行なっていることになる。歩行動作は、この動作の維持のために、壁の過ぎ行く速さという指標を活用しているのである。この指標を生態心理学者のギブソンが、「オプティカル・フロー」(光学的流動)と呼んだ。上空を飛行機で飛びながら、おそらく雲の流れを手掛かりにして、速度調整と方向調整にオプティカル・フローが活用できると考えたのである。こうした指標の活用をギブソンは、光学的情報の「知覚」だと呼んだ。たしかにこのレベルの光学情報の活用は、光への反射反応ではない。感覚的な反射ではないので、「知覚」だと分類した。ただしこれは通常の知覚ではない。

壁沿いの歩行でも、オプティカル・フローは活用されている。だが歩行の方向を変えたり速度を変える際には、身体態勢の変化や身体局所への力の入りぐあいの感じ取り(身体への気づき)も関与しており、動作変化への寄与からすれば、オプティカル・フローは大きな比率を占めるとは考えにくい。しかもオプティカル・フローを活用しながら、歩行速度を落とすことも、さらに壁に密着するように方向を変えることもできる。こうした光学的知覚情報は、動作維持、動作変更に手掛かりを与える指標にとどまっており、知覚情報から身体動作が受動的に誘導されるような仕組みにはなっていない。知覚と動作の間には「知覚―動作の線型の関係」は存在しない。

ギブソンの高弟の一人であるデヴィット・リーは、運動のさなかでの知覚の指標を取り出すことに成功している。走り幅跳びで、踏切板までの変化は、刻々と知覚されているはずである。空間的距離は、そのつど変化しているので、距離の縮小を知覚しているはずがない。距離は運動している者にとって、外側に張り出された座標軸にすぎない。そのときに出されたアイデアは、踏切板までの「残り時間」が知覚されている、というものである。おそらくこれは正しい直観である。だが、仮にそうだとしても、踏切板に利き足を合わせるためには、何度も何度も練習しなければならない。精確に知覚できれば、身体動作がそれによって制御されるようにはなっておらず、その日の集中の度合いや身体の疲れによって、思うようにいかないことはしばしばある。

運動のさなかでの知覚は、残り時間の知覚を空間的距離に変換するとか、身体動作の調整能力(歩幅と速度)を訓練するとか、踏み切る際の動作イメージと接続するとか、多くの訓練が必要である。この場面では、運動のさなかでの知覚を単独で取り出すことは、あまり大きな意味をもっていない。少なくとも「知覚―運動制御」の仕組みは成立しておらず、知覚はどこまでも制御指標の一つにとどまっている。

風景のなかを散歩する場合には、個々の個物を一つひとつ知覚することは稀で、歩行速度に相応しい視界(視野)を獲得している。その視界は、短い距離であっても遠近法(手前と奥行き)が活用されている。遠近法は、絵画の技法だけではなく、運動のさなかでの視界の移り行きを示すものでもある。

ダ・ヴィンチによれば、遠近法には、「眼から遠ざかるにつれて物体が縮小する(それゆえ縮小遠近法とも言う)」、「眼から遠ざかるにつれて色彩が変化する」、「遠くにある物体ほど形をぼやかして仕上げねばならない」という三種がある。これらは、それぞれ線遠近法、色彩遠近法、ぼかしの遠近法と名付けることができると、ダ・ヴィンチ自身が命名している。視野の輪郭として、これらは歩行中の知覚の場面でも働いていると考えられる。遠くなれば線が縮小するという線遠近法は、建築家のブルネレスキにはっきりと出てくる。色彩遠近法とは、遠ざかるにつれて淡い色合いを帯びてくることである。ぼかし遠近は、ダ・ヴィンチの絵で、はっきりと「遠近法」として確立されたもので、遠景は大まかな輪郭としてしか捉えられず、近景は密に詳細なキメをもっていることである。粗密遠近法とも呼ばれる。実際に、絵のなかでは、遠くの山は大まかな線で描かれ、手前の人物や物は詳細に描かれている。歩行を行ないながら、知覚による視野が移り行く場合には、こうした視野の手前と奥行きが繰り返し入れ替わりながら、個々の情景が移り行く。

運動のさなかでの知覚を考えるうえで、もう一つ重要な要素がある。それは「外に見える感情」と呼ぶのがふさわしいようなものである。「一挙に視界が開ける解放感」とか「うきうきと沸き立つような伸びやかさ」とか「身の丈を超えた圧倒感」とかという表現で表わされようとしているものは、内的な感情ではない。だが環境に感じられる感覚知覚でもない。一番近いのは、環境に感じられる感情である。そしてそれに近いものを探すと、ハイデガーの言う「情態性」である。

ハイデガーの場合、「世界論」という仕組みから、すでに世界へと開かれてしまっている現存在の存在モードとして、「不安」や「退屈」を取り出していた。だが「世界」は「地平の地平」として知覚に伴っているが、知覚対象ではないのだから、設定が大まかすぎる。運動しながら知覚されているのは、個々の行為の環境世界であって、世界ではない。個々の環境で行為しながら、そのつど視野のなかで感じ取られている感情(情感)を、「情態性」だと改めて規定すると、かなり多くのモードを取り出すことができる。ここでの主題は、世界への感情ではなく、環境世界への感情である。仮に世界総体が不安や退屈に彩られていれば、じつはコンラートの言う「アポフェニー」段階に近い。精確に精神病理的なのである。これではハイデガーの意図とも異なってしまう。

情態性は、環境の知覚に伴う運動感を含んだ行為モードである。たとえ停止し、佇んでいる場合でも、運動に方向づけられた感情である。自動車で山道を移動しているとき、眼前の道路に小石がばらばらと落ちていたとする。そこには「不可解さ」が感じ取られている。自動車を停止させ少し子細に見ると、小石の散らばりぐあいから、前を走ったトラックからこぼれ落ちたものか、それとも山側から谷側に向かって一部崩れ落ちた破片なのかは、なんとなくだが分かる。このとき「不可解さ」は、「用心の必要」な環境へと変わる。こうした環境に感じられる感情を、脳神経学者のダマシオは、「ソマティック・マーカー」と呼んだ。「不可解さ」も「用心が必要」も、環境に感じ取られている「情態性」である。

こうした情態性は、文学とりわけ舞台では、じつは最も中心的な題材でもあった。それは文学であって哲学ではないのではないか、という粗雑な思いが浮かぶ人がいるのかもしれない。だが文学を哲学的に扱うことができる回路を付けたのが、現象学でもあった。その方向での展開は、サルトルに典型的に現われている。例えばチェーホフは、帝政末期のロシアを想定した「壊れゆく哀調」を描き続けた。何かが壊れていく際の、壊れ方の微妙な変化を感じさせる局面の移り行きが、場面に浸みるように描かれていく。モスクワに出て女優を夢見た若い女性が、夢破れ、男にも捨てられ、壊れていく推移に「哀調」が感じられる。この女性の「私はカモメ」というつぶやきは、もって行き場のない思いであり、それ自体で一つの情態性である。

運動のさなかでの知覚で、最も重要な情態性の一つが、「緊急さ」である。緊急さのなかでは、すでに何かをしなければならないと感じ取られている。だが多くの場合、何をしたら良いのかが分からない。典型的には加速しながら近づいて来る自動車の接近音には、こうした「緊急さ」が伴っている。こうした緊急性に満ちた場面を描く際に、カフカは無類の才能を発揮した。朝起きたら自分の身体が虫に変わっている。寝返りを打つのも容易ではない。だがそれでも「次の電車で、会社に行かなければならない」と繰り返し自分に言い聞かせている。起きている事態は、おそらく身体感覚さえ変えてしまうほどの記憶の切断である。本人にも何が起きているのかが分からない。おそらく治癒した場合でも、この局面は記憶に残らない。記憶に落ちないような場面を通過しているのである。この緊急性の度合いこそ、強度である。

4 運動する知覚

知覚そのものは形成される。知覚が能力である限り、そこには能力の形成が含まれる。だが幼少期に形成されて、それが維持される知覚もあれば、形成の可能性が残り続けるものもある。まだ十分に言葉を使えない幼児でも、様々な形の三角形の図に円を一つ混ぜておき、「仲間外れはどれか」と聞くと、円の意味は分からなくても、円を特定することはできる。これを誤ることはまずない。だが例えば「直行20次元の座標系」ということになると、まざまざと思い浮かべることのできる人と、全く思い浮かべられない人に分かれる。残念ながら、私はそれをまざまざと明晰に思い浮かべることができない。内積がゼロになるという操作的な定義しか使えないのである。おそらくこの段階で私の「解析幾何学」の能力は、かなり打ち止めになっている。

一般に幼少期に形成されてしまう知覚では、さらに形成可能性が残ることは稀である。それに対して身体動作とともに獲得される知覚には、さらに知覚そのものが形成される可能性が残るように思われる。これが発達であり、発達のさなかでの訓練である。体操の床の競技で、見ていても何が起きているのか分からないような「ひねり技」を繰り出す選手がいる。その選手からは、「床」そのものはどのように見えているのだろう、と思うことがある。プロ野球の高打率のバッターでも、「あの球は見えない」ということがある。訓練しなければ見えないものはたくさんある。この場合、身体動作とともにある「対応可能性」が形成されていなければ、見えるようにならないと思われる。

発達心理学のヴィゴツキーに「最近接領域」というのがある。学習の過程で、本人一人では実行できないが、保護者や教員の周囲の助けを得て、能力の形成が行なわれるような広がりをもった局面である。個人差も大きいと考えられる。能力の形成は、すでにある能力を基礎にしてしか前進することはできない。逆上がりはできるが、蹴上がりのできない子供が、一挙に大車輪ができるようになるということは考えられない。どのような能力でも無からの形成はない。ただし能力の前進は、既存の能力を超え出ていくだけではなく、次の局面では既存の能力を新たに再編していく。

この新たな知覚の形成に主題的に取り組んでいるのが、「芸術」である。「見ること」が「見ることそのものの形成」につながるのであれば、最高の芸術作品である。これは絵画の好き嫌いとは別に、能力の形成を促す作品である。そこに踏み込むことのできる作品は、二度目に見るときも新鮮であり、新たな発見がある。見えないでいたものが見えるようになってくるのである。ゴッホにもセザンヌにもマティスにもそうした作品がある。そうした形成運動を引き起こすような作品にどれだけ触れてきたかが、じつは個々人の経験の幅を決めている。

感覚質の間のカップリングを再度形成する企ても、新たな踏み出しである。感覚質は、およそ「質」である限り、共通点はない。質は、定義上他の質との関係で共通の座標軸には配置できないものである。ところが感覚質の間にも、様々な連動がある。カンディンスキーは、音と色とがつながりやすい資質を備えていた。現代的に言う「共感覚者」である。そこで音楽を聴きながら、直接想起される色を点状に配置していった。カンディンスキーの絵を見ながら、どんな音を聞いていたのか想像しながら見ることができる。これは絵画の通常の経験とは異なり、色とそれらの空間的配置を音と連動させながら見るのである。

能力という点で考えれば、能力の形成が、哲学の第一の課題である。体験的行為の課題は、形成運動の回路を開くことである。哲学は世界を総体として説明するものではない。哲学にはそれほどの能力はない。そして能力の形成につながるような持続的な行為の仕方の選択を示唆することが、哲学の第二の課題である。どのように突飛な行為でも持続的に展開可能であれば、それはなにか新たな経験の仕方を開発しうる。そのためには、虚偽を避けていかなければならない。虚偽に満ちた現実性に引っかかるものは、いずれ持続的に前に進めなくなる。虚偽を避け、最低限、真とも偽とも決められないような境界を見極め、真だと配置できるものの前提や条件を見極めていく。これが哲学の第三の課題であり、多くの場合、認識論の課題である。

こうして体験的行為の知においても、真善美に代えて、美善真(前進可能、持続可能、判定可能)の手順にしたがって、知覚そのものの能力を最大限に発揮させることができる。知覚はこの三領域において、それ自体、異なるモードの活動なのであり、それ自体、自己形成できる活動態なのである。

世界の存在構制と、自由の／という可能性

斎藤慶典

1 「ある」の三つの仕方

(a) 〈ただ「ある」〉と〈〜として「ある」〉

この世界の存在構造ないし存在構制――Seinsverfassung――を巨視的に見ると、三つの異なる存在秩序が見て取れるように思います。存在秩序と言いましたが、それは「ある」の在り方のことです。一口に「ある」といっても、色々な在り方があります。すでにアリストレスが主著『形而上学』(その別名は「存在論」、つまり「ある」についての学です)で、「ある」の多義性について述べていました。私の考える三つの存在秩序の間に、或る特有の関係があることを予め申し上げておきます。この特有の関係について、何人かの哲学者や生命科学者が散発的に言及はしているのですが、それを全体的な視野の下に存在論的な関係概念として語った人はいないように思われます。それは、一言で言うと、「基付け」関係と私が名付けているものです。これはフッサールが『論理学研究』の「第三研究」のなかですでに分析していて、哲学や論理学の一部の専門家にはおなじみの概念です。ドイツ語でFundierungと呼ばれる関係です。

これは、フッサールにとっては論理学上の分析概念でした。これを世界の存在構造に関わる存在論上の概念として再提出したのが、モーリス・メルロ＝ポンティでした。彼は主著『知覚の現象学』でそれを行ないました。ところが

その後、ブッツリこの話は途切れてしまって誰も引き継がないし、メルロ＝ポンティも自身『知覚の現象学』の後はこの話を積極的に展開している痕跡が見当たりません。ところが現代の生命科学の進展のなかで、「創発」という別の概念との関連で注目すべきものになりました。

といっても、注目しているのは私であって、現代の生命科学は「創発」ということは言いますが、「基付け」については何も触れません。ですが私は、「基付け関係」と「創発」はペアになってはじめてその言わんとするところを全うする存在論的な概念として精錬しうる、と考えています。この意味での、「創発」とペアになった「基付け」関係が、今からお話しする私たちの現実を構成する三つの存在秩序相互の間に成り立っているというのが、私の考えの基本的な枠組みです。

では、その三つとは何かと言いますと、一番根底にあるのが、端的な「ある」です。これを「存在」と呼んでもよい。ハイデガーが「存在者の存在（Sein des Seiendes）」と言うときの「存在」です。この現実の根本（アルケー）は、古代ギリシアのパルメニデス以来、それを一言で名指すならば「ある」に極まる、というのが有力な見方です。この現実のすべては何らかの仕方で「ある」のであって、「ある」を免れるものは一つもない。一見「ない」ように思われるものも、別の仕方で「ある」、あるいはかつて「あった」、いずれ「あるだろう」という仕方で「ある」のです。最終的には、すべてが「ある」に収斂するという意味で、この現実の根本を「ある」と見立てる発想です。私は、これを受け入れてよいと考えています。世界はともかく「ある」のです。これが第一です。

ところが、私たちの現実をよく見てみると、ただ「ある」だけではないのです。そこで、二つ目の段階が出てきます。それは、「〜としてある」と言ったらよいと思います。ただ「ある」のではなくて、「机としてある」とか「Xさんとして存在する（「ある」）」とか、あるいは「今日の会合が存在する（「ある」）」という仕方で、これらはみな「〜としてある」わけです。この「〜としてある」は、言うまでもなく「ある」の一つのバージョンです。最後に「ある」が付いていることからも、これは明らかです。ただ、その前に「〜として」が付いていますから、端的な「ある」とは違います。

この「〜としてある」においては、「ある」という事態に関して、「〜として」が――ハイデガー用語で言えば「存在者」です――「ある」を輪郭付けています。この「輪郭」が、「〜として」です。ロゴスと言ってもよいのですが、輪郭です。その輪郭をもって、「ある」が「〜として」姿を現わすのです。これを、〈「現象(する)」の(という)存在秩序〉と呼ぶことができます。何かが何かとして「ある」ことは、その当の「ある」が「〜として」姿を現わすということです。「ある」が椅子として姿を現わすとか、「ある」が机として姿を現わすとか、「ある」がこの会合として姿を現わすということ、これが第二の存在秩序ないし存在構制です。

そこから翻って言うと、一番目の「ある」は、現象せずにすべてがただ「ある」状態です。その「ある」が現象という仕方で――つまり「〜として」という規定性をもって――姿を現わすのは、生命という存在秩序の成立によってはじめてだと考えます。どんな生命体でも、その生命体にとっては何かが何かとして姿を現わしています。単細胞生物のような原始的生物においても、摂取すべき栄養と排除すべき毒素や敵が、当の生命体に対して何らかの仕方で姿を現わしています。ですから、その生命体はそれらに対して適切な行動を取ることで、その生命を維持できるのです。

そういう物質交替――必要なものは取って食う・不要なものは排泄する――や、役に立つものは味方に付ける・危ないやつからは逃げる、という仕方で己の存在を維持するような存在秩序、これが生命です。このような存在秩序においては、養ってくれる何かや危険な何かが自分に対して姿を現わしてくれなければ、それに対して行動の取りようがありません。そういう意味で、現象することと生命とは不可分な仕方で結び付いています。

翻って一番目の存在秩序を考えると、ただ「ある」ことにとっては、別に「ある」ことが現象しなくてもいいはずです。端的に、ただ「ある」だけでよいのです。何のやり取りもせず、ひたすら「ある」だけで十分なのです。これを自然科学的に言えば、生命のない物質の秩序に該当します。

私たちは生命体ですから、私たちから見れば生命のない物質といえども様々な原子があり様々な分子があり、さらに原子を構成するニュートリノやクオークなどの素粒子があります。それは、私たちが見るからそうなのです。生命から見れば、それらは「〜としてある」のですが、仮に物質の側から世界を眺めることができるとすれば、ここにある机に対してその前の椅子が現象しているとは思えません。ですが、ここにそれが存在することはできます。つまり、この第一の存在秩序においては、現象というあり方は一切なしで、ただ「ある」ことができるわけです。

⒝ 突破（あるいは創発）と基付け

存在秩序の第二の段階では、そうではありません。「ある」ということが現象することと必然的に結び付いています。これに関して、自然科学では、生命のない物質からどうやって生命が誕生したのか、それが地球上でしか発見できないのはどうしてなのか、そのときの生命を生み出した源はどうなっているのか、という議論がされます。現代の生命科学、もっと広く自然科学一般のなかで、第一の段階と第二（生命・現象）の段階を隔てている断絶を繋ぐ議論が可能なのかどうか。これは、かなり徹底的な議論が必要です。現代の生命科学は、生命科学なりの仕方で第一段階から第二段階への移行がどのようにして可能となったのかを検討しているわけですが、私はそれを「突破」と呼んでいます。「突破」とは「存在」の秩序が突然大きく変わること、トポロジーが言う位相転換にもあたるような事態です。

万華鏡を覗いているとき、ひと揺すりすると見えているものが全然違う相貌を持ちますよね。これが位相転換の分かりやすいイメージかと思います。そこにあるものは基本的に同じはずなのに、ひと揺すりすると全く相貌が変わってしまうことを位相転換と呼びます。その位相転換を引き起こした（第一段階と第二段階の）境にある出来事を、現代の一群の生命科学者たちは、先ほど言った「創発（emergence）」という概念で説明しようとしています。emergenceと英語で書けばお分かりの通り、まさにこれは〈何か新しいものが姿を現わす〉ということです。新しい段階（存在の仕方）への移行です。

じつは、この第二段階の生命のなかにも、さらに様々な段階があります。例えば、植物的生命とか動物的生命、あるいは単細胞生物から多細胞生物へ、といった具合です。それら相互の間にも、「創発」を考えることができます。

第一の段階に関しても同様です。素粒子の段階から、それらが或る特定の仕方で集合すると原子という新しい存在秩序に移行します。その原子が或る特有の仕方で結合すると、今度は或る性質を持った分子という存在秩序に移行します。第一段階の非生命的存在者のレヴェルにおいても、素粒子・原子・分子……といった具合に、存在の仕方についての段階性を考えることができるわけです。

ここで、見過ごしてはならない点があります。新たに発生した秩序が、以前の存在秩序を廃棄してしまうわけではない、という点です。新たに発生した存在秩序は、以前の存在秩序を、それまでとは違う仕方で自分のなかに包摂するのです。先の例で言えば、原子は素粒子がランダムに見える仕方で飛び回っていたのとは違う存在の仕方をします。原子は、素粒子の行動を然るべき仕方で規整します。原子が出現する以前の素粒子にはなかった或る特定の振る舞いが、原子的秩序によって規整されるのです。原子は、素粒子を否定するわけでも廃棄するわけでもありません。ここに成立しているのは、原子が素粒子を今までになかった新たな固有の統制原理の下に包摂する(包む)という関係です。「創発」を挟んで、それ以前の存在秩序とそれ以後の存在秩序は階層性をなします。今の例で言えば、下が素粒子の階層で、上が原子の階層です。あるいは、下に第一段階の「存在(ある)」があって、その上に第二段階の「存在者」あるいは「現象」の階層が乗る、といったような上下関係があります。上は、下なしには成立しません。その意味で、上は下に「支えられている」という側面を本質としてもっています。けれども、ただ支えられているだけではありません。先ほど言ったように、原子という上の存在秩序が、それを支える素粒子を特定の振る舞いに規整するという仕方で機能します。この側面を、私は「包む」と呼んでいます。下の存在秩序から上の存在秩序が「創発」するわけですが、「創発」した後の上の存在秩序は、それ以前の下の存在秩序に「支えられ」つつ、その下の秩序を「包む」という独特の関係をもっています。この関係が、先ほど言ったフッサールに由来する「基付け」です。これで「創発」と「基付け」がどのようなペアになっているか、お分かりいただけたのではないかと思います。

もう一回まとめます。「創発」を挟んで、その前の存在秩序と後のそれの間には階層性があります。その階層性のなかで、前の秩序は下にきて「支える」ものとして機能し、後の秩序は上にあってその下の秩序を「包む」という関係をもちます。以上を、「創発」と「基付け」という言葉が表現しているわけです。

(c)〈自由な主体が「ある(いる)」〉

今まで第一段階と第二段階についてお話ししてきました。私たちの現実は、基本的にはこの第二段階にあります。何らかの存在者が存在する。例えば、今日の会合がそのような会合として現にここにある、というわけです。しかし、さらにその次の、全く存在の仕方が違うように見える新たな「創発」がすでに起こっているかもしれないと、私は考えています。それが、拙著『私は自由なのかもしれない――〈責任という自由〉の形而上学』(慶應義塾大学出版会、二〇一八年)で形而上の次元と呼んでいる段階です。これを第三の段階とします。

存在者として何かが存在するのは、経験可能な次元です。例えば、ここに椅子があることは見れば分かります。触ってみれば分かります。こういう知覚経験が分かりやすい例です。存在者としての存在は、経験可能な次元において成り立っています。逆に言えば、第一の段階では経験は成り立ちません。経験する主体も経験される客体もありません。ただ「ある」だけです。第一段階では世界は現象していませんから、経験は成り立ちません。しかし、第二段階においては経験ということが成り立ちます。

ところが、今、問題にしている第三の段階は、第一段階の端的な「存在(ある)」が経験できないというのとは違う意味で、経験できません。何らかの仕方で、或る独特の仕方で姿は現わすけれども、その姿の現われ方が経験の対象ではなく、思考(Denken)の対象という在り方なのです。それを考えることはできるけれども、経験することはできません。その分かりやすい典型が、私の死です。私の死は、それが来たときには私は最早いませんから、私の経験をはみ出てしまいます。他人の死は肉体の消滅として外から眺めることができますが、私自身の死は当の私の経験の限界をはみ出てしまいますから、経験の対象として姿を現わしません。

しかし、自分の死について思いをめぐらさない人は、おそらくいないのではないかと思います。あるいは、否応なく思わざるをえない局面に、私たちはしばしば遭遇します。そのとき私の死は、事柄の本質上経験不可能ですが、しかし思考のレヴェルでのっぴきならないものとして差し迫ります。「お前、もうおしまいだってよ。どうする？」と言われたら、ぐっと詰まりますよね。とにもかくにも、思考の前にそれが立ち現われる、あるいは立ちはだかるわけです。これを第三の存在秩序と呼びます。

この存在秩序のなかで枢要な役割を演じるのが、『私は自由なのかもしれない』というタイトルにもある「自由」です。「自由」という存在の仕方がもし可能だとすると、それはこの次元だろうということです。同じことを逆から言えば、第二段階ではそれは無理だということです。第二の段階の存在の論理を考える限り、「自由」というものが出てくる見込みはありません。にもかかわらず、もし私たちが自由について語っているとすると、それは非常に漠然としているし、そう呼んでいながら全然「自由」ではない——知らず知らずの内にそうさせられている——ことが圧倒的に多いのです。でも、「自由」について思考する余地はあります。「自由」について思考する余地をできる限り厳密に議論してみたいと思って、この『私は自由なのかもしれない』を書きました。

以上が、大きく三つの存在構制です。

2 「ない」

(a) 形而上学の根本的問い

さて、これまでの話では、三つの存在秩序のどこにも「無」は出てきていません。ですが、この「無」が私の議論のなかで枢要な役割を演じるのです。「無」の話を、この議論のなかでどこに持って来ればよいのでしょうか。「ある」

と鋭い対比をなすのが「無」です。ギリシア人たちが典型ですが、パルメニデスがそうであったように、彼らは「無」を認めません。「ある」は「ある」、「ない」は「ない」です。「ない」は文字通り、「ない」のです。だからこそ、「ある」が世界のアルケーなのです。ですから「無」を認めないというのは、十分に理性的な発想です。合理的な発想です。私たちの現実のすべては第一段階以降で成り立っている、と言ってもよさそうなのです。たしかに、この現実は徹頭徹尾「ある」から成り立っていて、すべてを支える基盤に第一段階の「ある」がでんと据わっていて、すべてはそこから始まっているように見えます。

でも、何も「ない」ということがあってもよかったのではないでしょうか。なぜか世界は「ある」のだけれど、すべてはその「ある」から始まっているのだけれど、「ない」ということも可能だったのではないか。これは、思考の事柄としては理解できますよね。理解できると言っても、かなりギリギリではありますが。ある種の哲学者は、こういう問題を擬似問題として斥けます。例えば、かつての論理実証主義者たちです。彼らは、こういう無意味な問いにはまるのが哲学のダメなところで、無意味な問いを排除することで人々は健全に生きられると主張しました。他方で、「そうかな?」と思う人たちもいました。私もそっちの口です。なぜ「ある」なのか、なぜか「ある」けれども、「ない」ことも可能だったのではないか。

ご存知の通り、ハイデガーが形而上学の根本的な問いをこの形で提出しました。彼はライプニッツの論法を引き合いに出しながら、〈なぜすべては「ある」のであって、「ない」ではないのか〉が形而上学の根本問題だと述べたのです。まさにこの問いは第三の段階に立ってはじめて発せられる問いで、そこから「ある」の階梯を順に遡って、さらにそれをもう一歩遡ってしまうわけです。第一の段階からもう一歩手前に遡って、第一段階以降の「ある」を逆照射すると言いましょうか。「ある」を「無」の光で照らしてみると何が見えてくるかを、第三の段階が思考の事柄として追究しているのです。

『私は自由なのかもしれない』の鍵語に、私が「力」と呼んでいるものがあります。それはほぼ、第一段階の「ある」

に等しいのです。つまり、私たちの現実のすべては、この「力」とでも呼ぶべき事態によって説明できるのではないか。これを古来ギリシア哲学は「ある」や「存在」と呼んできたけれども、その中身をよくよく見てみると「力」と呼び直してもよいのではないか。「力」というのは、おのれ自身を絶えず乗り越えて、自らを展開してやまない動向です。

ハイデガーがニーチェの「力への意志」を解釈するとき、その「力」が近代形而上学の根本概念として浮かび上がってきました。ニーチェの考えによれば、すべては「力」から成り立っていて、「力への意志」というのは、力のない者が力を欲するということではなく、「力」の冪《べき》乗構造のことです。「力」は絶えずおのれを乗り越えて、つまりポテンツを高めて競り上がっていきますが、そういう動向のことです。これは、ハイデガーが「存在」の内実をExistnezと呼んだことにほぼ重ねられます。つまりこれは、絶えずおのれの外へと出て行く止むことのない動向です。だから、これを「脱自」と訳すこともできます。ですから、これらExistnez、「脱自」、「力」、「存在」は基本的に同じ事態です。どこに目を付けるか、どこを強調するかで表現が変わるにすぎません。

この「力」の競り上がり、おのれの外へと出て行く動向が或るレヴェルまで達したときに、存在秩序に大きな位相転換が生じます。それが例えば、第一段階から第二段階への「創発」です。あるいは第一段階のなかでも素粒子レヴェルから原子レヴェル、第二段階の生命体のなかでも単細胞から多細胞とか、植物レヴェルから動物レヴェルとか、さらには（道具を使うといった）知性をもった人間レヴェルとか、様々な位相転換を見て取ることができます。

なぜ、そういうことが起こるかを考えると、その根底に絶えずおのれを乗り越えて次の新たな段階へと移行してやまない動向を仮定せざるをえません。それに「力」という名前を付けたのです。今申し上げたように、これは仮定であらざるをえないものです。これが「力」だと経験の前に差し出すことはできませんから、「力」に関わる思考は形而上学にならざるをえません。「力の形而上学」と呼んだ所以です。「突破」というのは、「力」の基本的な特性です。絶えずおのれを乗り越え、おのれを破って外へと出て行ってしまうのです。

その最大の「突破」が、第一段階と第二段階の間です。それから、ひょっとすると第二段階と第三段階の間で生じています。ただ、より小さな「突破」は、それぞれの段階のなかに認めることができます。第二段階のなかにも知的生命とか動物的生命とか植物的生命といった階層がありますが、それらの間に「突破」を見て取ることができます。

ですが、この「力」は「無」の話とは別です。「無」がどうして出てくるかは、先ほど言いました。思考の対象として「無」が視野に入るということが、或る段階で生じます。なぜ世界は「ある」のであって「ない」ではないのか、という問いです。この現実のどこを探しても見当たらない「ない」に直面する事態は、よく見るとあちこちにあると私は思います。典型的には私の死、私が死ぬということのなかで、私たちはこれに気づくということかもしれません。ただ、気を付けないといけないのは、私の死が「ない」の話なのか、それとも第一段階の話なのか区別がつかない点です。

これまで多くの哲学、とりわけインド哲学や仏教哲学の主流派が考えてきたのが、生き死にというのは第一段階と第二段階の往還だというものです。つまり、何かが何かとして誕生するというのは、何かが何かとして明確な輪郭をそなえて現象するに至る過程、つまりは生命を得る過程です。生命あるものは有限ですから、いずれそれは解体します。輪郭が崩れて、失われてしまいます。

この考え方では、そのとき私たちは第一段階に戻ります。輪郭をなすものはすべてバラバラになって、見分けがつかなくなります。それは、「ある」という純粋なエネルギーへと回帰したのです。個別生命は個としての規定(輪郭)を与えられて「力」＝「ある」に参与していたわけですが、その個としての規定が解体すれば、端的な「ある」の段階に戻ると考えるのです。

ⓑ 唯一にして、一回限りのもの

実際、生命というものはそういう仕方で連綿と受け継がれていきます。私が死んでも、私の子供や子孫が生命を引き継いでくれます。あるいは自分に子供がいなくても、自分が関わった生命が私の生命を引き継いでいってくれると考える余地があります。輪廻というのは、そういう考え方です。いったん解体して、別の「〜として」ふたたび生命は現象に至ります。そうしますと、私の死も第一の段階に帰ることと同義となります。だから、安心して死ねというふうにも言えるわけです。

ところが、そうではないかもしれません。と言いますか、これから申し上げることはオルタナティヴではありません。第一の段階に帰るということは、最後まで肯定できます。けれども、私が死んだら金輪際なくなってしまうもの、二度と帰ってこないものもあるのかもしれません。つまり、私が生きているときに私の下で何らかの形を取って姿を現わしたものが、もう二度と帰ってこないかもしれません。その意味で唯一のもの、一回限りにして代替がきかないもの、代わりになるものが何もないもの、こうしたものもひょっとしたらあるかもしれないのです。

そのとき、そのようなものの下にいる私は、唯一の者です。失われたら最後、そいつはいなくなるのだから、そのときいる限りの者です。その前にもその後にも、そんな奴はいません。こういうことです。第一段階と第二段階の間を往還する限りは、「ある」という同一の事態がその時々に現象形態を変えて姿を現わしては解体して元に戻り、また別の形で姿を現わします。第一段階と第二段階の間を円環的に往還しているわけです。同じことの反復ですから、そこでは失われるものは何もありません。

ところが、今言ったように何かが決定的に失われるとすると、それは円環の外にはみ出ることになります。「ない」という事態に直面するということは、とりもなおさず唯一のものに直面することでもあります。「ない」がその裏側に貼り付いているのが、唯一にしてひとたび失われたら二度と帰ってこないものです。こういう脈略のなかに「ない」を置き、しかも「ない」と背中合わせになってはじめて姿を現わすのが「唯一者」としての私です。

それをハイデガーはEigentlichkeitにおける私、Daseinと呼んだと、私は考えています。ハイデガーの言い方では代替不可能な者、追い越しえない死の下で唯一となる者です。その先はなく、終わったらそれ限りという性質をもった者です。そのような者が自らの「ある(存在)」に対して「主体」として立ったとき、すなわち、「存在」を己のものとして担ったとき、それを「自由」と言うのではないか。

普通の意味では、つまり第一段階と第二段階にいる限り、「存在」は私たちにとってあくまで与えられるものです。自分で「存在」しようと思って「存在」した人はいません。気が付いたら「存在」していたのです。これが、ハイデガーが「被投性（Geworfenheit）」と呼んだ事態です。「事実性」のレヴェルです。ここには、人間の「自由」が発揮される余地など一切ありません。一方的に「存在」させられているのですから、不自由の最たるものと言ってもよいでしょう。

ところが、そのような一方的に付与されてしまった「存在」を、自ら「よし」として肯定して、その「存在」を担って立ち上がるということが、ひょっとしたら可能かもしれないのです。これが私の「自由」論を構成する大きな筋道で、『私は自由なのかもしれない』では例えば第二章で取り上げたジョン・ロックの有名な思考実験などをとおして検討しました。その背景にあるのは、やはりニーチェです。ハイデガーが解釈するニーチェの「運命愛（amor fati）」の話です。運命というのは自分ではどうしようもないものなのに、それを愛することができるというのが運命愛です。

その愛は、自由なしにはありえません。私がそれを「よし」としてみずから全面的に担うことで、はじめて可能となります。そういう仕方で唯一のものを担うという「存在」の仕方が、もしかしたら可能かもしれない。けれども、それはあくまで思考のレヴェル、形而上の次元においてなのであって、第二段階においてではありません。こういう議論が私の今回の本の骨格をなしています。

「突破」という概念は、第一段階、第二段階、第三段階では使えますけれども、「ない」に関しては使えません。「ない」から第一段階への移行が突破であるためには、「突破」する「力」のようなものを想定しないとなりません。しかし、「ない」の次元は、まさにそうしたものが一切「ない」のです。「力」のようなものの「存在」すらないのですから、「ない」から第一段階への位相転換は「突破」とは言えません。世界創造は、まさしくここに関わっています。「無」から「有」（第一段階の「存在」）

「ない」//	〈単なる「ある」〉	／→	〈「何か」が「ある」〉	／→	〈「主体」として「ある」〉
無 //	物質	／→	生命	／→	自由
第零段階 //	第一段階	／→	第二段階	／→	第三段階

世界の存在構制

が創造されたというのです。これは全くの謎です。一切の説明が効きません。「奇蹟」と言うほかありません。

これに関して、ハイデガーは「〈ある〉という事態は謎であり続ける」と言っています。なぜ、それが謎であり続けるのでしょうか。なくてもよかったものが現に「ある」のだけれども、どうしてそんなことが可能になったのか全く理解不能だという事態を表わすために、彼は「謎」という言葉を持ち出したのです。これはハイデガーの議論の別の脈絡では、無根拠性（Nichtigkeit）――「非力さ」と訳されることもあります――とも表現されます。この、「ない」を含んだ仕方で「ある」を担うような独特の在り方について、ハイデガーは『存在と時間』の「本来性（固有性）」について論ずる場面で、「無の無的根拠」という言い方をしています。

そこで語られているのは、「無」に関わってはじめて「ある（存在）」を担うことが可能となるという事態です。これが『私は自由なのかもしれない』の「責任」概念に繋がっています。そして自由というのは、自らがそれ――「ある（存在）」、唯一のもの、運命――を「よし」として担うこと（根拠となること）によってはじめて成立するものですから、自由と責任は同根です。そこから〈責任という自由〉という言い方が出てきます。同書の副題です。

付記

本稿は、二〇二〇年三月七日に新田義弘先生の母校である東北大学で行なわれた、拙著『私は自由なのかもしれない――〈責任という自由〉の形而上学』合評会での私の話の一部である。後で分かったことだが、先生が脳梗塞で入院されたすぐ後のことだった。したがって、私が先生の生前に自分の哲学の現状をお話しした最後の機会となった。

先生との出会いなくして現在の私はないことを思えば、先生への最後のご報告となったこの会の様子をそのままお伝えしたいと考え、話し言葉のままにしてある。この会を開いて下さった東北大学の森一郎さん、特定質問者を引き受けて下さった弘前大学の横地徳広さんにも、心より御礼申し上げる。

ヨーロッパの現象学に対する挑戦としての「自覚」とは
――「媒体的現象学」への歩み　尊敬する新田義弘教授に献じて

ゲオルグ・シュテンガー（訳：増田隼人）

1　序

以下の論稿と分析は、新田義弘の思想の道筋を正確に辿るものではなく、またそれが目的ともされないが――それは私の領分を超え、またその能力もない――、現象学的に鍛錬された新田の思想を多少なりとも明らかにできるような方法論的、体系的な考察の歩みを進めていきたいと思う。新田の思想は、日本で多くの学徒を輩出しただけでなく、彼らそれぞれの独自のアプローチの仕方に大きな影響を与えるものでもあった。

この方法論的、体系的な歩みに際して、私が本稿で主張したいことは、私たちが今日、哲学ないしは現象学をグローバルに、つまり間文化的に理解しようとするとき、いわば普遍的で地域に相対的な観点、超越論的で分析的な観点、ないしは超越論的かあるいは分析的で経験論的な観点等々の、どのような観点から理解しようとするにしても、新田の思考が、依然として〔哲学と現象学に対する〕真正なる挑戦として呈示されていることである。

新田の思想の特質は、彼の挑戦が現象学の古典的な立場だけではなく、東アジア、とりわけ日本の思想を構築的に取り入れることによって、新たな思想の場を切り開き、それと結びついている現象の配置と領層を、新たな、広大な洞察へと開示することによって、〔西洋と東洋という〕両側面にとっての新しい答えと可能性を提供していることにあるのだ。

2　水平的な思考、そして垂直的な思考

新田は、その根本的と言える論文「世界と生命。西田幾多郎における生命の自覚」において、「現象学的思考における自己意識の問い」を立て、彼の最初の挑戦を開始している。すなわち、新田は「現象学の変容」を主題化するための最初の足掛かりとして、「水平的思考から垂直的思考へ」至るべきだとするのである(1)。このことは、一方で、ヨーロッパ的・西洋的な思想が——特にその近現代の様式においては——おおむね、絶えず経験の可能性の条件、すなわちそれによって対象の現出と「客体」の所与の仕方が可能になるような、悟性と意識の基礎や前提的な能作を問うものであることを示している。そして、最終的にはこれが、「地平概念」に帰結するのである。

この地平概念は、一方では哲学的解釈学による発見とも捉えられ、他方で、本来、その真の意味において、フッサールが彼の方法論的・体系的な重要性の両面においてはじめて論証したものである。その西洋的な刻印にみられるように、「すべての地平の地平」は、「コスモス kosmos」から「ムンドゥス mundus」を経て、「世界 Welt」に至るまでの概念史を通底するものである。この概念はそのつど新たに、異なって活用されてきたが、その直接的な意味は、常に「基準を—与えるもの」として理解されてきたのだ(2)。

これはもちろん粗削りな概略ではあるが、私の考えでは、新田が「水平的な思考」として理解するものである。彼はそれを——いわば、「他の側面」に——つまり「垂直的な思考」に移行させたいと考えていた。そして新田は、そのためにとりわけ西田幾多郎に焦点を当て、日本の思想の伝統に立ち返るのである。新田は、その両側面の考察を相互に実り豊かなものにするために、先—主観的で、先—述定的な、また先—志向的で、先—構成的な次元と構造、そ

して同様に先―実存的で、先―身体的、先―間主観的な次元と構造を「露呈」しようとする観点のもとで、ある特定の理解のアプローチにぶつかることになる。そのアプローチは、「水平性」に対して「垂直性」という基本的特性に優位を与える「媒体性の現象学」へと展開する道を指し示すことになるのである。私がこれに対して、〔なお〕水平性と垂直性の両側面について語ろうとするのであれば、私に課せられるのは、ヨーロッパ的―西洋的な思想と東アジア的な思想の両方の「側面」が、互いに等しく成長（できる）ということ、したがって両者が互いを益するだけでなく、互いが互いを可能にし、深めあえるということを考察し、呈示することである。(3) 私見では、新田も常に、両方の思想形態が互いに実り豊かなものであるように試みていることから、このような展望を退けることはないであろう。

ヨーロッパ的―西洋的な思考方法とそれと結びついた基本的な観点は――体系的にもその根拠づけの理論においても――従来のあらゆるアプローチを受け継ごうとする傾向がある。このことは、関連した他のそれぞれのアプローチや現象分析をより明瞭に、高度なものにするという意味において遂行されている。こういった傾向は、新田の論述の正当性を裏づけることになり、新田が西洋の思想形態を様々な地平概念をもつ「水平性」として記述し、他方で、東アジアや日本にある思想形態には「垂直性」が働いているとすることも、十分うなずけるのである。とはいえ、ヨーロッパ的―西洋的な思想においても、最初から相互に絡み合う「世界と生命」という二つの基本概念は、ある新たな、深い次元に投錨されている、あらゆる主観―客観の布置以前に活動している「垂直性」を要求してもいる。そして、そこでは本来、「受け継ぐ」とか「回避する」といったことがもはや問題にならず、「自我、他我、主体、客体、世界、生命、人間」、さらには「現象」といったものとして理解されている諸概念や自己理解をめぐる次元的構造の把捉が問題とされるのである。

新田は、西洋的、とりわけ現象学的な型式における哲学的技法を身に付けながらも、彼自身が由来する日本固有の思想史と経験の歴史へと、あたかも「投げ返される」ように経験を重ねる。新田は、西洋の思想と日本の思想の両方の面を取り入れているからこそ、双方を違った形で、より良く、より深く、より明解に、そしてより有意義に理解することが可能だったのである。

2・1　思想系列：フッサール、ハイデガー、フィンク

残念ながら私は日本語を十分に解さないが、ドイツ語の翻訳を参照することで新田の諸論文を精読すれば、それらの構築の全体は明らかに上記で粗描した構造を備えていることが分かる。フッサールとともに想起される現象学的な自己理解の一貫した基礎と基本概念がなければ、真に現象学的な仕事は不可能である。このことは、「パースペクティヴ」な眼差しに関連して遂行され[4]、それに基づいて「意識生」の構成要素を、「生き生きした現在」（K・ヘルト）にまで深めて顕示する。そこにおいては、さらなる「時間化」や「歴史性」にあって、超越論的に根拠づけられた相互主観性に由来する「言語的コミュニケーション共同体として生成する私たち」が、すなわち、まさに共同体を構成するものとしての、またそこで構成されたものとしての「我々性」が顕示されるのである。そして、その「我々性」は、「相互的、顕在的に他者に対する現存在」として顕示されているのだ。この超越論的に理解されるべき歴史性こそが、常に世界の歴史的な所与性の様式を私たちに開示し、私たちがそこにおいて世界を体験することを可能にする第一のものなのである。新田のフッサール解釈においては「生活世界の経験と相互主観的な世界構成のさまざまな諸段階」[5]も含まれており、真の意味での「身体性の現象学」はそこで記述されるのである。

新田は、前掲論文「世界と生命」においてハイデガーを用いて「視覚モデル」の批判を行なう（六一頁）。このモデルは、新田が他の場所で、「視覚的な思考態度」[6]と称するものでもある。これらは一般的に、哲学の原的な所作や原的な活動性とみなされるが、他方では、その地平構造を決して超え出ることもできない。というのも、これはそれ自身、必然的かつ普遍的に措定し、自己絶対化せねばならないからである。したがって、これに結びついた「（世界）知」は、最終的には見せかけの知であることが暴かれる。そして、この見せかけの知においては、「可視的なものの範囲における不可視的なものの影としての半可視性」（同上）は隠れたままなのである。新田は、ハイデガーの初期の概念

における「世界内存在としての現存在」において、理論的に規定された超越論的主観性の地平構造を見出すのみならず、ハイデガーが「存在の真実の問い」を「顕現せざるものの現象学」[7]として示した後期の思想を肯定的に把握している。新田は、このことを、「明るみになる隠蔽」の場(トポス)というハイデガーのアプローチと対応しているとみなし、そこに「二重の運動」が働いているとみるのである(同上)。新田は、「深い次元性において働く二重の襞の展開、すなわち、現出と退去という二重の運動を、私たちは超越論的媒体性と名づける。それは真理を開示する機能である」(同上)と述べ、そしてさらに次のように続ける。

そこで示されるのは、生命の自己分割、〝顕現と隠蔽〟、〝現出と退去〟の間の原初的な抗争は、〝知識と生命〟による相互否定的な原初的運動以外の何物でもないことである。[8]

不思議なことと言えるが、新田が彼の論文においてオイゲン・フィンクに言及しているのは、私が見た限りではごく僅かである。しかし、新田は少なくとも含蓄的には――フィンク自身が行なおうとしたように――フッサールとハイデガーの間を仲介しようとして、フィンクに遡及しているように思われる。そこで私は次に、新田のアプローチの背景にあると思われるフィンクの三つの側面について、より詳しく示そうと思う。[9]

(一) 概念ないし諸概念の形式的な内的差異化

フィンクの「主題的概念」と「操作的概念」の区別は、私の考えでは、正当な概念批判を含んでいる。その概念批判は、現象学的な試みがつねに概念の形成やその前提条件、さらには概念の限界に関係している限りにおいて、まさにその核心を突くものである。[10] 概念は現象を記述しているだろうか。概念の限界はどこで経験されるのだろうか。このような問いは、さらに挙げ象が概念化されるのよりも先行して、概念それ自体さえもが現象であるのだろうか。このような問いは、さらに挙げていくこともできるだろう。そして、これは私の推測だが、今しがた述べたようなこの議論の配置が、新田をフィンクから西田へ、そしてさらに、現象学と親和性のある東アジアの諸概念へと導いたのではないだろうか。私はここで重要なポイントだけを取り上げて、いくつかの点では同意できないものの、フィンクとともに、議論を展開してみようと思う。

(a)主題的概念は、総じて言えば、私たちが伝統的に「概念」として理解するものを意味している。それは諸々の多様性の収束(Conceptus)、すなわちある規定的な統一形式に収斂するものである。私たちは一般に自分自身や現実性を包括的に理解するために、概念を働かせるのである。

> 思考は概念の構成要素において自己を保持する。哲学の概念化とは、そこにおいて思考がその思考されたものを固定し、保持するような概念を志向的に目指している。(11)

たしかに、概念は決して一義的ではないが、杭のようなものを思考と現実性の地盤に突き刺して、概念的なネットワークにおいて互いに絡み合っているものである。

しかし、他方で、操作的概念は、固有の主題化を被ることなしに、概念形成の生成的な出現そのものに立ち戻る。操作的概念は、あたかも先概念的な本性をもつとされるが、概念的な装いで現われるのである。

> 彼ら(創造的な思想家)は、規定的な思惟の表象をとおして、彼らにとって本質的な主題的根本概念について考察する。それらの概念的な理解は、概念の野において、すなわち、それら自身がその眼差しのなかに捉えることがまったくできないような概念の媒体において起こっている。思想家はある思考されたものを構築するために媒体的な思考回路を使用するのだ。ここで適切に使用されたもの、考え抜かれたものは、哲学的思考においてそれ固有のものとして顧慮されることがない。私たちが「操作概念」と呼

ぶのは、まさにこうしたものである。[12]

フィンクがこの概念的な違いを個々の思想家のなかに見出したとき、そこにはまず、二つの含意が込められているようにみえる。フィンクが個々の思想家において、この概念的差異に関して明らかにすることは、まずもって二重の意味連関においてあるように思える。すなわち、一方は、思惟のプロセスに関わるものであり、そのプロセスにおいて、考えられた理念(そのつどの構想、ないしアプローチ)と言語的な把握、ないし概念的転換の間の緊張関係をとおして思想がその形態を担うということである。また、他方で、彼が指示するのは、あらゆる思惟が広範な思惟の伝統に着床しており、その概念性が十分に配慮されることなく、そのまま継承されてしまっており、ある新たに目的づけられた思想が、すでに定題化されていることに気づかないことである。

概念は、いわばそれ固有の生を行使するのであり、場合によっては、その概念使用の目的そのものに対立して進行することもあるのである。したがって、概念は、たえざる解釈と解明を求めるのであり、それは、思想と概念との差異を可能な限り、最小にするためなのである。[13] このとき、もちろん、両者の同一性について語ることはできないのであり、それが不可能であるのは、いかに言語分析の伝統において、前提として妥当性を要求したところで、変わりようがないのである。

(b)媒体としての操作的概念の理解とともに人は特定の現象の領域に入り込むことになるのだが、その領域は、それ自身決して言語によって把握することができず、しかもすべての言語表現を担っているような経験の地盤と経験の背景を把捉し、ともに語るように仕向けるのである。[14] その経験の地盤と経験の道へのこの現象の開示が、概念言語をその限界へと導いているように思われる。メルロ゠ポンティやハイデガーなどが文学や作詩に立ち戻り、純粋に概念的に把握することのできないものを現出にもたらそうとするのは、決して偶然なのではない。

ハイデガーの思惟は、「語」と「根源語」に遡及し、その語源的語の野から狙いを定めた現象構築体を獲得しようとする。人はたんに記述するのではなく、「記述を獲得しようとする」のである。執筆家や詩人はまさに、前もって隠されていた、あるいは退去していてまったく実在していなかった現象を、見えるようにしているのではないだろうか。文学は、現象の宝庫を内に含んでおり、私たちはそれをその諸現象学へと高めなければならない。したがって私は、概念が操作的なものであることを、フィンクよりもより積極的なものとみなしており、「語」と「概念」との間に、その両者の緊張関係から生まれる哲学的領野を確定できる能力をみている（比喩や記号、像などの「言語」を、ヘルダーリンやニーチェ、デリダやリクール、ブルーメンベルグやロンバッハにおいて考えることができる）。フィンクは「フッサール現象学における操作的概念」において次のように述べる。「操作的な投影は……関心そのものである。関心は〝テーマにおいて〟あるのではない。というのも、私たちは関心をとおしてこそテーマに関係するからである。関心は見られたものではない。なぜなら関心は、見るという媒体であるからだ」（一八九頁及び次頁）。しかし、見えないものとしての見るという媒体は、別様の仕方で、またこれまでとは異なった方法論的アプローチにおいて「見えるように」することができると言えるのである。

(c)フィンクは、前述の引用文〔註(12)の引用を指す〕に続けて次のように述べている。「それら〔操作的概念〕は、――比喩的な言い方をすれば――哲学の影である。思惟の解明力は、思惟の影に留まるものから滋養分を得る。もっとも高次に高まった反省性において、絶えず、直接性が働きかけてくる。思惟そのものが、思惟できないもののなかにその根拠をもつ。思惟はその生産的な振動を影のある概念の思惟できないものによる使用においてもつ」（一八六頁）。ここで概念の影の領域は、上で述べられた痕跡、すなわち概念と現象との間の可能な区別を目論んでいるわけではないが、その積極的な意義をもつのである。

この思惟の影は、概念として「外から」到来する概念の影として証示することになる。現象は現象で、内に見出すのでなければならない内なる眼差しをもち、その内なる構築やその作りや構造を見えるようにするのである。現象は「思惟する」ことはできないが、「見る」ことはできるのであり、それによって「示し」、より的確には、「証示する」

よう試みることができる。まさにこの概念と現象の間の緊張関係においてこそ、現象学研究者にとって、現象学研究者でないものに現象を、つまり現象学の意味を示すことの難しさがあるのである。このことは、すでに現象学的分析の作業の際の方法論的道具立てそのものに該当している。

こうして、フィンクは周知のように、エポケーや構成、現象といったフッサールの根本概念が操作的に使用されていることに注意を向け、それらの根本概念が主題として、すなわち概念的に解明されていないことを言おうとしているのである。とはいえ、それらの根本概念は、現象的な、また現象学的な根本内実を示してはいるのである。人はここでただ「見る」のでなければならず、明証を「もつ」のでなければならない。

(2)フィンクのアプローチである「内世界性」と「世界開示性」とを仲介すること

この点についてさらに言及することは、新田のアプローチにとって重要性をもつのではあるが、別稿に譲りたい[15]。

(3)「媒体」の次元

ここでは、短く、新田におけるフィンクの痕跡と思える二つの視点のみ指摘しておきたい。

(a)フィンクの著作『存在、真理、世界：現象概念の問題についての前もっての問い[16]』の第十章「絶対的媒体としての現出すること」において、フィンクは哲学的な概念の力と、それと直接結びついている、現象学的「可視性」と「経験の明証」とを浮き彫りにしようとする。ここで明らかにされるのは、フィンクが「媒体」ないし「媒体性」のもとで理解しているものが何であるかということと、どのように、この理解が、双方で見知することなく、すでに西田や和辻などによって概念的に使用されているアジア的―日本的思惟の特徴を担っているのか、ということである。

媒体の固有な特徴は、それが〝仲介する〟こと、それがともに張り合うことであり、その際、そのつど張り合っているものを包摂することである。媒体は〝間に位置するもの〟ではなく、仲介するものとして二つの事物の間に位置して、その二つを〝仲介する〟のではない。媒体が形成するのは、〝間〟の次元であり、それをとおして、事物は相互に関わり合っている。光は見ている眼と見られた色の間にあるのではなく、仕切りの壁としてでもなく、また架橋の橋としてあるのでもない。媒体は、間に割り込むことで仲介するのではなく、見ることと見られることがそこで遊動している次元を開いたままにすることで仲介するのである。(17)

(b)「非存在（メオン）」の概念、ないし「非存在論」の構想とともに、フィンクは、三〇年代のはじめ、蝶番の概念である「存在と無」「本質と現象」などに先行するものに取り組もうと試み、それによって、生成そのものと、生の包括的な現象を彼の「生成の原理」、そしてそれと直接結びついている「上昇の原理」においてより厳密に把握し、記述できるようにした。それによって証示されたのが、「現出することそのものが、すべての事物よりはるかに根源的であることである。現出することは、〝真理〟と世界との緊張した相互の働きである」(18)ということである。そして、「全体的な〝物自体と私たちにとっての事物〟についての認識論的反省の専門領域に対して、すなわち（特別な）理論化が妥当する領域に対して」、「事象の対象であることが、事象そのものから区別されるとき」フィンクが要求する理解とは、ある新たな、はるかに包括的で、ある意味で柔軟性のある、「現出すること」が本来意味しようとするものなのである。

> すなわち、現出することが、存在するものの、《それ自身から上昇しようとすることVon-sich selbst-her-Aufgehen》として把握されるとき、それはまったく別様に理解されるのである。というのも、現出することは、存在するものに時折、起こってくる何かなのではなく、いつも、存在するものとともに生起するものなのである。事物は、その存在をまさにそこにあることで遂行する、すなわち、枠組みという規定されたものへと立ち上がることによって、制限され、形態づけられる、外観をもつものとして公において自己を示すことによって遂行するといわれる。……現出することは、こうして、存在するものその

ものの存在の遂行として着手されている[19]。

「非存在論的なもの」は、ある意味で、「媒体的なもの」を準備する、まさに端的に必要とするのである[20]。ここでまとめとして述べておけば、新田が古典的な現象学者の検討をとおして到達したのは、地平との結合という開かれた思惟の仕方が、同時に「閉鎖を結果するのである。この閉鎖性は、地平的な運動の限界のなさから帰結するのである。思惟の根源への問いもまた、終わりのない開放性の系列において運動する[21]」ことである。ここで新田のフッサールとハイデガーに対する批判的論及を確定することは難しくないが、この批判は、まずもって二人の構想を積極的に取り入れた上で可能になった批判なのである。新田の決して十分とは言えない両者に対する価値評価は明らかとも言える。

しかし、私がここで、以上の〔フィンクについての〕考察により多くの紙面を割いたのは、新田がフィンクの思惟に強く触発されていると思えるからである。同時に新田の、彼に特有なフィンクとの関わりが本質的に次のことに寄与していると思える。というのは、西田に焦点を合わせたアジア的―日本的思惟は、新田とフィンクの思惟のアプローチを豊かにするだけでなく、古典的な現象学的研究の伝統にとって生産的で開示的な諸洞察をもたらすことができるからである。

2・2　経験、生命、世界

この節では、「経験、生命、世界」という三つの概念によって新田の思想をまとめつつ、本稿の枠組みでは短くしか言及できていない事柄に再度、焦点を当ててみたい。同時にここで私が望むのは、新田の思惟が、一方で、新たに刻印された「世界概念」に向かい、そこにおいて、同時にその概念に至る行程も明らかにされ、それによって、「内的な生命」すなわち「生き生きしたものそのもの」が現象に現われ、担われていることが明かされることである。「自然の生」もまた受容されている、この「生命と一つであること」そのものは、新田が「自覚」と名づけることによって、そこに明確に焦点が当てられることになる。

構造的に言ってこの主題が立ち現われるのは、彼にとっての保証人とも言えるフッサールとハイデガーとフィンクが「世界」と名づける箇所においてである。そこにおいて、この概念がより生き生きしたものとして理解されるのは、新田が「名詞としての世界」を根本的に、動詞という名詞に先行する生起の形式へと文字通り「翻訳 über-setzt」しているからである。したがって新田がこの「出来事 Sichereignen」をフッサールにおける「世界化 Weltigung」、ハイデガーにおける「世界の世界化 Welten der Welt」、フィンクにおける「世界の上昇 Weltaufgang」と呼び、私たちの哲学の記憶に訴えているのは[22]、決して偶然ではないのだ。こうして新田は――このように呼ぶことが差し支えなければ――「小さな架け橋」として、道元や西田といった日本の偉大な思惟の達人に至る行程を確保できるようにしているのである。私たちは、ここでまずは、この「架け橋」のもとに留まるのでなければならず、この架け橋を渡って、「経験・生命・世界」という三つの概念で語られた場が開かれ、「生命の自覚の深い論理[23]」が単なる現象学の基礎研究の課題以上のものであることが明らかにされるのである。

3 「超越論的媒体性」としての現象学

3・1 経験の諸層：道元禅師、西田、上田

新田によって様々な仕方で受け止められている経験の概念は、人や私や私たちが経験する、あるいは経験したという意味で使用する通常の意味よりも、より幅の広い、より深い意味で理解されている。道元に関係づければ、まずは次の二つのことが明らかである。すなわち、まずは、対象や客観や世界が対峙する「自我」あるいは「主観」が前提にされていないことである。新田が際立たせるのは、真正なる行為―実践（Handlungs-Praxis）であり、この行為―実

践は、道元に当てはめれば、「哲学」は、純粋に合理的で理論的にとどまる自己理解として考えられるよりはるかに広く、また包括的に理解されねばならないことである。プラトンにおいてすでに、「哲学するとは、死を学ぶことである」と言われているように、「生命」をその根本において、その深層を理解するという課題が与えられるとき、禅仏教の「曹洞派」に基づく道元において特徴的であるのは、理論と実践は対立することなく、相互を可能にする、まさに相互を必要としていることである。

道元の禅仏教における思惟の実践的性格は、徹底したものであり、道元の標語である〝座禅における定〟において宣言されている。道元における思惟の道がたんに宗教的であるだけでなく、非常に哲学的である以上、その思惟の道は、とりわけ現在の現象学的思惟の運動と収斂してくるのである。(24)

私がこの箇所を引用するのは、この箇所が、まず第一に、ここで「自己」が単に身体的に投錨されていることが語られているだけでなく、それを超えて、あらゆる物体と精神のあらゆる分離の彼方に、新たに「根拠づけられて」経験されているからである。「修行する」とは、したがって、私たち自身の内なる生命の活動性なのであり、この活動性において、すべてのこれまでの、ほとんどそのまま継承されてきた物体と精神、自我とエス(Es)、自我ないし私たちと世界、主観と客観などの分離が、文字通り、「超越論的媒体性」に向けて変換されているのである。まさにここでこの超越論的媒体性は、単に経験の可能性の条件に立ち戻っているだけでなく、私たちを媒体的に担い、同時に可能にもする生命自身の運動するもの、運動したものへと遡及しているのである。「超越論的媒体性」は、実際のところ、後退として、すなわちある種の「エポケーの行使」として、まったく実践的に、行為にそくして、実在的であることが証示される。

次に明らかになるのは、「自覚」というのは、単に合理的な、あるいは感性的な自己帰属性なのではなく、むしろ逆に、この自己帰属性は、生起の単なる一面性、固定化、推測であることが露呈されるのであり、それらの帰属性が可能になるのは、「それら」の自覚が何らかの箇所を、それが主観であれ、客観であれ、また事物、人間、制度であれ、それらの箇所を「固定化」したからなのだ、ということである。次のように言ってもよいであろう。現象の構成ないし現象の記述という作業の仕方は、いわば試金石を使うようなものであり、私たちが「明証」を把握し、洞察するとき、より的確には、この明証が私たちを把握し洞察するとき、まさにそのときその場所に、修行の領野が生き生きと脈打っているのであり、その活動の主こそ「自覚」と呼ばれうるのである。

新田の論文である「世界と生命。西田幾多郎における生命の自覚」[25]は、これまで述べられたことを背景にして、私が主題としている「ヨーロッパの現象学に対する挑戦としての「自覚」とは――「媒体的現象学」への歩み」に関連して、決定的な諸点に焦点を合わせ、最も的確に呈示していると言える。新田は、ハイデガーの「出来事」と西田の「媒体」の構想とを対話の可能性にもたらすよう試みているが、その際、新田は、西田において、私見によれば、「弁証法的仲介」という固有な形式が働いているとみなしている。この弁証法的仲介は、「自覚」と「表現」との間に振動しているのである。

私自身は、ある論文のなかで、「自己」の分析にあたって、西田とハイデガーとの間の近似性と緊張関係について考察したが、そこで見出したのは、新田と同様な「結論」であった[26]。〔ただし〕新田がここでその詳細に言及していないのは、西田が多層にわたる「経験の概念」を強調するのに対して、少なくとも前期のハイデガーは、「理解」、的確に言えば「存在理解」が決定的な役割を果たしているとしている、という状況についてである。とはいえ、新田はとりわけ、後期のハイデガーに関係づけており、そこでは、次の引用文にみられるように、すでに概念の使い方をみてもより大きな近似性を指摘することができる。

深層の次元性において働いている襞の開展、すなわち現出することと退去することという二重の運動を私たちは、超越論的媒体性、すなわち開示する真理の機能と呼ぶ(27)。

私の主題にとってとりわけ興味深いのは、この箇所で新田によってなされた、西田を鑑みての根本概念である「自覚」の解明の展開である。「超越論的媒体としての生命の自覚」とは、そこにおいて現出と現出しないものとの絶えざる「生命の自己分割」の内部で、言語や「遂行知」という包括的な意味での身体性、芸術家による創造や実践的行為などの現象、ないし媒体性が立ち現われているのであり、まさに「経験の深層次元」が発掘されてはじめて、それが開示されるのである。新田は、西田の思惟の行程に、常に、それをとおして差異化しつつ、多層性を明らかにしてくる媒体性、ないし、一貫して活動している「超越論的媒体」を広く見渡しつつ、焦点を当てている。

このようにして、新田の論文「世界と生命」においては「純粋経験」から「行為的直観」に至る西田の思惟の歩みが明確にされているのであり、この「行為的直観」では、「自覚と表現」が、そしてそれによって「自己のうちに自己を映す」と同時に「矛盾的自己同一」に注意が向けられることで、分離して立ち現われてくるのである。「場所の論理」は、最終的に、いわば入り口を形成することになっている。ここで日本の禅寺の庭や寺院を思い浮かべることもできよう。そこにおいて、絶えず明確に現われてくる自覚という根本概念に関連して、この入り口を「矛盾的自己同一」のいわば出発点と目的地、始まりと終わりとみることを学ぶことが、私たちの課題として与えられているのである。

ここでいまだ最後に残っていると思えるのは「超越論的なもの」という概念の問いではないだろうか。ここで「主観的なもの」が問われていないことは、カントにおいても、またフッサールにおいても明らかなことと思われる。「客観的なもの」がそれに近いかもしれないが、それは制限された意味においてである。あるいは、「行為的直観」における「絶対的なもの」がここで告知されているのだろうか。しかし、このとき、新田は再び、論文「世界と生命」においてハイデガーという源泉に立ち戻り、「自覚の深まり——出来事としての自覚」という最終章を叙述しているのである(六五頁)。はたして、ハイデガーと西田をこのように緊密に結びつけようとすることは、理論上一貫したことと言えるだろうか。

上田閑照と、天才的イスラム学者であると同時に哲学者である井筒俊彦との哲学的近さが、新田を強く触発していたと言えよう(28)。日本的思惟の経験を代表する人物であり、禅仏教とキリスト教的神秘主義の間の対話に関する傑出した専門家でもある上田において、当初から、根本的な洞察が獲得されうるのであり、新田はまさにこの根本的洞察をとおして、自己固有の研究が肯定されていることを確認できただけでなく、さらに進展しうる発意の力を経験していたのである。とりわけ、新田は、上田の論文である「自覚の場所(29)」において〔それを強く経験した〕。上田の卓越性は、――特に印象的であるのは、いわゆる「十牛図」の彼の解釈であり――「絵画を見る」ことを直接、哲学的―現象学的分析に「翻訳し」、同時に実り豊かな分析に仕上げることにおいてある。上田が思考したのは、かつてメルロ＝ポンティが、セザンヌを引き合いにして次のように希求したことと同様であるように思われる。

この作成されるべき哲学は、画家に魂を与えるのであるが、それは画家が世界についての見解を述べるときにではなく、画家の眼差しが動作になる瞬間において、セザンヌのいうように、〝描くことのなかで考える〟ときにできあがるのである(30)。

古典的現象学者であるフッサール、ハイデガー、フィンクに対する新田の分析は、すでに根本的主題である、超越論的原開きとしての「経験」に向けられている。新田の分析は、ハイデガーやガダマーが「存在論的経験」あるいは「解釈学的経験」について語ることを認めつつ、「経験の深層次元」のために、西田幾多郎の思惟のアプローチを確保しておく。というのも、それは、そこにこそ「生命と知の間の差異化としての超越論的媒体が見いだされる」からであり、「西田の哲学において人は、超越論的媒体性への問いの徹底した展開にぶつかるのだ(31)」。

ここですべての思考するものにとって、様々に異なったあり方であれ、共通するのは、「人間の経験をその全体的な連関に関連して問題にすること」であり、「それぞれの仕方で自己と世界の理解を経験の深層にまで到達するよう試みる」[32]ことなのである。

3・2　焦点：間文化的経験の思惟

人間の経験が根源的にパースペクティヴ的に構造化されていることが意味するのは、パースペクティヴ一般の超越論的条件としての原パースペクティヴがすでに経験において構造的に含まれていることである。周囲世界の現出が固有な身体の二重の所与性に依存しているように、人間の自己経験、ひいては、一般的に反省的知は、生き生きした現在において遂行される原距離、あるいは原―分割におけるその生成の超越論的条件をもっているのだ。歴史的世界のパースペクティヴ性は、したがって、その構造的根源を時間的―歴史的パースペクティヴの条件としての原距離にもっている。[33]

新田は、ここで相互主観的に構成されたパースペクティヴの複数性を端緒にして、フッサールとともに、あるいはフッサールを超えて、間文化的に構想される「複数性の理論」へと方向づけようとする。このように新田の「パースペクティヴ論」の分析は、フッサールを出発点にして、パースペクティヴの複数性を目指しているのであり、この複数性は「実践の次元」をも開示している。ここで私は、新田の論文の多くを告げているその結論部分を引用したい。

しかもなお、現象学がパースペクティヴの理論として、さらに発展しようとするのであれば、とりわけ、目的論が、フッサール自身によって繰り返し主張されている、理性の一義的方向性から解放され、実践の次元における複数の目的論として解釈し直されなければならない。このことは、パースペクティヴの理論を人間の知と人間の世界解釈の複数性の理論として理解する道を開くことになるだろう。[34]

ここで、決して偶然と思えないのは、日本の同僚である現象学研究者によるドイツ語で公刊されたおそらくはじめての現象学についてのこの著作において、少なくとも既に一部は、明確に（東）アジア的な経験の世界とその思惟の形式が、最も生産的な仕方において、古典的な、とりわけドイツ語による現象学とフランス語による現象学との対話にもたらされていると言えることである。同時に、ここで確定しておかねばならないのは、新田はすでに早くから、その当時、通常のこととされていた「比較考察学」、したがって比較論の足枷について批判的に言及していたことである。[35]

私の論稿のタイトルからは、確固とした「ヨーロッパ的—西洋的な現象学」が存在するような印象をもたれるかもしれない。一方で、歴史的にみて、このことを肯定することになろうが、他方では——歴史的議論においても、またシステム的議論においても——時代が変化してきているとされねばならない。「現象学の運動」は、その当初から、グローバルで世界を跨ぐものとして理解されており、まさにこの点において、一般的に妥当する「哲学一般」の自己理解に責任をもたねばならないのである。この自己理解は、古代ギリシャから始まり、ヨーロッパと他の西洋世界をとおして拡大していったのであるが、二〇世紀に至ってはじめて、破壊されてくることになった。初めは躊躇されつつ、しかし絶えず確実に破壊されてきたのである。

私たちは今日、二一世紀において、哲学の上でも挑戦を前にしている。それは現象学というプロジェクトに新たな魂を授ける挑戦である。この挑戦に関連して、多くの名前と主人公が挙げられよう。この論稿においては、新田義弘の現象学的思惟へ深い関心が注がれた。新田は、道を切り開いた偉大な研究者の一人として、現象学的思惟と研究を「東洋と西洋の対話」へと拡張し、深化させ、それによって、その対話を間文化的地盤の上に構築したのである。

この意味で、私は、この論稿のタイトルとなった東アジア的—日本的思惟に由来する「自覚」という根本概念が、「ヨーロッパの現象学」に対する挑戦を呈示できるかという問いに対して、無制限の肯定をもって、「然り！」と答えたいのである。

凡例

本稿の訳は引用箇所も含めて、基本的に訳者による。しかし、読者諸氏の参考のため、註に記載の文献に関して、日本語訳の確認ができるものについては、原文の書誌情報の後に訳書の書誌情報を付記した。また、日本語訳のない文献に関しては、著書名ないしは論文名の訳のみ記載する。なお、本文または註における〔 〕内の記述は、訳者による補足である。

註

（1） Vgl. Y. Nitta, Welt und Leben. Das Selbstgewahren des Lebens bei Nishida Kitaro, in: H. R. Sepp, I. Yamaguchi (Hg.), Leben als Phänomen. Die Freiburger Phänomenologie im Ost-West-Dialog, K&N-Verlag, Würzburg 2006, S. 60-66, hier 60. 〔『現象としての生命。東西の対話におけるフライブルグ現象学』〕

（2） Vgl. G. Stenger, Globalisierung im Widerstreit: Von welcher "Welt" sprechen wir?, in: Koch, D., Ruppert, M. & Weidtmann, N. (Hg.), Globalisierung-Eine Welt?: Philosophische Annäherungen. Tübingen (Attempto-Verlag, Tübingen, Nr. 1, Band Zeitdiagnosen) 2015, S. 39-63. 〔「抗争におけるグローバル化：どの〝世界〟について私たちは語るのか？」、『グローバル化 ―ひとつの世界とは？：哲学的接近』所収〕訳注：ギリシア語の "kosmos"、ラテン語の "mundus"、ドイツ語の "Welt" はいずれも「世界」「宇宙」を意味する。

（3） Vgl. G. Stenger, Kap. C.I.7. „Zwischen", und Kap. C.II. „Grunderfahrung", insbes. 1. „Widerfahrnis" und 2. „Dimension/Dimensionen", in: G. Stenger, Philosophie der Interkulturalität. Phänomenologie der interkulturellen Erfahrung. Freiburg/München (Alber) 2020, 2. geringfügig überarbeitete Aufl., S. 416-459 und S. 497-560. 〔『間文化性の哲学』、C・I・7章「間」、C・II章「根本経験」。特にその1「遭遇」とその2「次元／諸次元」〕なお、オンラインでのアクセスも可能である: https://uscholar.univie.ac.at/detail/o:1137797 Link zum Download: https://services.phaidra.univie.ac.at/api/object/o:1137797/diss/Content/download

（4） Y. Nitta, Phänomenologie als Theorie der Perspektive und die Aporie des Gesichtspunkts, in: Y. Nitta (Hg.), Japanische Beiträge zur Phänomenologie, Alber-Verlag, Freiburg/München 1984, S. 71-89. 〔「パースペクティヴの理論としての現象学と

視点のアポリア」『現象学への日本の寄与』〕

(5) Y. Nitta, 2006, 60.

(6) Nitta, 2011, Der Weg des phänomenologischen Denkens. Zu einem neuen Gespräch zwischen Ost und West, in: Y. Nitta / T. Tani (Hg.), Aufnahme und Antwort. Phänomenologie in Japan I, Königshausen & Neumann, Würzburg 2011, S. 14.〔「現象学的思惟の道。東洋と西洋の間の新たな対話について」『受容と応答。日本における現象学I』〕

(7) Nitta, 2006, 61.

(8) Nitta, 2006, 62.

(9) Sh. hierzu G. Stenger, Finks Weltkosmoi-Entsprechungen und Widerstreit, in: C. Nielsen & H. R. Sepp (Hrsg.), Welt denken: Annäherungen an die Kosmologie Eugen Finks. Karl Alber, Freiburg 2011, S. 321-346.〔「フィンクの世界宇宙——相応と抗争」『世界について考える：オイゲン・フィンクのコスモロギーへの接近』〕

(10) Eugen Fink, Operative Begriffe in Husserls Phänomenologie, in: E. Fink, Nähe und Distanz. Phänomenologische Vorträge und Aufsätze, Alber-Verlag, Freiburg/München 1976, S. 180-204.〔「フッサールの現象学における操作的概念」『近さと隔たり。現象学の講演と論文』〕

(11) Ebd. S. 185.

(12) Ebd. 185f.

(13) このことからして、多くの場合、「概念史」という大きな貢献をなしうる検討は、哲学的な自己理解にとって二義的な営みとみなされる。

(14) メルロ＝ポンティとともに、「語りえることの語りえなさ」や「見えるものの見えなさ」について語ることができるだろう(vgl. Merleau-Ponty, Das Sichtbare und das Unsichtbare, Wilhelm Fink-Verlag, München 1994^{2}, S. 172-203.〔メルロ＝ポンティ『見えるものと見えないもの』滝浦静雄・木田元訳、みすず書房、一九八九年。特に「キアスムス」の章を参照〕)。レヴィナスは、言うこと(dire)と言われたこと(dit)を区別することで、他者という、文字における本格的な言語倫理を包含できている(vgl. E. Levinas, Jenseits des Seins oder anders als Sein geschieht, Alber, Freiburg/München 1998^{2}, S. 29 ff., 65 ff., 93 ff., 211, 330.〔『存在の彼方、あるいは存在とは異なるものの生起』〕)。また、執筆家であるJorge Semprunは、体験と著述の交錯をとおして、時間的―空間的な、前もって知られることのなかった経験の多次元性が明らかにされると論じる(vgl.

J. Semprun, Schreiben oder Leben, Suhrkamp, Frankfurt/M. 1995.〔『書くこと、あるいは生きること』〕)。
同様に、すでにハイデガーは、言語としての言語と物語としての言語との根本的な相違に注意を向けてきた(vgl. M. Heidegger, Der Weg zur Sprache, in: ders., Unterwegs zur Sprache, Neske, Pfullingen 1986, S. 239-268.〔「言語への道」『言語への途上で』〕)。なお拡張することのできるこのような事例の列挙を眼前にして、停滞したままに留まる言語分析や概念史的研究に驚くことになる。なぜなら、この領域でさらに問われることのない真理の要求と究極的妥当性が言語分析と概念史的研究と結びついていることが明らかであるからである。

(15) 註(9)を参照。

(16) E. Fink, Sein, Wahrheit, Welt. Vor-Fragen zum Problem des Phänomen-Begriffs, Kap. 10: Das Erscheinen als das absolute Medium, Martinus Nijhoff, den Haag 1958, S. 118-130.〔『存在、真理、世界。現象概念の問題についての予備的設問』、特に第十章「絶対的媒体としての現出すること」を参照〕

(17) Ebd, S. 120.

(18) E. Fink, 1958, Kap. „Der Zeit-Raum der Welt“, S. 155.〔『世界の時空間』〕

(19) Ebd, Kap, „Das absolute Medium“, S. 122f.〔特に「絶対的媒体」の章を参照〕

(20) 最も明白と思えるのは、「像」と「世界」の間の連関とは異なった連関においてではあるが、フィンクにおける媒体性と非存在論との構成的連関に関して、H・R・ゼップの詳細に渡った分析である。Hans Rainer Sepp, Bild. Phänomenologie der Epoché I, Königshausen & Neumann, Würzburg 2012, Erster Teil: Kap. III.2. Medialität und Meontik.〔『像。エポケーIの現象学』〕

(21) Nitta, 2006, 60.

(22) Nitta ‚Leben' in der Denktradition Japans, in: H. R. Sepp und I. Yamaguchi (Hg.), Leben als Phänomen, K&N, Würzburg 2006, S. 24-28, hier 26.〔「日本の思惟の伝統における〝生命〟」(『現象としての生命』所収〕

(23) Ebd, 27.

(24) Nitta, 2006, 25.

(25) Nitta, 2006, 60-66.

(26) G. Stenger, "Selbst" als Grundwort im Spannungsfeld zwischen Heideggers und ostasiatischem Denken, in: Denker, A.,

Kadowaki, S., Ohashi, R., Stenger, G. & Zaborowski, H. (Hg.), Heidegger und das ostasiatische Denken. (Heidegger-Jahrbuch, Band 7), Freiburg/München: Verlag Karl Alber, Band 7. S. 74-101. 〔「ハイデガーと東アジアの思惟の間の緊張野における根本語として"自己"」 ハイデガー年報第七巻『ハイデガーと東アジアの思惟』〕

(27) Nitta, 2006, 61.

(28) 禅の修行と結びついた「脱主観化」の問題系についての好意的な、また批判的な指摘については特に以下の著書を参照。Vgl. I. Yamaguchi. Genese der Zeit aus dem Du. Untersuchungen zur interkulturellen Phänomenologie, Alber-Verlag, Freiburg/München 2018, S. 326-331, u.a. 〔『汝に由来する時間の発生。間文化的現象学の研究』〕

(29) Sh. Ueda, Der Ort des Selbstgewahrens, (dt. Übersetzung), in: S. Döll, Wozu also suchen?, Eine Einführung in das Denken von Ueda Shizuteru 〔『どうして求めるのか。上田閑照の思惟への入門』〕, Iudicium-Verlag, München 2005, S. 78-112. Sh. auch die Textsammlung von S. Ueda, Wer und was bin ich? Zur Phänomenologie des Zen-Buddhismus, (dt.), Alber-Verlag, Freiburg/München 2016[2]. 〔「自覚の場所」『私とは誰で、何なのか？ 禅仏教の現象学について』〕

(30) M. Merleau-Ponty, Das Auge und der Geist., Philosophische Essays Meiner-Verlag, Hamburg 1984, S. 31. 〔メルロ＝ポンティ『眼と精神』滝浦静雄訳、みすず書房、一九六六年〕

(31) Nitta, 2006, 62. 強調は筆者による。

(32) Nitta, 2011, 11.

(33) Nitta, Phänomenologie als Theorie der Perspektive und die Aporie des Gesichtspunkts, in: Yoshihiro Nitta (Hg.), Japanische Beiträge zur Phänomenologie, Alber-Verlag, Freiburg/München 1984, S. 71-89. 〔「パースペクティヴの理論としての現象学と視点のアポリア」『現象学への日本の寄与』所収〕

(34) Ebd. 強調は筆者による。

(35) Nitta, „Abbau des Vergleichs", in: Der Weg phänomenologischen Denkens. Zu einem neuen Gespräch zwischen Ost und Westin: Y. Nitta / T. Tani (Hg.) 〔「比較の脱構築」、『現象学の思惟の道。東洋と西洋との間の新たな対話について』所収〕, Aufnahme und Antwort. Phänomenologie in Japan I, Königshausen & Neumann, Würzburg 2011 (I), S. 9-15. 〔『受容と応答。日本における現象学Ⅰ』〕

媒体としての人間
——新田義弘の超越論的媒体性の現象学

ハンス・ライナー・ゼップ（訳：畑 一成）

本稿は、新田義弘の現象学的思惟の中心的内容の事象連関を簡潔に概観する試みである。新田が哲学するということ、その核心は、「超越論的媒体性の現象学」を展開することにある。「超越論的」という言葉が示す通り、新田は、自分の主題をフッサールの現象学に結びつけるのだが、過去と現代のヨーロッパ思想の伝統だけではなく、日本の哲学的な思想の伝統も含めることによってフッサール現象学を越え出ていく。新田は「超越論的媒体性」を、自己と世界、あるいは自己と他者とが同一化しつつ差異化する運動において互いに媒介される、人間存在のなかで起こる深さの出来事として考えている。この根本的主題のほかに、さらに新田哲学の徴表となっている二つの観点がある。

ある中心的な特徴が、新田の現象学のとらえ方を、さらに哲学そのもののとらえ方を形作っている。現象学は、世界性と他者性（Weltlichkeit und Alterität）との接点における人間存在の運動を生として示し、その反省的な自己鏡映（reflexive Selbstspiegelung）の仕方を知として示すことを課題としているだけではない。現象学は——確証的な鏡映（vergewisserndes Spiegeln）に関するある種の突出したモードとして——この運動そのもののなかにあり、それを通じて明示されることも課題としている。しかし、現象学がそれ自身この基礎的で実存的な意味における運動であるとすれば、一人の現象学者だけに限定されるのでは不十分である。むしろ、現象学的な思想の活発さや、それに伴う人間存在の運動は、そもそも様々な現象学的、あるいは哲学的な立場を通過することではじめて見えてくる。それゆえ、新田にとってなかんずく四人の現象学的著者——フッサールのほか、西田幾多郎、マルティン・ハイデガー、オイゲン・

フィンク——が決定的な役割を演じている。新田は、超越論的媒体性に関する自身の哲学的な主題を、この四人との生涯にわたる格闘を通じて得ており、つねに新しい解釈と思惟の試みを数多く行なうことで、何度も検討しなおしていた。数十年も哲学に取り組むなかで、新田はさらなるヨーロッパと極東の哲学の代表的人物を引き合いに出している。それは例えば、ニコラス・クザーヌスであったり、フィヒテ、ニーチェ、ディルタイ、パウル・ヨルク・フォン・ヴァルテンブルクであったりするし、さらに龍樹の哲学のような仏教的思想の伝統であったりする。

　新田の哲学的立ち位置に関する第三の観点は、先述の二つの観点から必然的に導かれる。最終的に、現象学的で哲学的な鏡映において、人間存在の運動の論理構造そのものを把握するために、個人の生の単一性と特異性は、人間存在の運動が個々人の相互性(Zueinander)においてはじめて現実化するという事実に反しないのであれば、相対主義と絶対化から離れて、間文化的に哲学することを、新しい基礎の上に立てる概念が示されるだろう。個々人の世界態度(Welthaltungen)が、それぞれ本当に出会うため、おのずと相互に影響し合わなければならないことを示唆することによって、視野狭く紋切り型になってしまっている浅薄な文化比較や、一方的に推し進められる文化的解釈学を捨て去るという思考が企図される。これは、様々な哲学的立場との対話や、様々な文化的伝統との出会いにも関わっており、まさに新田の思想は、ヨーロッパと東洋の哲学の思考内容を突き合わせることにおいて、実際に対話(Dialog)という形容詞句をつけるにふさわしく、東洋と西洋との対話を切り開くのである。「dia-lógos」は、他者が私の生に、そして私が他者の生に織り込まれ、私が私自身を、他者が自己自身を新しく見ることを学ぶというロゴスを明確にすることによって、交互の浸透として、その都度の実存の前提において自己に関わらせること(Sich-betreffen-lassen)としてある。

　様々な哲学的立場との対峙に関して、新田はある特殊な方法論的手順を適用する。彼は、書かれたことを後追いするように解釈するために、対話の相手に選んだ哲学者たちを参照したのではない。むしろ、新田は、論理構造、つまりあらゆる取り組みの下地となるような互いに連関する意味構造といったものを見出そうとした。重要なのは、そのような見出した構造それぞれが、その取り組みの個別性に対応すると同時に、それ自身移行的なものとなり、他の取り組みへと移っていくようにその論理をあらわすようになるということである。この手順の特徴は、近さと遠さ (Nähe und Ferne) の相互作用としても記述できる。つまり、ある思想的構築物への完全な置換やそこからの抽出であり、真の翻訳 (Über-setzen) として、まさに (思考のなかに隠された) 固有性を示し、それそのものを明らかにした後、他へと移行させるように、ある思考を言葉によって受け取り、その言葉を思考から切り離すことである。

新田を有名にしている包括的な構造の特徴は、地平的なものと垂直的なものである。この二つのものは、新田にとって事実的現象学 (faktische Phänomenologie) の運動における本質的な切り口となっている。フッサールや『存在と時間』の著者としてのハイデガーが地平的な思考様式に縛られていたとすれば、後期のフッサールや後期のハイデガー、並びに西田やフィンクは垂直的な思考を展開したと言えよう。

フッサールは、経験において志向と充実との緊張が起こる場で、地平的な思考を形作っている。ある経験は、後の推移において充実されるものを、あらかじめ地平的に描いておくのだが、充実されるやいなや新しいものがさらに描かれる。新田は、この過程をパースペクティヴ化と脱パースペクティヴ化 (Perspektivierung und Entperspektivierung) との緊張へと翻訳する。つまり、何かを志向するパースペクティヴと、明証的な所与性の自己調整 (Sich-Einstellen) においてそれが崩壊することとの緊張へと翻訳するのである。しかし、多くの経験によって裏付けされた証拠というものが、(新しい) 空白を作り出すことから、一時的な脱パースペクティヴ化は、即座に新しいパースペクティヴ性などへと流れ込む。新田は、この入れ替わり (Alternieren) をとめどない差異化と同一化の緊張とさらに翻訳している。個人の実存が、あるもの、あるいは他のものにおいて一時的に生きるとするならば、つまり欲望の満たされなさ (差異)、あるいはその有限な充足 (同一性) において一時的に生きるとするならば、その実存は全体性のなかに存立していることになる。すなわち、運動として、差異と同一とのこの差異のなかに同時に存立しているのである。

この同一と差異との同時性は、論理的な基本形態であり、新田は、フッサールからハイデガー、フィンクに至る事実的現象学においてそれが表現されていると言う。この形態の由来は、「絶対矛盾的自己同一」という西田の概念のなかに容易に見出される。(1) それでもって、新田の哲学することとは、ヨーロッパの現象学が他の文化的伝統に由来する思慮深さでもって分析されるときに、新しい創造的な読解が導き出されるというよい例となっている。おそらくここまでで、西田の哲学的論理学が、新田哲学の輪郭を描いており、そこにおいて、新田は、翻訳の糸口として、自身の様々な現象学的で哲学的な概念に関する詳細な議論を組み立て、それら概念が、それ自身とその構造論理でもって、西田の描いた輪郭に沿うようにしたのだと言えるだろう。

新田によれば、この同じ形態でもって、フッサールの現出と現出するもの(Erscheinende)との関係も規定されている。同一の現出しつつある対象は、様々な現出の仕方において示される。新田は、この差異化と同一化の形式が、これまで現出領野のうちに、すなわち地平的なもののうちに、とどまっていたと強調している。つまり、以下で述べるとおりに、現出そのものを可能にする垂直的な方向が、そこでは取り除かれているのである。現出を可能とする条件として、新田は、後期フッサールにおける身体性と時間性、われわれ性(Leiblichkeit, Zeitlichkeit und Wirheit)の三つの垂直的に作動する機能を挙げている。これら三つの機能すべては、媒介機能であり、新田は、その共通構造を匿名の媒体と表現している。身体性は、自己と周囲世界(あるいは世界)との間を媒介し、時間性は「生き生きとした現在」として自己と自己との間を、われわれ性は自己と他者との間を媒介している。身体は、対象化可能な周囲世界を現出させることによって、匿名的で媒体的に働く。生き生きとした現在は、「流れつつ立ちとどまるもの(strömende und stehende)」として自我の根源的分割を引き起こし、それによって、生き生きと体験された現在性と流れたものを対象化する反省とが分離する。われわれ性は、他のものとは替えられない私の単一性が多くの他者とともに浮かび上がり、コミュニケーション的な差異化の過程を経ることで、私が他者を対象化することができるというものである。それでもってこの三段階の匿名的媒体化は、空間的で時間的で人間関係的なものに関して、知るという疎隔化(wissende

Distanzierung)が導き出す、客観化の前提を作り出している——しかし、これはそのような客観化を回避するための基礎でもある。

このフッサール現象学の文脈において示された、生きられた根源的隔たり(Ur-Distanz)として媒体作用は、新田にとって人間の知の発生条件であり、自己と世界、自己と自己、自己と他者との変動する間(Zwischen)を分節化するのである。この媒体の固有性は、二つの異なるものが、互いを排除するという仕方でまさに表裏一体となっているような差異によって、その三つの構造が支配されていることにある。対象的に体験された(周囲)世界は、身体的に体験されたものではない、まさにこのことによって同じものとなっており、反省された流れたものは、生き生きと流れているものではないが、そのことによって同じなのであり、客観化された他者は、多くの他者のなかの一人としての個人の在り方のことではないが、それによってそのような個人なのである。差異化されたものが、互いを排除するような仕方によってのみ統一されるとするならば、新田は、——ここで再び西田を参照するが——無を媒介にして結びつけられているような様々な契機から媒体が成り立っているのだと言いうるだろう。この無のことを新田は、それによって現実性が表出するような現実のなかの裂け目として把握している。媒体は、現実を受け取る(Vernehmen)際に付きまとうものをも表現するような受け取りを可能にする。このようにして、現実性は、裂け目を通じて、空間性と時間性、われわれ性の受け取りのなかにおいて——差異を通じた同一化の運動として——超越として表出する。このように、世界の開けそのものが、経験の最下層に由来する媒体を通じて開かれ、知が世界に帰属することが打ち立てられる。したがって、新田は、フィンクに関連づけながら、人間を「媒介者(Mittler)」として語る。

しかしながら、様々な差異が、運動の結果である客観化という切り離しを通じて自立化してしまうという危険性が媒体的運動にはある。そのような客観化を避けるためには、運動とその緊張関係を生き生きと保つことが必要とされる。言い換えるならば、生動性の痕跡(Spur)が保持されることによって、その遂行の生動性を犠牲にすることなく、匿名なものを語ることが必要とされるのである。その結果、経験の超越論的媒体の可能性は、無が受け継がれ、二重の否定における否定性が作用しはじめるところではじめて論じつくされるのである。他者は、一方で（経験する）思考そのものが自己否定され、他方でこの思考を通じて現われるものが自己否定されることによってのみ、他者として現われてくる。したがって、超越論的経験というのは、現出するものと現出しないものとが相互に否定しあい、こうした仕方で相互に生じるのを可能にするものであろう。

それによってさらに、現出するものすべてが、現出からの自己退去（Sich-Entziehen）を通じてはじめて現われてくるということが理解されうるであろう。しかしながら、現象そのものが思考の主題となりうる以前に、現象は、人間と世界との関係のなかで生じなければならない。その際、現象の自己否定としての第二の否定にあるものが、世界を把握する生における世界の作用の自己否定であることが示される。この意味において、第一の否定性が、知によって生が把握されないこととして知の否定性であるならば、第二の否定性は、作用の停止としての生の自己否定であり、生を自己否定的に表現する世界現出である。このことは、現出するものの根源的な場所である世界が、排他的に人間存在に関連付けられることも、独立した即自存在（Ansichsein）とされることもなく、現出において隠れつつ生じる媒体の運動であるという開け（Offene）として、いかに「自由に与えられている（freigegeben）」のかをより明確にする。

新田は、超越論的経験が実現されるときに否定性が受け継がれることを、西田から借用した「自覚」の概念でもって描き、その概念を対話というものが成功する条件とみなしている。差異化としての自己否定、あるいは自覚というものは、二つの側面に表れている。経験されたもの、あるいは他者の側面に関しては、事象を同質化しない把握、すなわち否定のなかに他者を含めることであり、知の把握の側面に関しては、否定のなかに生を取り込むことである。同質化する客観化作用が、生き生きとした固有の体験や他者に反してしまうので、二つの側面でみられる客観化による収奪の廃棄（Aufhebung）としての自己否定とは、結局のところ、定立（Setzen）と廃棄の交代が、知るという経験で重要となる生き生きとした事象を生み出すという、ある一つのダイナミックな生の自己差異化のことである。

新田は、フッサール以後とフッサール以外の現象学を、知の根本的特徴としての媒体の否定性をさらに探究する試みとして理解している。これに関連して、新田は、ハイデガーやフィンク、西田らがどこまで思惟の媒体性格(Medium-Charakter)を明らかにしたのかを吟味している。新田は、ハイデガーに関して、彼の後期の中心的概念である「性起(Ereignis)」を超越論的経験の過程に関係づけている。それゆえ新田は、性起すること(Sich-Ereignen)を、二重の自己否定が事象そのものを出来させるのだとする自覚と並置する。その際、新田は、ハイデガーの思惟を、フッサールによって開かれた経験の深さの次元を際立った形でさらに探究したものとして読むべきだと言っている。そうすると、後期ハイデガーの「顕現せざるものの現象学」における超越論的媒体性の機能が――つまり現出するものが露顕しつつ現われると同時に現出する働きは自らを隠蔽するという媒体の否定的根本構造が――、存在者を現象へともたらし、その際、自らは身を隠すような、それ自身において差異化された存在の出来事において浮かび上がってくる。ハイデガーにとって、思惟は、現出の由来そのものが現われてくるような経験に引き込まれなければならない。しかしながら、ハイデガーがこの経験の否定性の性格を十分考慮していたかどうかは議論の余地がある。新田自身は、ハイデガーの思想を西洋的ロゴスの言語に矮小化することに批判的であった。

過度に存在概念を言語に依存させることなく、存在概念と世界概念との代替的な関係を見出すために、新田は、特にフィンクに言及し、世界概念に関して、人間が世界の立ち現われ(Weltaufgang)に関与しているのにもかかわらず、いかに世界というものが人間の視野から逃れてしまうのかを示している。そのことによって、隠されたものが露顕しつつ生じることが同時に思考と世界の発生として遂行されることも示される。人間は、世界の立ち現われの目撃者であるだけではなく、世界の立ち現われがその出来(Hervortreten)において人間を通じてはじめて実現されるという意味で、媒介者なのである。自己否定作用は、人間が世界内部的なものに繋ぎ止められてしまっていることを否定し、世界の生起に引き込まれることによってのみ、世界の生起は表現可能になるということを意味している。

新田は、個々人のなかで目覚める自覚が現出と隠蔽の場であり、世界の立ち現われの際の人間の自己否定が世界そのものの自己否定であるということを、西田のなかにみてとっている。それによって、世界の立ち現われは、人間にとっての現象であるだけではなく、世界それ自身にとっての現象でもあることになる。世界がその隠蔽を拒絶することで、世界は、自身の立ち現われを実現する。つまり、新田が示すように、人間が世界の自己否定的な自己現象にとっての媒体として働くことを通じて、西田によって「自己反照」と名づけられ、人間の知るという媒介によってのみ起こされる自己否定的な自己実現において、世界の立ち現われが実現するのである。新田は、西田が後年の思想の「場所の論理」において、映すものと映されるものとの関係を、場の自己反照によって場が形成されるとする自己規定として把握していたことに注目している。最終的に、新田は、西田が「行為的直観」との関連で使用し、それでもって身体的な自己を歴史的世界の自己表現の要素として述べた表現の概念を取り上げている。自我は、行為的直観において否定されることで、世界に自己を表現させる。つまり世界が生の表現になるのである。そのような表現によってはじめて、生は自身の明証性を獲得するのである。

しかしながら、新田は、批判の手を緩めず、西田の場所の論理やハイデガーの存在論が、生き生きとした経験と知の生き生きとした自証において、常にすでに働いている媒体の次元を見過ごしているという――これがまさに新田が後期フッサールの解釈で指摘していることである。媒体が、経験の垂直的な深さにおいて、受け取ること（Vernehmen）を機能させているので、媒体は、学問的で、哲学的で、芸術的で、宗教的な思考を含めた、世界を解明する様々な見方や次元の差異にとっての基盤となっている。経験は、自己と世界、他者それぞれが関係しあう場と結びついている。ここで、新田が文化的隔たりを超えた間文化的（あるいは哲学的）交流の可能性のために考えていた、ある現象学的議論を言及することができるだろう。つまり、そのような交流は、成功するとすれば、それぞれ独自の経験の深みに基づいていなければならず、そのような経験は相互に照らしあう運動のなかになければならない。

新田義弘の特別な哲学的業績は、彼が現象学運動の多様な著作家たちに問い尋ねるべき必然性を見てとり、彼らを結びつけるような道筋を明らかにしたことだけではない。新田の生涯の業績の本来の意義は、そうした哲学者たちに関することにでは全くなく、それぞれの人の媒体のなかで徐々に、しかし終わることなく展開される事象こそが重要であると示したことにある――その際、同一的なものと異なっているものが結びつけられるのである。すなわち、複数のなかにあるある一つの事象と、それにもかかわらずその都度の個人の取り扱いによって差異化されてしまう仕方(Wie)が結びつけられるのである。

このことを背景に、私はかなり遅くになってから、なぜ新田が、一九九〇年代はじめに、曺街京(ニューヨーク州立大学バッファロー校)らとともに私たちが手掛けていた叢書 *Orbis Phaenomenologicus* の構想を好意的に採り上げ、もの静かでいて深い情熱でもって即座に、そして無条件に協力してくれたのかを理解した。今日において私は、この叢書が異なる来歴をもつ人たちの交流の機会となっており、それが新田の最奥の哲学的見解に触れていたのだということを知るにいたっている。それだからこそ、本稿のわずかな文章でも、新田義弘と彼の現象学を想うだけでなく、彼の心の広さと希求する精神に、心からの感謝を述べる機会が与えられたことに、私は今、大変な幸せを感じている。(2)

註

(1) 例えば、彼のドイツ語に翻訳された論文„Selbstidentität und Kontinuität der Welt"〔世界の自己同一性と連続〕1935, übers. v. Elmar Weinmayr, in: Ryōsuke Ohasi (Hg.), *Die Philosophie der Kyōto-Schule. Texte und Einführung*, Freiburg/München: Karl Alber 1990, S. 54-81 を参照。また彼の日本語版の全集第九巻(一九六五/一九六六)、一四七頁と二二一頁も参照。

(2) 本稿は、プラハ・カレル大学人間科学部中央ヨーロッパ哲学研究所において作成された。

文学と哲学のあいだ

——反形而上学としてのディルタイの生の哲学

高橋義人

1　文字の起源、哲学の起源

文学と哲学はともに人間を考察する学、人間にとって基本的な学である。人生観を追求するという点で両者は兄弟の関係にある。では、両者はどのくらい重なりあい、どのくらい異なるのだろうか。人によって見解は大いに異なる。哲学では「思考」に重点が置かれ、文学は「感性」を重視すると主張する人もいる。またある人は文学のほうが哲学よりも上だと言い、別の人は哲学のほうが文学よりも高等だと言い張る。日本では哲学、史学、文学、社会学などが置かれている学部が「文学」部と呼ばれるため、文学のほうが哲学よりも上位概念だと考えている人もいる。だが日本でいう「文学部」とはじつは文系学部ないし人文学部のことであり、別に文学を哲学の上位に置いているわけではない。それに対してヨーロッパで日本の文学部に当たるのは哲学部であり、哲学部は、一〇八八年にボローニアに大学が創設されて以降、大学にある四学部すべての基礎をなしてきた。中世のヨーロッパの大学には法学部、医学部、神学部、哲学部の四学部しかなかったが、このうち哲学部は一般教養学科のような役割を有しており、法学部、医学部、神学部の学生も最初はみな哲学部に入学し、そこで一般教養を身に付けなければならなかった。哲学はすべての学の基礎をなす重要な学だった。一九世紀や二〇世紀に入り、この哲学部から理学部、工学部、経済学部、教育学部などが派生し、独立した学部となった。

日本では医学部、工学部、経済学部、法学部、教育学部などが「実学」と呼ばれるのに対して、文学部は「虚学」と見なされ、場合によると趣味か習い事の学部ででもあるかのように考えられている。今日の日本政府の一部における文系学部不要論のルーツはここにある。

それに対してヨーロッパの哲学部は他の全学部の基礎をなすものであり、これを不要と見なす人はヨーロッパにはまずいない。いくら専門科目の点数がよい人でも、哲学部の教養がなければ、その人が大きく伸びることはないというのはヨーロッパでは常識である。

哲学の起源は古い。ヨーロッパの場合、ソクラテスよりはるか前のタレス(BC六二四頃~BC五四六頃)やヘラクレイトス(BC五四〇頃~BC四八〇頃)にまで遡る。哲学の起源はそのまま人類の学問の起源であると言ってよい。それに対して、今日の大学の文学部にある英文科、独文科、仏文科、国文科、中国文学科などの文学系の諸学の歴史は浅い。例えば学問としてのドイツ文学(Germanistik)が確立されたのは、一九世紀初め、G・B・ベネッケ、グリム兄弟、K・ラハマンらによってであり、ドイツの大学に最初にドイツ文学の教授が登場するのは、一八一〇年、ベルリン大学においてである。

しかし文学の起源は文字文化が誕生してまもなくのことである。恋文とともに文学は始まった。奈良時代や平安時代、人々は自分の恋心を和歌にして相手に伝えなければならなかった。和歌ができなければ、誰にも相手にしてもらえなかった。和歌は生活の贅沢品ではなく、生活の必需品だった。日本では和歌が文学の礎をなし、日本を世界に冠たる文学の国にした。

ドイツの場合、学問としてのドイツ文学の嚆矢をなすのは、タキトゥスの『ゲルマニア』(AD九八年)である。「ドイツ文学」の原語はGermanistikであり、これは文字通りに訳せば、「ゲルマン学」である。ゲルマン語圏(ドイツ、英国、オランダ、北欧等)の歴史・文化・社会を考察するのがゲルマン学であり、いわゆる文学研究としてのドイツ文学研究はその一部をなすにすぎない。

ドイツ文学研究ないしゲルマン学が学としてより広く認知されるようになったのは、ディルタイが一八八三年に刊行した『精神科学序説』第一巻を通してである。この浩瀚な書物によって、文学研究は哲学や歴史学とともに精神科学の一分野として位置づけられた。しかもディルタイは、個別科学の独立性を認めると同時に、社会的・歴史的現実を正しく捉えるには、より包括的な総合的な学が必要だと考えた。彼において文学と哲学は架橋されていなければならなかった。

ディルタイは文学と哲学を架橋する学を生の哲学と名づけた。彼からすれば、文学を欠いている哲学は豊かな哲学とは言いがたい。例えばカント哲学では文学と哲学が架橋されていないため、その哲学には「生」が欠けている。そこでディルタイは『精神科学序説』第一巻の有名な序言のなかにこう記す。「ロックやヒュームやカントが構成した認識主体の血管のなかを流れているのは本物の血ではなく、単なる思惟活動としての理性の薄められた液体にすぎない」、それに対して自分は、人間を哲学的のみならず文学的にも考察してきたので、人間を考察するとき、「多様な力をそなえた人間の全体を、つまり意欲し(wollen)、感情し(fühlen)、表象する(vorstellen)存在を」考察の根底に据えるようになっていた、と(1)。

カント哲学はたしかに人間の「表象」や思惟を深く考察している。しかし人間は「意欲」することによって「行為」し、「感情する」ことによって喜びと悲しみのあいだを揺れ動く。その点をカント哲学は全く見落としている。それは一面的で偏頗な哲学である。そこには「生」が流れていない。

カント以降、哲学は一般人の「生」から遠くかけ離れたものになってしまった。「生」の根底には「表象」のみならず、「意欲」や「感情」がある。それをふたたび取り戻そうというのがディルタイの提唱である。

2　文学と哲学の基底にある「生」

西欧の哲学にはもともと「生」を軽んじる傾向があった。それは形而上学、特に実体的形相の形而上学が哲学界を長く支配していたためである。実体的形相とは、物事が移り変わり変化しても同形であり続けるもの、すなわちイデアのことを言う。実体的形相の形而上学を始めたのはソクラテスである。真理は相対的なものにすぎないと考えていたソフィストたちに囲まれながら、ソクラテスは絶対的真理という不動の一点を見出そうとした。それがイデア論であり、それはプラトン、アリストテレス、さらにはキリスト教の教父アウグスティヌスによって受け継がれていった。

ディルタイの古代ギリシア観、キリスト教観にはニーチェのそれを思わせるところが多い。キリスト教によって導かれたヨーロッパの歴史は完全に間違っていたと断じるニーチェは、キリスト教を準備したのがソクラテス、プラトン、アリストテレスのイデア論であったと主張する。ニーチェほど舌鋒は鋭くないものの、ディルタイの主張はニーチェのそれとほぼ同一である。実体的形相の形而上学を持ち込んだのはソクラテスであり、アリストテレスがそれを完成させた。それを継承したアウグスティヌスやトマス・アクィナスはアリストテレスの教えを金科玉条とし、イデア論をキリスト教という一神教の形而上学として発展させていった。ディルタイはアウグスティヌスの形而上学を次のように要約している。

アウグスティヌスが名著『神の国』のなかで展開しているところによれば、この世の歴史的推移は形而上学的な世界から始まり、形而上学的な世界において終わりを迎える。というのも彼によれば、天上の国と地上の国のあいだの戦闘はすでに霊界の領域で始まっているからである。悪霊は天使を向こうに回す。この世の民であるカインは、この世の異邦人であるアベルに挑みかかる。バビロニア王国と、その後、それに代わって世界を支配するにいたったローマという第二のバビロニアは、神の国に反抗する。ユダヤ民族のなかで育まれた神の国は、キリストの出現をその歴史の中間点とし、この中間点以降は、〔教会という〕一種の形而上学的な存在、ある神秘的な組織としてこの世に展開されるにいたった。悪霊たちと、悪霊を崇拝するこの世の民はこの世で神の国と戦うが、しかしこの戦闘は最後の審判において終結し、万物はふたたび形而上学的な世界へ回帰してゆくだろうというのである。(2)

天上の国、地上の国、悪霊、天使は単なる「表象」、単なる仮構である。アウグスティヌスのこの叙述には、「表象」はあっても、「意欲」や「感情」はない。天上の国、地上の国、悪霊、天使の存在を信じない限り、この文章に心を動かされることはない。このような形而上学が存続しえたのは、人々がこれらの存在を信じ、彼らの宗教心がこのような仮構を許容したからである。

それゆえ、人々の宗教心が失われてしまうと、形而上学は干からびてしまう。そして形而上学が干からびてしまうと、それと結びついていた哲学も生き残るのが難しくなる。

形而上学が間違っていたとすれば、ヨーロッパの哲学や歴史もすべて間違っていたということにはならないか。では、どうしたらいいのか。これが、一九世紀後半におけるニーチェやディルタイの出発点をなした深刻な問いだった。その後、フッサールやハイデガーからフーコー、デリダにいたるヨーロッパの哲学者たちは彼らを引き継ぎながらこの大問題を追求し続けた。この点について新田義弘は次のように的確に記している。「ヨーロッパの歴史そのものの意味を全体的に問い直そうとする深刻な歴史意識の台頭は、一九世紀後半のヨーロッパの精神状況を表わす特徴のひとつである。歴史へのこのような反省的な問いは……古典的な歴史の形而上学に対する批判を伴(3)」っていた、と。

ニーチェとともにディルタイは、形而上学が終焉し、このままでは哲学がもはや生き永らえることができないと自覚した先駆者だった。彼に与えられた使命は明確だった。第一に、形而上学はなぜ終焉したのかを明らかにすること。第二に、形而上学の建物、形而上学的な仮定や理念をすべて取り払い、哲学の立つ土地をいわば「更地」にすること。そして第三に、更地になった後でもまだ疑いもなく存在しているものを追求し、新しい哲学を築くことだった。

ディルタイにとって、この更地にいまだに残っていたものが「意識の事実」だった。「意識」に注目した点で彼はフッサールを先取りしていた。「意識の事実」を核として形而上学終焉後の哲学を打ち立てようとしたディルタイは、この反形而上学的な哲学を「生の哲学」と呼んだ。ここに赤いリンゴがある。赤いリンゴという「表象」である。形而上学なら、リンゴがなぜ存在しているのかについて問うかもしれない。だが、生の哲学はそのようなことはしない。私はリンゴを食べたいと思う。「意欲」する。食べておいしいと感じる。「感情」を持つ。そのときリンゴは私の意識のなかに立ち現われる。そのとき生が生まれる。生の哲学は、このような意識の事実をもとに人間を再構築する。

ディルタイが自分の哲学を生の哲学と名づけたのは、自らの青春体験や愛読書ゲーテを通して、生の輝きが何よりも大事であると知悉していたからである。形而上学は神や宇宙や善といったものを追求する。それらはたしかに存在しているかもしれないが、存在していないかもしれない。それに対して、自分の生はたしかにここにある。赫々たるわが生の輝きは私にはっきりと意識されていて、その存在を否定することができない。生こそは一番大切なものだ。この絶対に疑いえぬものを核にして哲学を再構築しよう。ディルタイはそう考えた。

ディルタイがそのように考えることができたのは、青春時代、おそらく華々しい生の高揚を体験していたからである。彼の生前の論文集に『体験と創作』があるが、この標題から分かるように、「体験」はディルタイ哲学の中核に位置し、彼にとって哲学は「生」や「体験」から切り離されて存在しうるものではなかった。リッケルトらの新カント学派と対決しつつ、ディルタイは「生」や「体験」にもとづく哲学を確立しようとした。この点をついた新田義弘の指摘はまことに鋭い。

ディルタイの哲学の根本的出発点は、生(Leben)と知(Wissen)との連関が根源的に与えられるものであるという洞察である。いいかえると、生動性(Lebendigkeit)が根源的に内的透明性と結びつくということが、彼の哲学の起点となっている。生動性はけっして客観的観察によって捉えることはできず、むしろ内からそれを気づくしかないところのものである。この「気づく働き」(Innesein)は、「気づく作用」と「気づかれる内容」との分離できない統一態であり、それ自体、直接的な自己確実性を意味している。ディルタイはこれを「体験」の統一性として見出すのである。ところが体験は、同時にいつも、「すでに分肢化された統一的な全体」であり、この内的な連関を統一的に形成するのが「意味」(Bedeutung)である。フッサールの『論理学研究』から学んだといわれるこの「意味」の概念は、けっして論理的な概念ではなく、生の統一を可能にし、生をいつも内的に透明にする働きを表わしている。生の各部分が全体へと統一されるとき、この統一はつねに意味によって成立しうるのである。つまり体験とは意味連関のことにほかならない。「体験は、その諸部分が共通の意味によって結合されている統一のことである」とディルタイはいっている。(4)

ディルタイには『ヘーゲルの青年時代』という著作がある。彼は青年時代という生の歩み、生の過程に注目する。これが彼の発生論的方法である。「存在」よりも「生の流れ」のほうが重要である。「生」をハイデガーのように「現存在」と置き換えてはならない。ヘーゲルの青年時代と同様、ディルタイはゲーテの青年時代にも注目した。ディルタイのゲーテ好きは父親譲りだった。彼は学生時代からゲーテ、特に若きゲーテの文学作品を耽読し、そこに「生」の意味が生き生きと浮かび上がっていることに気づいた。『体験と創作』を読むと、ディルタイの生の概念がゲーテのそれにじつによく符合していることが分かる。ディルタイの生の哲学は、ゲーテの人生観を彼なりに発展させたものだと言うことさえできる。(5)ゲーテを介して、ディルタイにおいては文学と哲学がしっかりと結びつくのである。

3　大岡昇平の『野火』における「理解」

ディルタイの生の哲学の影響を受けつつ、それをフッサールは純粋意識の現象学へ、ハイデガーは現存在の存在論へと発展させていった。しかし彼らにはディルタイに見られるような青春の輝ける体験、文学体験はなかった。ディルタイの「生」を、フッサールの「意識の志向性」やハイデガーの「現存在」と比べたとき、誰の眼にも明らかなのは、「生」のもつ生動性と時間性である。この点をはっきりとついたのは、ディルタイの女婿G・ミッシュの『生の哲学と現象学――ディルタイ的方向にもとづくハイデガーおよびフッサールとの対決』だった。

一九二九年から一九三〇年にかけてフッサールはミッシュのこの大著を読み、強烈な衝撃を受けた。当時フッサールの念頭にあった自らの好敵手はハイデガーであったが、今やディルタイがその座に取って代わった。彼は当時計画中だった『デカルト的省察』の改稿を中断し、『現象学的哲学体系』と題する浩瀚な書物を著わそうと決意した。一九三〇年一一月二七日付のミッシュ宛の手紙のなかで、彼はこの大著の構想に触れつつ、「〈非歴史的なフッサール〉は、ほんの一時だけ歴史から距離をとらざるをえなかったのだ、ということがこれで明らかになるだろうと思います」と記している。(6)『現象学的哲学体系』は実現しなかったものの、晩年のフッサール哲学の中心概念である「生活世界」や「生き生きした現在」は、この新著の構想のなかで生まれた。「生活世界」はディルタイの「生の哲学」のフッサール・ヴァージョンであり、「生き生きした現在」は、自らの哲学に欠けていた生動性と時間性をフッサールなりに補おうとしたものであった。「生き生きした現在」が晩年のフッサール哲学において占めていた位置を解明したのは、クラウス・ヘルトの『生き生きした現在――時間の深淵への問い』であるが、その訳者解説において新田義弘は次のように記している。

「生き生きした現在」は、「流れること」と「立ちとどまること」という二つの契機からなる統一的な事態である。この現在が「生き生き(lebendig)」としているのは、まさにこの「現在」において作動する自我の生動性(Lebendigkeit)」によるのである。(7)

生には時間性があり、人生には物語性がある。その物語の一つひとつが「体験」と呼ばれる。例えば大岡昇平は昭和一九年、一等兵として召集され、フィリピンのミンドロ島で警備の役についた。日本軍は敗走に次ぐ敗走を続け、部隊の多くは戦死し、大岡は山中に逃れた。昭和二〇年一月、露営していたところを米軍に襲われて俘虜となった大岡は、レイテ島の収容所に送られた。収容所内で彼は考え続けた。かつてミンドロ島の山中で、隠れていた自分の目の前に若い米兵が現われたことがある。米兵は彼に気づかなかった。彼は簡単に米兵を撃ち殺すことができたが、そうはしなかった。敵兵なら撃ち殺すべきなのに、自分はなぜ殺さなかったのか。そう彼は収容所内で考え続けた。殺さないことによって、自分は何かを守りたかったのではなかったか。はたしてそれは何だったのだろうか。

ミンドロ島での日々は強烈な「体験」である。その体験が大岡にその意味を問わせ続けた。俘虜になってからも、戦争が終わって日本に帰国してからも、彼はその意味を「理解」しようと必死に努めた。この戦争はおそらく無意味な戦争だった。しかしこの戦争体験が自分にとって大きな意味をもつことは疑いえない。その意味を捉えようとするのが「理解」することだ。戦争体験という「体験」を深めるとは、そこに込められた「意味」を「理解」することだ。その「意味」は数学の問題のように簡単に答えの出るものではない。いつまでも問い続けるものでしかありえない。そこで大岡は問い続け、その問いを『俘虜記』や『野火』という小説にした。この二つの小説は大岡の戦争体験の客観化、ディルタイにならって言えば、生の客観態である。そしてなぜ自分は米兵を撃ち殺さなかったのかという『俘虜記』における問いは、『野火』においては、自分はなぜ飢餓のなかでも戦死者の人肉を食べなかったのかというより鮮烈な問いへと昇華させられていった。大岡の「体験」は架空の物語のなかでより深められていった。

米兵と自分が向かい合っていたなら、銃を撃つことは許されたかもしれない。だが、無防備の米兵を木陰に隠れたまま撃ち殺すことはできなかった。卑怯だから撃ってはいけなかったのか。いや、自分は人を殺したら「人間」ではなくなってしまうと怖れたのではないか。殺さないことによって自分は自分の内の「人間」を守ろうとしたのではないか。

そうだ、自分は「人間」であることを放棄したくなかったから敵兵を撃たなかったのだ、そして『野火』の主人公に人肉を食わせなかったのだ。そう大岡は得心したにちがいない。このように「理解」には「得心」という働きが伴っている。ああ、そうか、と得心することによって人は生の歩みを一歩先へと進めることができる。ちなみに「得心」は「説明」という行為には認めることができない。「説明」が「得心」にいたることはない。それが、「理解」と「説明」の大きな違いである。「説明」は所詮、他人事である。『俘虜記』の主人公はなぜ米兵を撃たなかったか、『野火』の主人公はなぜ人肉を食わなかったか、頭のなかで「説明」して答えを出す人はいるだろう。だが、そんな答えはどうでもいい。「説明」が出す答えには「理解」が出す答えにあるような真実味がない。仮に「説明」の答えが「理解」の言葉と文面上さして違わなかったとしても、そこには生の重さと生の展望が欠けている。生の中核には苦悩がある。苦悩を引き受けるのが「理解」であり、引き受けないのが「説明」である。苦悩を引き受けた末に、ああ、そうか、と「得心」することによって人は苦悩の長いトンネルを脱す。そのとき未来が眼の前に開かれてくる。「理解」はつねに生とともにある。「説明」は「生」とともに歩まない。

新田義弘によれば、「生の現実を、その内側からでなくむしろ外側から」再構成しようとするのがリッケルトであり、内側から捉えようとするのがディルタイである。(8) 外側から再構成しようとするのが「説明」であり、内側から捉えようとするのが「理解」であると言い換えることもできる。「理解」は「体験」を深めるところから生まれる。「生」と知との連関の根源的な所与性」は心的体験にあり、「体験は生の動性を外部からでなく内部から直接に気づく作用」にほかならない。(9) そこで新田はこう言う。「理解とは、体験から、それが属している生へと帰ってゆく生の自己省察の深まりのなかで見出されてくる本質的な生の機能なのである[10]」と。

「理解」によって生は深まるが、「説明」によって生が深まることはない。それが、ディルタイが「理解」と「説明」の違いに拘泥した理由である。文学を深く愛していたディルタイにとって、小説の主人公の心の動きを賢しらに「説明」しようとする行為はとうてい許せるものでなかった。人間の心的事実を頭のなかで外側から「説明」しようとしたのは、例えばJ・S・ミルである。

ミルは精神科学の説明原理の自立性を完全に認めている。それなのに彼は、精神科学の方法を自然科学の研究から借用した図式に従属させてしまった。……精神科学は、自然科学とはまるで異なる基盤と構造を有している。その研究対象は、推論されるのではなく与えられる統一体、われわれが内側から理解する統一体によって構成されている。精神科学においてわれわれはまず知り、理解し、それから徐々に認識する。直接的に知り、理解することによって、われわれが初めから所有している全体を徐々に分析してゆくこと。これこそが精神科学の歴史を性格づけているものである[11]。

M・フーコーは、「理解」と「説明」をはっきりと区別したのはディルタイの功績であり、「理解」にもとづくべき人間学が自然科学的な認識モデルに従属してしまっていることの危険をいち早く感じとっていた点に、ディルタイ哲学の奥の深さがあると言っている[12]。ディルタイが「理解」と「説明」を区別したのは、学問的な諸問題を自分の人生の問題として全的に引き受けていたからである。自分自身の人生の重大事について親身になって相談に乗ってくれる人もいれば、野球の解説者が時にするように、他人事として高みから「説明」する人もいる。後者には共感がなく、その言葉は前者のそれとは自ずから異なっている。そしてディルタイは、J・S・ミルの文章はまさしく高みから偉そうに説明する文章にほかならず、そこには血の温かさが感じられないと言っているのである。

小説を読むということは、作家の悩みに親身になって付き合うことである。親身になって付き合えば、大岡昇平がなぜ『俘虜記』や『野火』という小説を書いたのか、その理由も分かるというものだ。言うまでもない、大岡はミンドロ島での自分の体験を深め、自分を理解しなければならなかった。ディルタイならば、こう言うだろう。小説を書くことによって自分の体験は「客観態」となる、小説ができると、自分の体験は内側のみならず外側にも表出する、そしてそれによって作家には自分を理解することができるようになり、その小説を読んだ読者も主人公を理解できるようになる、と。この辺の事情を新田義弘はよく理解していた。『現象学と近代哲学』のなかの新田の言葉を用いれば、次のように結論することができるだろう。小説に描かれた世界の「客観性の認識を成立させるのは、体験がいったん客観態として表出されたものを理解することである。つまり生がみずからの所産を介してはじめて自己を理解するという生の構造そのものに精神科学の基礎づけ[13]」、さらには文学の基礎づけが見いだされるのである、と。

4　文学と哲学を架橋する

『俘虜記』や『野火』の主人公の判断や行為を外側から頭で「説明」しても、全く面白くない。小説を読むとは、主人公の身になって主人公の生、主人公の苦悩をともに生き、それを内側から理解することである。文学作品において「われわれはまず知り、理解し、それから徐々に認識する」。「知る」や「理解する」は主人公の生を引き受けた上で生まれる。生の現実を引き受けた認識でなければ、真の認識とは言えない。

現実を引き受けた認識と引き受けていない認識。この区別をディルタイはいわゆる社会科学、特に法学に適用する。ディルタイによれば、現実を引き受けていない認識の典型が自然法である。実定法が、法とは、慣習や立法のような現実の生きた人間の行為によってつくりだされ、生きた現実の時代と社会に拘束されていると捉えるのに対して、自然法は、法とは人間の永遠なる自然（本性）にもとづき、いかなる時代にあっても永遠に通用すると考える。自然法は現実を捨象している。なぜわれわれは殺人したり姦淫したりしてはならないのか。実定法の考えでは、われわれは他の人々と共同体を営み、社会を形成している、殺人や姦淫はそうした人と人との生きた関係を壊してしまい、社会を破壊してしまうからいけないのである。それに対して自然法は生きた社会における人と人とのつながりを無視し、イデアや神といった現実を超脱した実体的形相を持ち出す。例えば自然法を奉じていたトマス・アクィナスは、神が殺人を禁じているから人は殺してはいけないのだと言う。神の教えが人間の自然（本性）のなかに浸透し、それが人間の道徳を形成しているという見解も、その同種である。自然法でいう人間の「自然」とは、古代ギリシアにおいては神々のことだった。それがキリスト教社会では神のことになり、そして一八世紀の啓蒙主義時代では理性のことになった。

ディルタイはこうした自然法思想のなかに形而上学の典型を見ている。

> 自然法こそは社会〔科学〕の形而上学と名づけられるであろう。……自然法は形而上学の特性を備えている。自然法は現実を分析するものではなく、〔現実の〕真の原因（vera causa）である個人の抽象的な部分内容をもとにして現実を構成し、こうしてできあがった連関を社会秩序の実在的な原因として考察するのである。(14)

形而上学は哲学の占有物ではない。社会科学にも形而上学があり、それが現実から眼を逸らせてしまっている。アクィナスからすれば、殺人がなぜいけないのかは簡単な話である。神に禁じられているからである。このように、何らかの命題を持ち出して、それで理屈を正当化するのが「説明」である。それに対して「理解」は簡単に答えを出しはしない。なぜ自分は米兵を殺さなかったのか、なぜ人肉を食わなかったのか、必死に問い続ける。問い続けることによって体験は深められ、生の意義は増大する。

体験を深め、その意味を探り、理解しようとすること。それが「生きる」ということである。そのような学を認識論や存在論と簡単に等値するわけにはいかない。認識論や存在論に意味があるのは、それが生を深め、生を促進する限りにおいてである。これが、ディルタイをフッサールやハイデガーと区別する標識にほかならない。

生の哲学の営みは文学の営みとよく似ている。大岡昇平は『俘虜記』や『野火』において、主人公が生きた体験を深め、その意味を理解しながら、主人公の生をさらに先へ進めていった。生の哲学者がするのと同じように。するとそこに新たな知の地平が現われてくる。『俘虜記』において主人公は敵兵を殺すことを拒否し、『野火』においては人肉を食うことを拒否した。なぜだったのだろう。殺さなければ自分が殺されてしまうかもしれないではないか。人肉を食らわなければ、自分は死んでしまうかもしれないではないか。殺されたり死んでしまったりしたら、元も子もないではないか。なぜか。作者とともに読者は自分自身に問いかける。そして思う。殺したり人肉を食べたりしたら最後、自分はもはや「人間」ではいられなくなる。人間でなくなってから生きていても何の意味もない。では、いったい「人間」とは何だろうか、と。

こうして小説『俘虜記』や『野火』の知の地平は拡大され、人間、死、戦争といった問題群が現われてくる。これらの問題群は、殺人や人食いという当面の具体的な問題と結びつけられているだけに、きわめて具体的に、ヴィヴィッドに浮かび上がる。

文学作品にみられるこの鮮明な具体性は、生の哲学のメルクマールの一つをなすものでもある。具体性と抽象性、特殊性と普遍性の重層構造が、生の哲学を奥行きの深いものにしている。新田義弘はフッサールと彼に続く現象学を擁護しつつも、生の哲学のもつ深みを見落とすことはなかった。彼は書いている。「ディルタイが生の表出、生の現われといっている世界は、科学の対象である以前に、まず生きられている世界であった(15)」と。

新田のこの言葉をもとにすれば、ディルタイが文学と哲学をいかに架橋していたかが明らかになるだろう。生きられている世界に執着し、生きられている世界の意味を見出そうとするのが文学であるとすれば、ディルタイの生の哲学は、実体的形相のような虚構にではなく、生きられている現実の世界にあくまでも依拠していこうとした点において、限りなく文学に近づき、文学を礎とする、人間についての、人間のための哲学になっていたのである。

註

（1）Wilhelm Dilthey: „Einleitung in die Geisteswissenschaften“. Wilhelm Dilthey Gesammelte Schriften. Bd. 1, Stuttgart und Göttingen 1979, S.XVIII.

（2）Wilhelm Dilthey: „Einleitung in die Geisteswissenschaften“. A. a. O., S. 98.

（3）新田義弘『現象学と近代哲学』岩波書店、一九九五年、二三九頁。

（4）新田義弘『現代哲学――現象学と解釈学』白菁社、一九九七年、八―九頁。

（5）高橋義人「ゲーテとディルタイ――その精神的な親縁関係」、西村皓他編『ディルタイと現代』法政大学出版局、二〇〇一年、一九六―二〇五頁参照。

（6）高橋義人「ディルタイ・コントラ・フッサール」、O・F・ボルノー『ディルタイとフッサール――二〇世紀哲学の源流』、岩波書店、一九八六年、二〇六頁参照。

（7）クラウス・ヘルト『生き生きした現在――時間の深淵への問い』新田義弘他訳、北斗出版、一九八八年、三〇二頁。

（8）新田、前掲『現象学と近代哲学』、二四一頁。

（9）同書、二四二頁。

（10）新田、前掲『現代哲学』、一四九頁。

（11）Wilhelm Dilthey: „Einleitung in die Geisteswissenschaften“. A. a. O., S. 108.

（12）『ミシェル・フーコー思考集成』第二巻、筑摩書房、一九九九年、二三四頁。

（13）新田、前掲『現象学と近代哲学』、二四三頁。

（14）Wilhelm Dilthey: „Einleitung in die Geisteswissenschaften“. A. a. O., S. 224.

（15）新田、前掲『現代哲学』、一五二頁。

現象学の真理論的批判から媒体性の現象学へ

——新田義弘『世界と生命』をめぐって

田口 茂

二〇〇一年、新田義弘先生から当時最新のご著書『世界と生命——媒体性の現象学へ』(青土社、二〇〇一年)をお送り頂いた。当時私はドイツに留学中だったが、一気に読了後、興奮冷めやらぬままに、書評のようなものを書き上げ、先生にお送りした。本稿は、そのときの原稿に、今回、若干手を加えたものである。新田先生の精緻な思考に比べれば、全く粗雑な所感にすぎないが、新田先生の思考が当時の一現象学徒に与えたインパクトを伝える資料ともなるかと思われるので、本書に収録して頂くことにした。

1 序——真理への問い

本書において、著者の思惟を一貫して貫いているのは「真理論」的関心である。「真理論」という観点から本書を読み解くならば、様々な知の形態を吟味しつつ「媒体性の現象学」へと向かう著者の歩みの必然性が鮮やかに浮かび上がってくる。またこの関心ゆえに、「知の理論」としての現象学の学問論的性格がその歩みのうちに生かされてくる。「真理」への問いを一貫して問い抜いているという意味では、まさしく哲学の核心的な問いに正面から取り組んだ思索であると言うことができる。

まず、本書全体の叙述様式に注意する必要がある。それは、決して部分から全体を組み上げるような静態的な体系的構成にはなっていない。むしろ、近代哲学の思惟の深まりにそのまま同道し、それを考え抜くことによって、思惟の自己変貌を共に体験していくような形をとる。読者もまた、この運動に共に巻き込まれていくような読み方が要求される。ただし、後述するように、この思惟の変遷が、他方でそれをとおして様々な知の形態を適正に位置づけてゆくという学問論的機能を果たしていることも見逃されてはならない。

2　明証論から地平論を超える――本書読解の鍵

第一部「「世界の現われ」への問い――フッサールの超越論的現象学」におけるフッサール論には、そのような「近代哲学の自己変貌」の渦中にあった思惟としてフッサールを読み解くための鍵が随所に示されている。フッサール現象学を単にフッサール現象学として、完結した孤立的体系であるかのようにのみ研究するのも適当とは言えないし、旧時代の思想として単純に否定し去るのも適切ではない。むしろ、フッサールの思惟そのものが、運動として深まりつつ自己変遷していく性格をもつ点に注意が向けられねばならない。この変遷が、近代哲学の大きなパースペクティヴのなかに置き直されるとき、重要な意味をもつものとして新たに捉え直されてくるのである。フッサール現象学の、一見、体系志向的に見える複雑な「理論」のなかで自己を見失うことなく、その生ける運動に入り込んでいくための様々な示唆が、ここに示されている。第一部の各テーマは、著者のこれまでの研究の総括でもあるが、単なる要約ではなく、上記のような観点からのフッサール読解への指標として機能していると同時に、近代哲学の思惟の運動へと入り込みそれを超えていくための手引きの役割を果たしていることが見逃されてはならないであろう。

そのなかでもとりわけ重要なのは、まず第一に、第一章「志向性――知の差異性構造」で指摘されている、フッサールの明証論の指針的役割である。「明証の理論こそ、のちに開かれてくる問題地平へと通ずる手がかりを最初から与えているのであり、早急な批判によって断罪することで、その豊かな可能性を見逃してはならない。明証の思想こそ、たとえ最終的に思惟の逆転を促すものであっても、現象学の変貌と成長を最も鮮明に表現する役割を果たしているのである」(二三)〔以下、括弧内の数字は『世界と生命』の頁数を示す〕。明証論の重要性は、とりわけその真理論的性格にある。この点は、後に見るように、第二部でより鮮明になってくる。

第二に、第二章「エポケー——方法と事象」の還元論で、自明性とそれにつきまとう匿名性が、「事象の動きそのものにつねに付きまとう仮象」(三五)の根深い発生源として際立たされる点に注目したい。ここに、仮象の発生の真理論的批判という課題が生じてくる。

第三に、第三章「地平の現象学——近代知の構図」の地平論において、パースペクティヴ性と脱パースペクティヴ性との緊張関係からなる世界現出の目的論的運動が解明されるが、そこにおいても、各契機の一方的な自立化による仮象発生の機構が探られている。ここに、本書の思惟のその後の展開が予示されている。地平の論理と世界現出の目的論的構図を取り押さえた上で、この構図をそれとして発生させる条件が問われ、この問いが、「必当然的明証性」と呼ばれてきた、「知の原点」としての遂行意識の現場へと収斂していく。そこに、「目的論の自己閉鎖的構造」を突破しうる方向性が探られていくのである(五九)。

要するに、第三章の地平論において、世界現出の目的論的機能と同時に、各契機の一方的な自立化による仮象発生の機構が示されている点に、すでに地平論のもつ二重性が示唆されており、この点が第二部の読解においてとりわけ重要な役割を果たす。というのも、第二部の地平論批判は、地平論的思惟を廃棄しようとするものではなく、その不当な絶対化による仮象発生に対して警鐘を鳴らし、それによりかえって地平論を知の構図の中に適切に位置づけるという学問論的意図をもっていると思われるからである。

3 真理論的批判の徹底による地平論的思惟の再布置化

第二部「顕現せざるものの現象学」では、「目的論の自己閉鎖的構造」を突破する方向性へ向かう準備作業として、まず第一に、「地平の論理」が様々な角度から批判的吟味を受ける。それをとおして、地平的運動が開かれた無際限的運動であるにもかかわらず、なおもそれ自体のうちに閉じた圏域を形成せざるをえない事情が探究されるのである。もちろん、地平の論理、およびそれを独特の仕方で展開した解釈学のすべてが否定されるわけではない。ただ、その無批判な一般化が批判される。そのような一般化には、当の一般化自身の発生根拠に対する素朴な前提性が含まれる。この前提そのものが問われない限り、解釈学の地平主義的運動は、自らの根拠に付きまとう否定性ならびにニヒリズムとの対決を避けた、楽天主義的なものとみなされざるをえない(七七)。自己の根拠に対するこのような盲目性が、同じ車輪のなかを無限に走り続けるような閉鎖的な不毛さへと陥る危険を招来するのである。

ところで、このような地平の論理に対する批判が、一貫して真理論的な批判である点に注意すべきである。ハイデガーの真理論が、現象学を現象学として生かすための指針として際立たされているのも、そのためである(第五章)。地平的思惟の根において生起する「隠れ」は、真理論的批判の徹底においてのみ気づかれうるのである。「われわれは明るみのなかに立つときにのみ、存在が自らを隠すことを経験するのである」(九〇)という言葉は、この事情を端的に示唆している。

科学の対象化的思惟や地平的思惟が批判されるとしても、そこで斥けられるのはその絶対性要求のみであって、それらが単純に廃棄されるわけではない。むしろ、これらの思考形態の不当な自己解釈に対する批判が一旦なされるならば、盲目的な仮象化への根が断たれることによって、かえって科学的思惟と地平的思惟とに対してそれぞれに適正な地位を割り当てることが可能になる。解体的批判作業が、同時に学問論的な布置形成作業ともなっているのである（九六、一〇一注（8））。

これにより、例えば、クザーヌスの視点の思想が、地平性の発生源を見抜きつつそれに適正な地位を与える思惟として、第三部に展開される「媒体性」の思想をすでに予示するものとして評価される（第六章）。思惟の視覚モデルの批判も、そこに含まれる誤った自立化の傾向性が批判されるのであって（とりわけヨルク論を参照）、「見ること」の真理論的批判によって、かえって「見ること」の特性も適切に生かされる可能性が示されている。メルロ＝ポンティの不可視性の分析も、真理論的には問題を残すものの、像理論的な展開において芸術論的な生産性が指摘されている。

4　真理論的原現象としての媒体機能への深まり

こうした準備作業を経て、著者の思惟はいよいよ第三部において「媒体性の現象学」へと向かう。

まず冒頭における、方法と事象の回帰的関係をめぐる凝縮した記述に注目したい。それは、単に方法と事象が循環関係を成しているということではない。「結局のところそれは事象の自己呈示が自らを方法として与えることを意味する」（一二三）。まさしく方法をとおして事象が自らを次第に明らかにするがゆえに、「方法が方法として事象に成り切るという運動」（同所）として、現象学の「思惟の道」が生起しうるのである。

第七章「現象学的真理論の差異論的展開」においては、この道を実証する歩みとして、後期フッサールの時間論・身体論が再検討され、そこにおいて現象学の真理論的展開の一つの鍵が探られる。そこで重要と思われるのは、フッサールにおいて「生き生きした遂行態」における自己意識が「非対象的な自己感触」として探られたとき、そこで「感触する私と感触される私とは、同一でありながら同一で『ない』という相互の否定関係を有している」（一二七）という点である。フッサールにおける「生ける現在」への徹底化された還元とは、純一なる生動性に帰一することではない。むしろそれは、〈生の根底で、相反する契機が否定を介して相属しあうような事態が生きられていること〉として解釈されうる。

この点が、真理論的に決定的な意義をもってくる。「立ちとどまりつつ流れる現在」とは、「流れること」と「立ちとどまること」とが、相反しつつ互いに属しあう事態である。その際、「立ちとどまり性」を、流動する内容に対する単なる形式として解釈してしまうならば、そこでは生の根源的事態が外から眺められることになり、「生きられた生動性」としての、著者の言う「媒体」の機能が見逃されてしまう。「立ちとどまるということは、むしろ現われから身を引くという意味で、流れないということである」(一二八)。それは、現出するものを現出させつつ、おのれ自身は現出しないという媒体の役割を意味しているのであり、その際、その媒体が「絶えず生き抜かれている」という点に、「隠れ」が生起するのである。「隠れ」は、流れ去る方向(対象的方向)に生起するのではなく、生の生動態そのものが「生ける機能」のうちにあるということが、「隠れ」を成しているのである。

身体性もまた、現出の条件として働きつつおのれ自身は現出しない媒体の役割を果たしているが、しばしば論じられてきた「身体の二重性」の議論も、真理論的観点から厳しく吟味される。その要点は、「二つの項、すなわち Leib と Körper の両項の相互交換可能性の方向がつよく前面に出てくると、この間接現前態の含みもつ真理論的意義が薄れてしまう」(一三三)という点にあると思われる。単に二つの立場が並列的に見られるのではなく、「可視的物体としての身体」と、「視る機能としての身体」とが、互いに否定しあいつつ相互に要請しあう仕方で差異化するという、両者の相関性の原生起が問題化されねばならない。Leib としての身体は、単に随伴する非主題的地平的経験であるわけではなく、現出するものを現出させつつ、それ自体は現われから身を引くという媒体的機能を果たしている。身体という現象が、すでにこうした「真理論的出来事」として生起しているのである(一三四)。

5　世界と人間——フィンクの媒体思想を通して

第八章「現象学のコスモロギー的展開」においては、フィンクの世界論が検討されるが、その際、彼の宇宙論的現象学の試金石となるのが、やはり真理論の問題である。「世界の立ち現われについて『語ること』がどのようにして世界の立ち現われそのことに根をおろしているのか」という問題が解かれない限り、コスモロギーは単に素朴実在論的な客観主義と選ぶところがなくなってしまう（一四七）。むしろ宇宙論的現象学は、「決して世界の背後を問う形而上学的思惟ではなく、世界の現出を理解し、おのれを世界現出の担い手として知る思惟でなければならない」（一四八）とされる。その際、フィンクにおいて決定的な役割を果たしているのは、世界現出の媒体としての人間の役割である。そこには、「人間が世界遊動に自己を滅して関与していく」（一五〇）という思想が見られる。世界の立ち現われは、つねにその現われを経験するものとしての人間を媒介としてのみ生起するが、その「媒体」としての役割は、一方で世界が自己否定的に自己を実現するということを意味すると同時に、人間が自己を否定して世界現出の場となるということを意味している（一五五—一五六）。そこには、西田幾多郎の思惟にも通ずるものが見られる。

著者の媒体の思惟は、おそらくフィンクの媒体論から重要な示唆を得ているが、著者のここでの関心事は、フィンクの言う媒体の役割を、ハイデガー的真理論をとおして徹底して問い直すことにあるように思われる。その過程で、著者の媒体思想の決定的な洞察の一つが述べられている。著者によれば、媒体への問いは、二つの方向での否定の生起の仕方を明らかにしなければならない。それは、評者の理解に間違いがなければ、思惟が形而上学的思惟としての思惟自身を否定していくということと、この思惟の逢着する根底的な働きが自己差異化＝自己否定として、言い換えれば「隠れ」として生起するということを意味する（一五三）。あるいは、順番を逆にして言えば、現われるものが現われるときに働く自己否定と、その根底的事態が思惟を拒むため、思惟が思惟自身を否定せざるをえない、という二重の自己否定である（一九〇）。これが、フィンクの媒体思想において、世界の自己否定と人間の自己否定との相即として語られているように思われる。著者によれば、「この二重の否定を同時に生きる思惟が媒体的思惟の自覚をもつ」（一五三）のである。

6　生と光――フィヒテとヨルクにおける生命論的転換

この、最後の言葉に見られる「生きる」と「自覚」という観点こそ、第九章「生命の現象学」において著者がフィンクの媒体論を超えて自らの媒体性の現象学を展開しようとする際の鍵となっているように思われる。人間に対する現出圏の全域のみならず、世界が現われ出る働きそのものをも「世界」と呼ぶならば、そこに世界概念の曖昧さが生じてくる（一六三）。そこで著者は、世界が世界として現われてくる働きをいわばその内側から知ることのできる知を求めて、ある種の「生命論的転換」をはかる。そこで探られているのは、「まさにわれわれの経験の遂行のただなかにあって、知識の発生を自証することができるような、「自己遂行の論理」」（一六六）である。

そこで著者が注目するのはフィヒテ後期の知識学とP・ヨルクの自己意識論である。フィヒテは、知と生との根源的関係を「交錯」（Durch）の語で言い表わしているが、そこで語られているのは、絶対者としての生とその像にすぎない知との否定を介した有機的統一である。しかし、そこで決定的であるのは、「両項が互いに浸透しあい、貫通しあい、統一体を形成するのは、それが生きられるとき」だけである、という洞察である。単に反省されるなら、両項は否定的に対立しあうだけである。ここに、「生き生きした交錯」の「生き生きしていること」（Lebendigkeit）へと著者の思惟は収斂してくる。著者は、否定神学以来の「光の思想」がフィヒテのこの思惟において決定的な役割を果たすと見る。

フィヒテにおいて「光」とは神的生命の活動性（Tätigkeit）のことである。像としての知から見れば、光を規定することは決してできない。しかし、「光が像において可視性の世界に入ってくることにおいてはじめて、すべてのものが可視化される」（一七二）。光そのものは不可視にとどまるが、不可視の光が一切を可視化しつつ自らをも「可視性の形式」として可視化する動きにおいて、あるいはそのような動きとして、知が生起する。「光を生きるということ自体が、像化という否定作用と一つになっている」のであり、「生きるということとその理解（現象の自己現象）とが、否定性（像化）を介して一つになり、まさに否定性を生きるということになるのである」（一七二）。

ヨルクにおいて著者が注目するのも、生の内的分極化と、否定を介したその生ける統一である。ただし、ヨルクにおいて特徴的であるのは、各契機の関係が対等の関係でなく優位関係を成していることにより、優位関係の交替を含む、より動的な緊張関係が捉えられている点であろう（一七四）。

7　裂目を生きる——アンリにおける生の直接性の批判

さて、地平の論理を批判して生の生動態への還帰を主張する筆者の歩みは、なるほどある程度までM・アンリの生の現象学と重なり合う。しかし著者は、ヨルクやフッサールの思想にもある程度まで含まれていた洞察を徹底して突き詰めたアンリの功績を十分に認めつつも、アンリの方向性にある種の危険をも見てとる。この点は、著者の媒体性の思想を理解する上で決定的な要の一つと思われる。それを評者は以下のように理解する。

たしかに、可視性の世界を拒否して不可視の生に還帰するアンリの歩みは、一面の真理を孕むが、真理を孕むことと真理論的機能を果たすこととは区別されねばならない。生の直接性の一面的強調は、ある種の真理を孕むとしても、生の根底に起こる差異性に入り込みつつその分極化と統一を見届ける真理論的機能を果たすことを必ずしも保証しない。生の根底における差異化運動は、知の原初的発生でもある。それゆえ、地平的現出の運動に対して生の直接性を一方的に切り離すのでなく、生が自己否定的に自らを可視化するという働き、つまりその〈差異化そのものを生き抜く〉という仕方でのみ、生を生として語ることができる。すなわち、生と知の原分離と、知の原初的発生をその現場から「語る」道が開かれるのである。

「媒体は可視的世界のなかになく、不可視の生のなかにあるのでもない」（一七八）。「むしろ不可視性と可視性とを媒介する裂目を生きることによってのみ、不可視の生の機能に感応することが可能となるのではないか」（一七七）。ここに評者は、現象学的真理論の徹底としての著者の媒体性の現象学の真骨頂を見る。ここではいわば、生の現象学の真理論的批判が行なわれているのである。この洞察は、生の根底への帰行が絶対的生への帰一ではなく「自覚」の深まりであるという西田の思想とも共振してくる。

8　媒体性の現象学――仮象解体の方法論

最終章「世界・生命・個物――超越論的媒体性とはなにか」において、著者はいよいよ自らの媒体性の現象学の総括を行なう。生の自己遂行の媒体機能をめぐる思惟がすでに否定神学の系譜において展開されていたことが確認された上で、その「脱神学化」が提唱される。脱神学化の傾向は、ドイツ観念論の「理性の他者」の問題に現われてくるが、とりわけフィヒテの後期知識学に、著者は一つの決定的な転換点を見る。本書に展開された著者のフィヒテとの取り組み、世界の現象学から生命と世界の差異性の現象学への転換も、この脱神学化の試みとして読まれねばならない。これは当然のことながら、真理論の徹底とも言い換えられると思われる。

真理論の徹底というモチーフは、最終章の仮象論において極点に達する。この箇所は、本書のなかでも最も読み応えのある一節である。凝縮した思索の連続であるこの節から、とりわけ重要と思われる思想をあえて要約的に取り出してみたい。

まず、世界の生起が差異化の運動にほかならないとすると、顕現態としての世界は差異項の片方にすぎず、これを絶対化するなら、表面だけを認める現象主義、ないし「無根拠主義」に陥る。他方、表面を超えるものを根拠として立て、これを絶対化するならば、実体だけが存在し、世界は虚妄な影と化する。そのいずれも、本来生きられた差異化としてのみ機能する出来事から差異項のみを抽出して自立化する形而上学に陥っていると言える(二〇二―二〇三、一九四)。こうした仮象化の機構そのものが見抜かれねばならない。そのために、徹底した仮象解体の方法論が必要とされる(一九七)。著者が媒体性の現象学として提唱し、全編を通じて企図してきたのは、一面においてこの仮象解体の方法論にほかならない。それは、「生の忘却」から生への帰還でもあるが(一九六)、それが単純な生への帰一ではないことはすでに述べたとおりである。著者において、その歩みは真理論的批判の徹底を意味する。とりわけハイデガーの形而上学批判において、視像性批判(対象化的・表象的思惟の批判)と、根拠思惟批判(存在者全体の存在根拠を求める思惟の批判)という二つの批判が深く重なってくる(一九八―一九九)。差異化における「隠れ」が「隠れ」として気づかれるか否かによって、仮象化への道が歩まれるか否かが決まるのである。

その際、すでに見た「二重の自己否定」への洞察が、ここにも生きているように思われる。「それ自身けっして自立化されえない原初の差異化の出来事自体は、差異項の自立化という危険をも誘うが、それを視る(自立化させる)思惟からの脱却を促してもいる」(二〇〇)。差異化における自己否定は、知に対して自己を隠蔽する。これがつまり「存在忘却」として仮象を生み出すのであるが、他方で、その同じ隠れが、自覚の徹底において、形而上学としての知の自己否定を促すのである。そこでは、差異化の運動がそもそも自己理解として生起するということが問題の核心を成している。それゆえに、自己理解としての差異化が、自己忘却と仮象の発生にもつながるし、自覚の徹底として仮象解体と「隠れ」への気づきにもつながるのである。「差異性の機能に基づく世界の像性の自覚と、差異化そのものの自己隠蔽から起こるさまざまの仮象性とは、決定的に相違するとともに、深くつながりあう。世界の像性と派生的仮象との相違は、差異の緊張関係の運動を自覚として生きるか、差異項の自立化による差異関係からの離反という、忘却の方向に転落するかという相違である」（二〇二）。ここに、著者の媒体性の思想の最も深い洞察の一つが示されているように思われる。

9　二重の否定を生きる――媒体的思惟の核心

最後に、著者の思惟の核心と思われる「二重の否定性」と、「成り切る」という思惟の契機について若干の解釈を行なっておきたい。

一五三頁には、以下のような核心的な一節が見られる。

思惟そのものは、働くもの（作用主）の自己否定あるいは自己差異化を意味するものとして生起する。この否定に成り切る思惟は、思惟自身の自己否定と、思惟において自己を否定する働きとの二重の出来事に気づかなければならない。……この二重の否定を同時に生きる思惟が媒体的思惟の自覚をもつ。

この「二重の自己否定」は、さしあたりフィンクに即して、「人間の自己否定」と「世界の自己否定」として語られているように思われる（一五五―一五六）。フィンクは、世界の立ち現われは、つねにその現われを経験するものとしての人間を媒介としてのみ生起するとしており、その「媒体」としての役割に即して、二重の否定が語られているように思われる。つまり、この「媒体」としての人間の役割は、一方で世界が「自己否定的」な仕方でのみ自己を実現するということを意味すると同時に、人間が自己を否定してのみ世界現出の媒体となるということをも意味する。これは、もっと一般的に言えば、以下のような「二重の否定性」として理解できる。

（1）根底的な差異化の出来事が、それ自体隠れとして生起するということ、つまり、この出来事それ自体が、おのれ自身を否定するという仕方で生起するということ。

（2）他方で思惟または「知」が、自己否定という仕方でのみこの根底的出来事に迫ることができるということ。

この二重性は、著者が随所で強調する「成り切る」という思惟の契機とどのように関連するのであろうか。根底的な事象的隠れを、まさしく隠れとして思惟するということは、この隠れがそれとして「生きられている」ということ、このこと自体に徹するということでなければならない。これが著者の言う「成り切る」ということであるかと思われる。例えば、「生きるということとその理解（現象の自己現象）とが、否定性（像化）を介して一つになり、まさに否定性を生きるということになるのである」（一七二）といった一節に、こうした思想が読みとれる。

さて、このことは、根底的な差異化が自己理解（知）の生起でもあるということを意味し、隠れという否定性が、まさしく知の生起として生きられているということを意味する。一歩踏み込んで、隠れという仕方での差異化の自己否定が、知にとってまさしく「おのれ自身」として生きられているがゆえに、知にとってこの差異化は知の自己否定によってのみ気づかれることができる、と考えるならば、この点が知の自己否定を生命の差異化の自己否定に結びつけている核心的な論点（つまり、二重の否定性を結びつけている要の点）であるように思われるのである。

光と媒体

――魔術的幻視の現象学

武内 大

1 新田現象学における光と媒体の問題

新田義弘の哲学的主要テーマの一つとして、「ハイデガーが提示した〈現われと隠れ〉という真理論的機構を、現象学の問題としてどのように引き受け、展開していくのか」という問いが挙げられる。新田は、現象学の文献研究や応用研究よりも、その哲学知としての可能性を探究する「フライブルク現象学」の推進に長年尽力した。フライブルク現象学というのは、フィンク、ラントグレーベ、ロムバッハ、パトチカといった人々によって担われた現象学の伝統を意味している。彼らは、フッサールとハイデガーの狭間でそれぞれ独自の哲学的思索を展開した。新田が思惟し続けた「現われと隠れ」の問題は、まさにフライブルク現象学の核心的問いであった。一九六九年に新田は、師・三宅剛一の推薦状を携えてフライブルクに渡り、フィンクから直接薫陶を授かった。新田はフィンクから多大なる影響を受け、彼に対しては常に最大限の敬意を払いつつも、他方で一定の批判的距離を保ちながら独自の道を歩んでいった。

フィンクは、存在の現われと隠れの関係を「世界」そのものが内的に孕む差異性として捉え直し、それを「天空と大地の対抗遊戯」という神話的象徴によって語った(SM, 286)。世界は天空という光の側面と大地という闇の側面をもっている。フィンクは、このような洞察に基づき、プラトンからハイデガーへと至る存在論を「光の形而上学」と特徴づけて批判する。フィンクからすれば、ハイデガーは、人間の世界参与のあり方をロゴスに限定してしまったため、存在の隠れを「光に属する影」のようなものとして捉えてしまった。これに対してフィンクは、大地への身体的な接触機能の重要性を訴える(HS, 227ff.)。

要するにフィンクは、光のメタファーが視覚モデルと結びついたことに、西洋形而上学における理性主義の元凶を見てとり、触覚モデルに定位した「闇の現象学」を模索したわけである。これに対して新田は、視覚モデルが必ずしも概念偏重的志向へと直結するものではないと考え、むしろ視覚モデルと光の思想に徹頭徹尾こだわり続けた。彼はプラトン的な光の形而上学とは異なるもう一つ別の光思想の系譜として、新プラトン主義的な否定神学や神秘主義、とりわけクザーヌスや後期フィヒテの思想に注目する。プラトンにおいては、光が認識と対象を照らすことによって、認識を明晰にし、対象の輪郭を明確にするというモデルが範例となっていたのに対して、もう一つの光の思想の系譜において光は、認識主体にとって外的なものではなく、いわば認識を背後から貫くものとして語られている。例えばクザーヌスのモデルにおいて、認識主体の眼は、不可視の光が色彩を帯びて可視化する際の通過点に位置する、いわばプリズムのような役割を演じることになる。眼は光の「透過的媒体」であり、見ることは「光を生きる」ことによって可能となるのである。新田は、このような論理をフィヒテの後期知識学のなかにも確認する。フィヒテにおいて、知識学を遂行する「われわれ」は、可視性へと移行しつつある不可視の光の通過点に嵌め込まれた眼として語られている(GK, 203–207; SS, 105–110)。

大学院生の頃に新田の「深さの現象学——フィヒテ後期知識学における生ける〈通徹〉の論理」を読んで、以上の議論に接したとき、私は大きな衝撃を受け、まさに蒙を拓かれた思いであった。しかしきちんと根本から理解できていたというわけではない。せいぜい一つのモデルとして図式的に理解したに過ぎなかった。フィンクをテーマに博士論文を書き上げてから、私はしばらくのあいだ現象学の研究から離れ、西洋の魔術思想にのめり込んだ。フィンクが最終的に到達した「遊戯」の思想をさらに突き詰めていったところ、「魔術的想像力」の問題へと逢着したからである。

フィンクはこの問題を、古代の密儀宗教を題材として考察したが、私はかねてよりずっと気になっていた初期近代から現代にかけての西洋魔術思想を題材として研究を進めていった。そして一九世紀にフランスで活躍したオカルティストであるエリファス・レヴィの星気光理論について考究を深めるなかで、新田が問題にしていた光と媒体の思想が、ようやく腑に落ちたように思われたのである。

2 エリファス・レヴィの星気光理論

エリファス・レヴィという人物は、本名をアルフォンス・ルイ・コンスタンという。当初、彼は将来を嘱望された聖職者として順調な道を歩んでいたが、色恋沙汰がもとで助祭職を棒に振る羽目となった。その後は社会主義思想に傾倒するようになり、他方で詩人として小ロマン派の文学サークルにも出入りするようになる。一八四八年に起こった二月革命に失望し、個人生活においても痴情のもつれで大きな痛手を負った彼は、一八五三年、つまり四三歳の時に、エリファス・レヴィと改名し、オカルティストへと転身する。魔術三部作『高等魔術の教理と祭儀』全二巻(一八五六年)、『魔術の歴史――附・その方法と儀礼と秘奥の明快にして簡潔な説明』(一八六〇年)、『大いなる神秘の鍵――エノク、アブラハム、ヘルメス・トリスメギストス、ソロモンによる』(一八六一年)を次々と上梓し、近代魔術の鼻祖として不動の地位を確立した。これらの著作は、ド・ガイタ侯爵やペラダンらによるフランスのオカルト復興運動、さらには黄金の夜明け団やクロウリーの魔術理論・実践にも甚大なる影響を及ぼしたばかりでなく、芸術方面においてもボードレール、ランボー、マラルメといった象徴派の詩人たちやブルトンをはじめとするシュルレアリストたちに強力なインスピレーションを与えた。

エリファス・レヴィによれば、魔術というのは「自然とその法則についての正確で絶対的な学問」である(HM,

15)。魔術を行使することによって、目に見える手段を介さず、意志の力を直接物体に及ぼすことが可能となる。このようなことは、一見奇跡に思われるが、じつは学問的に説明可能な自然の法則に基づいているのである。奇跡というのは、そうした法則を知らない無知な人にとってのみ起こる。魔術的な現象は、原因のない結果でも自然の矛盾でも神の気まぐれな虚構でもない。どんなに奇跡的に見えようとも、自然のなかには「普遍的作用因」が隠されている。魔術師は、この隠された原因を発見し、さらにその正しさを検証すべく「儀式」を実践する。そればかりではない。この普遍的作用因を「管理」することも魔術師に課せられた重要な責務である。レヴィによれば、この普遍的作用因を知ることもなく乱用するのが妖術師や山師と言われる人々であり、彼らの魔術は、「地獄の魔術」とでも言うべき忌まわしき代物である(DR.I, 107)。これに対して魔術師ないし達人(adepte)というのは、普遍的作用因を熟知し、管理できる、つまり己の熟知している力を意のままにコントロールすることができる人間であり、その限りで彼らの魔術は「神聖な魔術」と称される。

自然のなかに隠された普遍的作用因のことを、レヴィは「星気光(la lumière astrale)」と呼んだ。レヴィの魔術を端的に特徴づけるなら、それは「星辰光」を鍵概念とする「光の魔術」と言うことができよう。彼によると星気光というのは、「宇宙に遍く存在する微細な流体」であり、「魔術の大作用因」として重要な役割を果たしている。それは錬金術の文脈で語られる「アゾト」、「マグネシア」の概念や、プラトン主義的な「世界魂」という古典的概念とも同一視される。レヴィが直接影響を受けたのは、自ら認めているように、ヘブライ人やライヘンバッハ男爵の「オド」、マルティニストの「星気領域」そしてなによりメスマーの「動物磁気」に関する教説である。レヴィは、デュ・ポテ男爵に倣って動物磁気説の流体論的側面を再評価しつつも、磁気流体を星気光の副産物として捉える。

星気光は、それ自体としては「盲目的な力」である。その盲目的な力をわがものにし、コントロールする技術こそ魔術にほかならない。それはどのようにして可能なのか。端的に述べるなら、星気光をわがものにするのが「想像力」であり、それをコントロールするのが「意志」である。つまり、魔術というのは、想像力と意志という二つの能力の共働によって可能となるのである。

レヴィにとって想像力というのは、「魔術的生命の装置」と呼ばれるほどの重要な認識機能である(DR.I, 117)。それは、普遍的作用因である星気光にアクセスし、そのなかに含まれている「映像」や「反射像」をわがものにする魂の特性なのである。レヴィの想像力論でさらに興味深いのは、この星気光自身が想像力であるという点である。レヴィによれば、星気光は、「溶解、凝固、加熱、冷却」という四つの働きをもち、それらによって形を形成したり破壊したりする。つまり、星気光の本質は「形を成すこと」、より正確には破壊をも含めた形象化の働きにある。その意味で星気光というのは、一種の想像力なのであり、「普遍的想像力」、「自然の想像力」などとも呼ばれる(HM, 28f.)。もっとも、ここで言われる自然というのは、物理的な客体的自然のことではない。今しがた述べたように、星気光という流体は動物磁気に由来するが、エランベルジェが示したように、動物磁気の概念は、次第に心理学的な意味合いを帯びていくようになり、現代でいうところの「無意識」の概念へと繋がっていく。したがって自然の想像力というのは、分かりやすく言えば、イメージを滔々と形成しては破壊する無意識の機能を示している。意識による対象化に先立って、自然はつねにすでに無意識的イメージの投影によって彩られているのである。

この働きに人間の想像力がどのように関与するのか。レヴィは、カバリストが想像力を「透明体(diaphane)」、「透けるもの(translucide)」と呼んでいたことに着目する(DR.I, 117)。ここで言われる想像力とは、通常の空想作用のようにあれこれのイメージを意志的に思い描くことではなく、むしろ自身を「窓」のように透明化することを意味している。つまり、星気光に外からアクセスするのではなく、むしろ星気光が通過する媒体となるという仕方で星気光に関与するのである。二つの想像力を全体として統一的に理解するなら、想像力とは、意識的にイメージを形成する空想作用のことではなく、むしろそうした空想作用を遮断し、透明化することによって、無意識から滔々と湧き出てくるイメージを、ありのままに現出させる働きなのである。レヴィは、想像力を「魂の眼」と呼んでいるが、魂の眼の前で世界が星気光によって照らされて現われているのではない。星気光は魂の眼の前にどこからか差し込んでくるわけではなく、魂の眼という窓そのものを背後から貫いてくる。魂の眼は星気光の通過点であり、それを通じて不可視の世界が可視化され、その反映像が眼によって見られるのである。

星気光は「盲目的な力」であり、それゆえに人間を陶酔させる力をもっている。この陶酔の力に降伏すると、魂は理性を失って狂気に陥る。狂気とは星気光によって引き起こされる酩酊状態にほかならない。レヴィによれば、単なる空想家や狂人においては、想像力が不透明であるため、星気光は「残滓と異物に満ちたガラス塊」のなかで屈折することになる。したがって映像や反射像は、それぞれ「迷った映像」、「狂った反射像」となる。これに対して天才的人間、賢者、達人、すなわち魔術師においては、想像力が透明であるため、星気光はその「澄み切った窓」を突き抜けていく。

レヴィによれば、星気光が生じるのは、「脱我(extase)」状態においてである。脱我というと、神秘家による特殊な体験だと思われがちであるが、実を言えばわれわれは、日常経験において脱我を頻繁に経験しているのだ。如何なる場面においてか。それは睡眠においてである。そして睡眠という、いわば自然な脱我において現われてくるのが「夢(rêve)」である。夢というのは、筋道が支離滅裂で、とりとめのないものである。しかしレヴィによれば、睡眠中でもなお「意志」が活動し続け、夢に一つの方向を与えるならば、その夢は「幻視夢(songe)」となる(DR. I, 172)。このような夢は、現代であれば、まさしく「明晰夢(lucid dream)」と呼ばれているものに相当する。

われわれが常日頃経験する夢にはおよそ三つの特徴がある。⑴自動性：イメージが意志とは無関係に勝手に立ち現われてくる。⑵世界性：個々のイメージとして目前に現われるというよりも、体験者を囲繞する一つの世界として立ち現われてくる。⑶超常性：現実世界ではあり得ないような出来事が起こる。空を飛んだり、壁を通り抜けたり、変身したりすることもある。死者や不思議な生き物と出会うこともある。

明晰夢の場合、これらの他に、さらに三つの特徴が加わる。⑷自覚性：通常、われわれは夢を見ている最中に、夢を見ているという自覚はない。起きた後で「あれは夢だったのだ」と事後的に確認するのが普通である。これに対して、明晰夢においては、夢を見ている最中に「これは夢だ」と自覚できる。(5)鮮明性：明晰夢で見えてくるのは、空想意識や通常夢によって現われてくるようなぼんやりとした世界ではない。それは現実世界と見紛うほどに、否それ以上にリアルでヴィヴィッドな世界である。細部は明瞭であり、どことなく光輝に満ちていて、彩度が現実世界よりも高い。(6)コントロール可能性：知覚世界とは異なり、明晰夢のなかでは、自己の身体や周囲世界を意志によって自在に変化させることができる。赤い薔薇を青い薔薇に変えたり、自己の身体を狼に変身させたりすることもできる。(3)に(5)が加わると、空中飛行や変身といった超常的現象が、現実と見紛うほど鮮明に迫力をもって体験でき、さらに(6)が加われば、ファンタジーに出てくるような魔法使いの万能感をリアルに味わうことができる。いわば天然のヴァーチャル・リアリティーを体験できるというわけである。

明晰夢という言葉は一九一三年にエーデンがはじめて用いたもので、レヴィの時代には存在しなかった。しかし彼が幻視夢のことを「睡眠において、意志的に、あるいは完全な覚醒状態において夢を見ること」、「明晰で覚醒した(lucide et éveillé)夢遊状態」などと表現しているのは実に興味深い(DR.I, 263, 356)。当時のメスメリズムのコンテクストにおいて、「明晰」という言葉は、通常の知覚を超えた認識能力を表わす際に用いられていた。しかしそれは、意識を明晰にした結果に関わることでしかない。そもそも意識を明晰にするとはどのようなことなのか。レヴィが「明晰な」、「覚醒した」という言葉で言おうとしていたことは、二つ考えられる。一つは既に述べた想像力の透明化であり、もう一つは星気光によって生み出された形象に惑わされない意志の強靭さである。

レヴィによれば、星気光によって照らされた通常の夢世界は、反射像によって引き起こされる幻覚にほかならない。幻視夢を見るためには、強靭な意志によって、反射像を退け、星気光のみを引き寄せる必要がある(DR.I, 264)。光を引き寄せることによって反射像を掻き消すのか、或いは反射像を掻き消すことによって光を引き寄せるのか、レヴィの記述は曖昧であるが、おそらくどちらか一方が出来てしまえば他方も自ずと達成されてしまうような構造になっているのであろう。しかし意志が想像力を透明化する意志でもあるとすれば、すでに形成された反射像のみならず、反射像の形成そのものを退ける際にも意志が機能していることになる。もっとも、星気光自体がすでに形象化の力である限り、たとえ想像力が完全に透明になったとしても、すでにいくほどかの屈折が生じてしまっていることには変わりない。問題は、魂の眼に余計な歪みがあるかどうかである。窓が不透明であればあるほど、屈折率が高くなり、目前の反射は複雑化し、見る者を狂わせてしまう。しかしそれよりもさらに危険なのは、反射像に魅入られ、それが像であることに気づかないことである。反射像は、あくまで星気光の所産でしかない。酩酊状態においては星気光の光線と反射像が混同されてしまうため、光の存在には気づきにくい。しかし意志が発動することによって、光線と反射像が分離され、反射像を実在と見誤ることなく、あくまで星気光の反射像として見抜くことができるようになる。このことは、とりもなおさず星気光によって照らし出された夢世界を夢世界として自覚できることを意味している。その自覚は、単なる自己という閉域への外的なモニタリングではなく、自らが夢世界においてあること、星気光の媒体であることへの内的な自覚にほかならない。現実世界の場合であれば、自らが世界においてあるという自覚は、必ずしも自らが光の媒体であるという自覚に直結するとは限らない。これら二つの自覚の連動は、夢世界のケースにおいてこそ顕著となる。

ところで、そもそもこのような幻視夢はどのような方法によって経験できるのであろうか。レヴィによれば、それは「単独磁気催眠（magnétisme solitaire）」という、現代でいうところの「自己催眠」によって可能となる。これは他人に催眠をかけるよりも難しく、より意志の強さが要求される。催眠状態に陥りつつ自らをコントロールしなければならない。催眠をかける側とかけられる側が同一主体であるところにこの作業の難しさがある。たとえ催眠状態に入れたとしても、力み過ぎると途端に覚醒してしまう。要するに夢遊状態と覚醒状態という矛盾的な意識状態を両立させることがここで要求されているのである。このような、いわば「明晰なる脱我状態」とでも言うべき離れ業をいかにして実行することができるのであろうか。レヴィの魔術儀式には、このような困難を軽減するための様々な工夫が施されている。香料を薫蒸し、魔法円を旋回しながら、単純な呪文をリズミカルに繰り返すことによって、次第に磁気催眠状態へと至る(HM, 156)。しかし変性意識状態へと深まる一方で、意志の力も保たれていなければならない。そのための小道具として使用されるのがペンタクルである。ペンタクルとは、魔術教義を象徴的な図像によって要約した印章である。それは術者が意志を集中させる支点として機能する。変性意識状態と意志のバランスを保ちつつ、今度は黒い鏡を凝視する。すると視神経が疲労し、視感覚の遮断と引き換えに魂の眼が活性化してくる。この段階に来たら、あとは「想像力の鎮静」、すなわち上で述べたような意志による魂の眼の透明化を実行すればよい。もっとも、このような儀式はたった一度で成功するようなものではない。レヴィの場合であれば、儀式本番の前に四〇日間程度の準備的儀式が要求される(DR.II, 41)。その間、心と身体と環境を浄化する作業を通じて、「意志の習慣化」がなされる。儀式というのは、変性意識状態を導入する手段であると同時に、変性意識状態においても意志的コントロールが可能になるよう、意志的行為を、習慣へと落とし込むことによって自動化する訓練でもあったわけである。

3 魔術的幻視の現象学

レヴィにとって魔術的な現象や技法というのは、あくまで心理的なものであった。彼は星気光の理論及びそれに基づく磁気催眠の理論という観点から、各種占術、降霊術、呪縛、変身、人狼や吸血鬼の存在、さらには一目惚れの恋に至るまで、実に多岐にわたる魔術的な現象や技法を説明している。いくらか疑似科学的タームによる思弁も紛れ込んではいるものの、基本的な方法論的スタンスはきわめて現象学的なものである。レヴィの幻視モデルにしても、新田によって提示されたクザーヌスのモデルと非常に類似していることは、これまでの議論からも明らかであろう。もっとも、幻視というアノーマルな体験について語っているレヴィと経験の一般的構造を問題にしている新田との間では、そもそも議論の土俵が異なるのではないかという疑念も湧いてこよう。しかしレヴィの言う幻視体験は、単に限定的で特殊な体験にとどまらず、ノーマルとアノーマルの平面そのものに先立つ超越論的な特異体験でもある。したがって幻視体験は、それ自体が方法論的な役割をも果たしており、少なくともノーマルな体験から思考実験的に遡っただけでは見えにくい様々な層面を露呈してくれる。しかもその方法は、特定の身体的訓練と環境設定によって或る程度再現が可能である。

幻視体験の現象学的分析を行なううえで最も重要な手がかりとなるのは、やはり夢である。夢は現象学の枠内ではどのように語られるのであろうか。例えばフィンクによれば、夢というのは、「沈下した空想」である(SP, 63)。通常の空想においては、自我が自由に対象を構成するのに対して、夢のなかの自我は、そうした自由な意志を失い、受動的に夢世界を構成している。つまり夢世界の経験というのは、夢のなかの自我の視点からすると、「受動的な先構成において経過する世界経験」に等しい(SP, 65)。しかし裏を返せば、日常の知覚経験においても、このような受動的空想はつねに機能しているわけである。われわれは起きている間も、いわば夢を見、それを知覚世界に投影している。ただしそのような夢の投影は、明るいところで映写機を回すと映像が見えにくくなるように、通常の知覚経験ではなかなか捉えがたい。もっとも、幻視というのは単なる夢ではなく明晰夢なのであるから、自由な意志は働いている。しかしそれは通常の能動的な空想作用とは異なる。知覚経験に明晰夢の状態を重ね合わせるとするなら、それはいわば自覚的でコントロール可能な白昼夢のようなものとなろう。

このようなレベルでの白昼夢は「覚醒幻視」とも呼ばれる。それは知覚世界の中で鮮明なイメージとして立ち現われる。魔術実践の多くはこの覚醒幻視のコントロールに関わっている。なるほど通常の知覚経験において立ち現われてくるイメージは、おおかた不鮮明であり、コントロールされているわけでもない。しかしこのような無意識的なイメージの自発的な現われを可能にする星気光は、眠って夢を見ている時だけではなく、覚醒状態で知覚経験をしている時でも常に機能している。そうだとすれば、レヴィの星気光、さらには新田がクザーヌスを援用しつつ語った光というのもまた、もちろん物理的対象ではないが、かといって単なるモデル説明のために採用された比喩というわけでもなく、いくほどかの体験的な実質性を帯びたものだと言うことはできないであろうか。

最後に、約三〇年の間、公私ともに感謝し尽くせぬほどお世話になった新田義弘先生に、改めてご冥福をお祈り申し上げたい。

引用文献［略号］

■新田義弘

GK ：『現象学と近代哲学』岩波書店、一九九五年

SS ：『世界と生命――媒体性の現象学へ』青土社、二〇〇一年

■Éliphas Lévi

DR.I. : *Dogme et Rituel de la Haute Magie: Tome Premier*, Germer Baillière, Paris, 1861 (2 e édition).

DR.II. : *Dogme et Rituel de la Haute Magie: Tome Second*, Germer Baillière, Paris, 1861 (2 e édition).

HM : *Histoire de la magie: avec une exposition claire et précise de ses procédés de ses rites et de ses mystères*, Germer Baillière, Paris, 1860.

■Eugen Fink

SP : *Studien zur Phänomenologie*, Den Haag 1966.

SM : *Sein und Mensch: vom Wesen der ontologischen Erfahrung*; Freiburg 1977.

HS : Eugen Fink und Martin Heidegger: *Heraklit. Seminar Wintersemester 1967/1968*, Frankfurt am Main, 1970.

新田現象学と「歴史」

谷 徹

1 はじめに

新田義弘（二〇二〇年三月一五日逝去）は私にとって「記憶」のなかにあり続けているが、今後の世代にとっては「歴史」のなかにあることになる。新田現象学の歴史的継承が重要になる。新田現象学については私もこれまでいくつか解説などを書いてきたが、本稿では、新田への私の「応答」として、それをどう歴史的に継承するかについて考察したい。

新田の論文「人間存在の歴史性」[(1)]は古いものだが、後に展開される、垂直性（深さ）、超越論的媒体性、生といった概念が、たとえ萌芽的だとしても読み取られる。[(2)]上記の考察のために、まずは、このテクストに内在的にアプローチすることが必要条件（十分条件ではないにせよ）である。以下では、その内容を確認したうえで上記の問題に私なりの答え・応答を示したいと思う。

2 人間存在の歴史性

ヨーロッパの学問のなかで「歴史」は古代ギリシャのヘロドトスに遡るにしても、それがとりわけ重視されるようになったのは「歴史の世紀」とも呼ばれる一九世紀である——その意味で「歴史」は普遍的な概念でないとも言えるが、しかしそこから直ちに「歴史」自体の歴史相対主義が出てくるわけではない。さしあたり、一七世紀以来発展してきた数学的・力学的・物理学的な自然科学に対して、それでは捉えられないとみなされた「生」が重視されるようになったことに関連して、「歴史」が重視されるようになった、と言えるだろう。簡単に言えば、機械と生命の対比のなかで、後者に関わる歴史が学問的に重要になった(ヘーゲルを例にとって述べれば、生には、目的性、自己組織化、欲望、類といった相互に関連する諸特性が付随する)。

新田は記す。「ヨーロッパの歴史そのものの意味を全体的に問い直そうとする深刻な歴史意識の擡頭は、一九世紀後半のヨーロッパの精神状況を表わす特徴のひとつである」(二三八頁)。だが、ここにはもうひとつの論点が含まれている。すなわち、自然科学はその対象の外側に視点をもつが、たいていこれが(あるいは自然科学者の視点が)問われない。歴史(精神科学)の場合は、視点が問われる。新田は歴史を外側の視点から俯瞰することを批判し、歴史の内側に視点を取る。この視点は歴史に内在し、それゆえ歴史の変化とともにそれ自体が変化する——外側の(同一な)視点から見られる各時代の内容が多様に変化するのは当然だが、それらを見る視点それ自体が揺れ動き、変化する、これが重要である。この視点の(広義のノエシス側の)変動性を含意するのが歴史的な「生」である。

新田はまず新カント学派——リッケルト——を取り上げる。それは歴史的な「生」の現実を重視するが、しかし「その内側からでなくむしろ外側から、つまり〔生の〕現実に対して認識主観を対立させて、この主観の作用をとおして現実を概念によって確定し合理的に再構成しようとする」。それは「自然に関するカント的認識論の構想」を歴史に持ち込み、「無歴史的な〔≒歴史の外側の〕絶対的視点」を持ち込む（二三〇頁）。このことは「科学と生との対立を科学の側で解消しようとする今日の分析的科学論とも相通ずるものがある」（二三〇頁）。

つぎに新田はニーチェの「生」の概念を経由して、解釈学、とりわけディルタイのそれを論ずる。これは歴史内属的な視点をとる。しかも、これにおいては「歴史を理解する人間〔≒認識主観それ自身〕の歴史帰属性〔≒歴史内属性〕の解明が、歴史的現実に関する知識の形成の理論と化する」（二三一頁）。解釈学は、知に関してみれば、部分と全体との循環・再帰関係を軸にして展開するが、この関係は、対象と世界との（相互的な意味規定関係をめぐる）地平構造の一変種として捉え直される。こうした地平性の解明という点について新田は解釈学を評価するが、他方で、それが「言語」に強く関わっていること（あるいは「身体」にあまり関わっていないこと）、また、「作用」に対して十分な注意を払っていないことを批判する。そうした方向から新田はハイデガーやガダマーの解釈学も検討する（後述）。

さて、新田は明示していないが、歴史を見る視点それ自体が歴史に内属するとすると、ノエシス側のものが歴史的に変化することになり、結果的に相対主義が帰結しそうに見える（相関的にノエマ側でも相対主義が帰結するだろう）。この点では解釈学も学知としてなお不十分であろう。そこで新田はフッサールの「現象学」に議論を移す。現象学は『論理学研究』以来「純粋意識」の立場に立つが、これは歴史の外側の視点ではないのか。歴史的な生の概念と対立しないのか。ところが、その後の発生的現象学において「意識生」の概念が登場する。ここに新田はもうひとつ別の歴史内的視点の可能性を見た。順に確認していこう。

まず、新田はそこに（「作用」的な）生の目的論的動向を読み取る。それは「地平的に予料されているもの（含蓄されているもの《イムプリツィールテス》）を充実してゆく（顕在化していく《エクスプリツィーレン》）働き」に見られる。これは「動機づけ」という仕組みをもつ。そこには時間的に（しかしまた受動的に）働く「連合」が関与しており、すなわち、それは、「現在、対象を規定する〔≒充実する〕作用に伴って、その作用の活動空間を未来へ向けて可能にするようにして、すでに沈澱した過去の意味を再生する」[3]（二三八―二三九頁）。現在の意味構成作用は、いわば暗黙のうちに、過去の意味に動機づけられて未来の意味の枠組みを投げかける。これは、歴史の動向の基礎ではあるが、まだ十分でない。

新田は発生的現象学における諸問題に目を向ける。重要なのは超越論的主観性の「各自性」――この語法はハイデガー的だが――である。ただし、新田はそれがいわゆる現象学的還元を経ていることに注意を喚起する。それによって見出される超越論的自我は、他のもろもろの自我と横並びになるものではなく、代替のきかない「唯一性」[4]をもつ。この唯一的な自我に世界が現出する。自我が（過去や未来の諸自我という意味であれ、他者の諸自我という意味であれ、それぞれ独立的で）複数的であるならば、それぞれが世界をもち、それゆえ世界は複数形になるだろう。しかし、そうだとしても、唯一的自我は、世界が「ひとつ」のものとして「ある」と確信している。この確信は「受動的原信念」[5]と呼ばれる。これが基盤になることで、自我が複数化してもなお、ひとつの普遍的世界が目的論的に志向される。[6]

だが、新田独自の解釈はさらに続く。新田はこの「世界が在る」という確信と「私が在る」という確信は一体になって働く、と言う。後者の確信は「身体」の「絶対的ここ」と結びついている。身体は世界内の一物体であると同時に、いやまずもって（世界の）現出の構成的条件（機能）でもある。この両義的な身体の「絶対的ここ」（「私は在る」）が「世界は在る」という受動的原信念に対応する、と新田は見る（とすると「私は在る」もまた「受動的原信念」だということになるだろう[7]）。身体は、世界とともに唯一性をもちつつ、世界（とその存在）を構成するための条件として機能する。

身体の機能（=作用）の側面で新田はキネステーゼ意識を重視する（これはラントグレーベが示した方向性でもある）。キネステーゼ意識には「私はできる」という意識が伴うが、これを新田は（認識論的な）反省以前のいわば遂行的な自己意識だとみなす。これは、対象についての知ではなく、いわば根源的な知あるいはむしろ知の基盤とでも言うべきものであって、それ自体は反省によって対象化・主題化されない。この遂行的な意識（「知の基盤」）を、新田はさらにフッサールの時間論における「生き生きした現在」のなかで確認する。「あらゆる意識は、その遂行態において、すでに非措定的な仕方で自己自身を『匿名的に感触している』のである」（二四三頁）。この匿名的な（それゆえまた明示的でない、いわば暗い）感触のおかげで、（そもそも暗さのなかで立ちどまっている）時間構成する機能それ自体が時間的な流れとして現われるという両義性が生じる。(8)

こうした身体的・時間的な遂行態の自己知（いわば暗い知の基盤）を新田はハイデガー的な——そしてラントグレーベとも関連した——用語で「現」（Da）と呼ぶ。これはまた「絶対的事実」でもある。絶対的事実は、必然性と対比される偶然性をもつ単なる事実ではない。必然性も偶然性も絶対的事実を前提するという意味での「絶対的事実」である。さらに言い換えれば、それは、「いつ」でも、「どこ」でも、「だれ」にでも妥当するような普遍性でもない。むしろ、「いつ」や「どこ」や「だれ」といったものそれ自体を可能にするような——それなしにはこれらが成り立たない——事実である。これは、現象学的還元によってこそ確認されるような事実である。この事実は、すべての視点を支えるものであるから、もはや他の視点によって相対化できない。

「……この現《ダー》において、世界や私の存在に対する受動的確信をいわば基軸にして、世界のパースペクティヴ的な地平的現出が拡がっている……」（二四四頁）。だが、なぜ世界の「存在」と私の「存在」が現において「基軸」となるのだろうか。ここが新田解釈の中心点になるだろう。私の見るところでは、第一に、ハイデガー的な「存在」を新田はまさに「存在する」という動詞あるいは作用・活動として捉えている。そして、その作用・活動それ自体が（受動的に）自己現出することを「現」として捉えている。その現においていわば超越方向に世界が現出し、内在方向に私が現出する。この両方向への現出運動はすでに「存在する」という（匿名的な）作用・活動に含まれている。両者の根源がこの作用・活動であるからこそ、両者の「存在する」は不可分なのだろう。

しかし、初期フッサールの用語で言えば「体験」（Erlebnis）にそもそもこの両方向への現出運動が含まれているというようにも解釈できる。この「体験する」（Erleben）の概念——これはフッサールの「意識」（Bewußtsein）とも重なる——をもう一歩展開させたものが「生」＝「生きる」（Leben）である。だから、結局、「現」に現われる（両方向的な）「存在する」と「生」とは重なる。初期に「生」の概念を使っていたハイデガーはそれを「存在」と「現存在」に置き換えたが、新田はむしろ「生」の概念に展開可能性を求めたと言ってもよい。新田は、その「生」に立ち戻るために、フッサールとともにすべての能動性（反省も含む）の遮断としての「最終的還元」を遂行した——還元するほど自我による措定に先立つ存在それ自身の贈与がより露わになるとマリオンは言ったが、新田はそれを生に置き換えるだろう——と思われるが、その状態を後に「成り切る」とも言い表わす。この「生」への還帰は（複数化・相対化しうる視点による）「知」ではなく、その「基盤」としての根源的視点の発掘（根源的なものは最初に見出されるのではなく、むしろ後から発掘される）でもあり、この「基盤」はイデア的意味で普遍的ではないが、その代替のなさからして他の諸視点のように複数化しない[9]、いや複数性に先立つ唯一性であり、しかも還元が開く「内部」の唯一性である。これが第二の論点である[10]（「基盤」は隠れてこそ働くが、それでも新田がそれを発掘したとすれば、それは、新田に、それまで基盤と思われていたものが基盤ではなかったという体験、ある根底的な意味での危機と言うべきニヒリズム体験があったからではなかろうか。新田はそれを明示的に語らないが、私はここに新田現象学の「深さ」を見る）。

さて、この最終内在的な視点の唯一性が「パースペクティヴ的な地平的現出」に対応する。これは先述の過去・現在・未来の（時間的）「動機づけ」の動向を含む[11]が、新田は「あらゆる歴史の超越論的条件としての人間の歴史性もここに求められねばならない」と述べる。だが、なぜこれが歴史の可能性の条件となるのかと新田は自問しつつ、考察を進める。新田は視点の側で作用の、とりわけ時間構成作用の遂行を問う。これは、「現」において現われはするが（「流れること」と呼ばれる）、しかし、そのまま反省されることがない——反省も一種の再帰運動であり自己経験であるが、ただし自己「対象化」的であって作用の遂行そのままの現出ではない。これこそフッサールがいわば反省の挫折として直面した問題だったが（古くはフィヒテも直面した問題だったが）、新田はここに現象学の新展開の契機を見る。新田はラントグレーベを引きつつ、先反省的な作用・活動の遂行と反省の関係について次のように言う。「ラントグレーベの言うように「流れること（＝作用遂行）と流れを経験すること（＝反省）という二つの事柄があるのではなく、流れることは自己—経験である」。

〈流れること〉と〈流れを経験すること〉とはひとつになっている。ただし、このラントグレーベの洞察は不十分であり、流れを経験することを、流れること〔＝作用遂行〕に対する反省としてではなく、むしろ、後者が「現」において自己現出すること、とみなすべきである。

しかも、両者はヘーゲル的な絶対知の意味で完全に一致するのではない（そうなれば、「歴史」が終わり[12]、「人間存在の歴史性」も終わるだろう）。むしろ、両者は（差異を産み出し、完全には一致しない）自己現出なのだろう。とすれば、ここで、途上であることをやめない「意識の経験の学」（現象学）として「歴史」を捉えることができる。「それゆえ意識〔＝意識生〕は、それ自体超越論的歴史として、『一切の歴史の構成の超越論的条件』であると言わねばならないであろう」（二四五頁）。私流に言い直せば、一方に（まずもって）それ自体では全く無意識的な作用の遂行があり、他方に（事後的に）それを意識化する反省があるというのではなくて、作用の遂行それ自体が反省に先立ってそれ自体の「現」（ただし本来の「知」、対象経験の「知」というよりも、むしろ暗い「知の基盤」の意味で）となっている。その「現」のなかで作用はたえずおのれ自身を経験（というよりも体験）し続けている。これが「一切の歴史の構成の超越論的条件」となっている。しかし、本来の意味での「知」としての反省それ自体も作用の遂行であり、反省という作用の遂行は、それが対象化する反省以前の作用の遂行（生）それ自体とは一定の差異を産み出しつつ、自己をより明るくするように自己履歴を重ねるが、そこでは差異が産出される限り完全な一致はなく、「歴史」は終わらない、ということになるだろう。完全な知は目的論的な理念にすぎない。

後に新田は、作用の遂行（生）としての「流れること」それ自体はむしろつねに現在に（「現」として）立ちとどまり、その自己対象化・自己主題化が「流れ」として現出して流れるが、前者はその影に隠れる、と言い換える。知の基盤は本来の知の影に隠れる。そうしたことが起こること自体が知の成立を可能にする。――だが、こうしたことを言語で語ることができるということそれ自体が驚異的である。その言語は誰の言語であろうか。さしあたり、新田の（内的？）言語というより「他者」の言語であり、かつまた「歴史」的に継承された言語であろう。ここに問題が潜んでいる(末尾で触れたい)。

さて、新田に戻ろう。上記では、まだ不十分である。「歴史」というからには、他者あるいは相互主観性の構成が必要である。「各自的現の絶対的個別性を止揚しないような根源的共同化の可能性はいかにして成り立つのであろうか」(二四六頁)と新田は問う。他者構成あるいは相互主観性は、多くの場合、他者という意味の構成を軸として考察される。還元以前の場合、すでに「存在している」他者をどのようにして「他者」として認知するのかが問われるだろうが(だが、そもそも他者が「存在している」とどうして信じられるのか、はたいてい問われない)、還元以後はそういう問いは出てこない。むしろ、物体として現出するものにどうして他者という意味が認められるのか、という問いが出てくる。これが通例である。ところが、ここで新田は「世代性」を語る。「衝動志向性」のうちに「共同化への本質的な原志向性」を見る。「原初的衝動」(=衝動志向性)は、すでに他者への関係をみずから含んでいるばかりでなく、原初的衝動の充足は、固有の現をもつ新しい人間の誕生をもたらし、「類の生活」を意味する世代を形成する。[13] この意味での(生殖的な)他者構成は、上記のような他者の認識論的な意味構成ではなく、むしろ、「行為」による他者の産出に関わる。しかし、どちらも「生」にもとづく構成だとは言える。それゆえ、そこにはまた目的論的構造も見られる。

とはいえ、歴史の可能性の条件としては、これでもまだ不十分である。さらに新田は第一に人間の行為の(社会的な)制度化、第二に言語的なコミュニケーションが必要だと言う。ただし、新田は、ここで述べたのは「歴史の超越論的条件」であって、まだ「歴史」あるいは「歴史的行為」ではないと言う。そして、後者について、新田は主に歴史の「物語論」を考察する。そこで、歴史叙述のノエシス的遂行——これは根底的には絶対的事実=原事実にもとづくはずだが——が問題になる。

新田はダントーやドロイゼンを引きつつ、歴史は回顧的に構成される、と言う。言い換えれば、それは、歴史のなかで例えば「過去自体」のようなものを認めないということである。そして、そうした歴史の構成は、歴史家自身の時代拘束性、そこから発する歴史的パースペクティヴ性から切り離されることがない。歴史は、歴史を構成する作用それ自体の歴史性――これは一種の「絶対的事実」であるからこそ、現象学的問題ともなるのであるが――と不可分である。さらに歴史的に物語るという作用・行為は、個別主観が単独で行なうものではなく、相互主観的、相互時間的なものである。そして、これを動機づける（方向づける）のは、実践的関心――これもまた「絶対的事実」に応答する関心であろうが――である。他方で、そうした関心に方向づけられて「歴史の全体」が志向されるが、これは、過去自体でもなければ現在自体でもなく、未来自体でもなく、それらの総和でもなく、むしろ「規制的（regulativ）な理念」である。しかし、それには、それなりに、行為（作用と重なる）が対応しており、新田は「歴史の叙述は、行動一般とは区別されるにしても、規制的理念に導かれる実践としてやはりひとつの実践なのである」（二五四―二五五頁）と言う。

新田はこうしたことを見定めたうえで、「実践」を先述の「遂行」の側に置き、物語的に構成された歴史を現出あるいはノエマの側に置いているように思われる。すなわち、実践と物語的に構成された歴史との関係は、超越論的次元での作用の遂行とその構成物との関係に（一定の次元差をもつにせよ）根づいているのである。おそらくそうした意味で、新田はブラントを引きつつ言う。「ブラントは、経験における地平の匿名的機能に相当するものを、そのまま歴史叙述の根底において働く、受動的機能としての動機づけ連関の全体に読み取ろうとしている。この動機づけ連関の全体性は、物語る行為の動機づけとなるけれども、それ自体は隠されたものとして決して主題化されることはないのである」（二五五頁）。遂行は、歴史それ自体ではないが、しかし、歴史を叙述する（物語る）ときにつねに「現」として／において現われており、それゆえそれは、歴史的な知の基盤をなしている。新田は、現出に関わる知と、作用・行為に関わる知の基盤（これ自体は、それを反省しようとすると隠れる）との二面性において、歴史を捉えているのである。そして、この二面性においてこそ、いやむしろそれらの「あいだ」においてこそ、「現実」ということも語りうるのである――どちらか一面だけでは「現実」にならない。この「あいだ」――これはまた媒体と深く関係する――の運動構造とでも言うべきものが問題になるのである。

3　結びに代えて

新田は知の基盤としての生の代替不可能性・絶対的事実性・原事実性にいわば碇を下ろして現象学を展開した。そうした生は動詞的かつ生産的で、豊饒でもあるが、知はそれを自己同一性として捉えることはできない[14]。そのことが「問い」を促す。新田の知はそれへの「答え・応答」である。とはいえ他方で、問いは言語のスタイルと不可分である。その言語は誰のものだろうか。問い・言語のスタイルを私は新田から受け取ったが、おそらく新田も他者から受け取った（とりわけ三宅剛一からだろうか）。言語は歴史的に与えられ、歴史的に機能する。その言語は歴史のなかで意味・方向を（見失うこともあるが）指し示しもする。現象学は絶対的事実＝原事実とこの歴史との「あいだ」こそを活動空間とするだろう。私が新田から継承したのはこの「あいだ」で意味・方向をあらたに求める運動だった。これが／これも歴史的に継承されることを祈る。

註

（1）『講座　現象学』第二巻、弘文堂、一九八〇年。以下、本文中に（　）で頁数を示す。
（2）『哲学の歴史——哲学は何を問題にしてきたか』（講談社現代新書、一八八九年）では新田の視点から捉えられた哲学の「歴史」が示されているが、ここでは扱わない。
（3）これはハイデガーの「脱自的—地平的な時間性」と似ている。ただし、ハイデガーのそれは、現存在の自己知の構造でもある。すなわち、現存在は、自己自身から脱自（離脱）し、過去（既在）、現在（瞬視）、未来（先駆）という円環運動を介して自己自身を本来的に知る（そして本来的自己である）という運動構造をもつ。この運動構造と上記の時間性は同型的である。新田が定式化したフッサールにおける動機づけの運動構造は、それだけではまだ自己知の運動構造を示していない。とはいえ、過去(沈澱)、現在(現在化)、未来(目的)の動機づけ連関において、現在(現在化)がそれ自体にとっていわば「暗く」(暗黙的に)しかあらわれないとするならば、過去(沈澱)、現在(対象知覚的な現在化)、未来(目的)という脱自的な(しかし相対的に「明るい」)円環運動を介してこそ、現在(現在化)の作用・機能はおのれ自身を「より明示的に」知る(より明るくあらわれる)、と見ることもできる。新田もおそらくこのような解釈をもっていただろう。

(4) この「唯一性」(Einzigkeit)は、ヘルトがEinzigartigkeit(独特性)の意味に解したものとも重なるが、しかし、私の解釈では、この唯一性は、複数性をもたない(そもそも数的でない)絶対的な唯一性でもある。絶対的な唯一性をもつ自我とその生は不可分であり、この生は単純に歴史的な相対化(これは複数化を含む)を許さない。歴史的相対化は歴史を見る視点それ自体の歴史的複数性を想定するが、しかし、還元がそこに立ち戻らせる自我は、それ自体としては複数化しない絶対的な唯一性をもつからである。この唯一性は(フッサールが後に区別した語で言えば)「原自我」の特徴である。原自我はそれ自体では複数化しない唯一性だが、それの内部で自我と他の自我との複数性を包摂する。とはいえ両者は簡単に切り離されない。そうした「原自我」と「自我」の関係は新田においても最も重要なものの一つであろう。

(5) これは、例えば「月の裏側に「……」と呼ばれるクレーターが在る」というような場合の(超越的な)存在に対する(能動的な)信念とは異なる。そうした信念に先立って「在る」ということを受動的に信じる以外にないような存在信念である。

(6) では、世界とその(自我の複数性による)諸現出との関係は、現出者とその諸現出との関係と同じだろうか。ここでは新田は明言していないが、同じではないだろう。世界が一種のノエマとして捉えられることがありうるとしても、根源的には世界はノエマでない。むしろ、それは、新田もこの箇所のすぐ後で示しているように、すべての対象構成(ノエマ的構成)にとって前提条件となる「大地」のような「基盤」だと言うべきであろう。そして、この基盤としての性格は、原自我とその生(「原的生」と呼ばれる)の性格であろう。私はそう解する。

(7) フッサールは、世界が現実に在る(と確信される)ためには身体的な自我が現実に在ることが必要だとも述べている(Hua XXXVI, Nr. 7など参照)。

(8) フッサールでは、この時間構成する機能の自己現出が「自我」の可能性の条件の一つであるが、しかし、「自我」の構成にはなお「他者」が必要である。

(9) あるいは、そうした意味で、それは(大地基盤と同様に)動かないとも言える。

(10) 根源的なもの(「存在」あるいは「生」の「絶対的事実」＝「原事実」)は、最初から現われるのではなく、一度相対化されてはじめて現われる。このことは「媒体」機能による。

(11) これは身体的な空間的動機づけにもおそらく関わっているが、ここでは省略する。

(12) ヘーゲルの「歴史」は、絶対知にいたる以前の偶然的と思われている出来事を指す。

(13) 生の概念のなかで、衝動志向性は「欲望」と関わり、そして世代性は「類」と関わる。

(14) 新田は、ここに垣間見られる「仮象」——超越論的仮象と言ってもよいだろう——、「死」を大きな問題だと見ていたと思われる。

「深さの現象学」という課題

——新田義弘が拓いた思惟の道

丹木博一

1　現象学の三つの道標とハイデガー解釈

現象学とは、世界の現われの構造を記述することをとおして自己と世界の成り立ちを解明しようとする哲学的方法のことである。それは、独断的な原理の措定を断固退け、現われるものが現われることの条件をあくまでも現われの場にとどまったまま分析することを要求する。そのため、自らの思惟の内なる対象化傾向と絶えず戦い続けねばならず、分析の重要な局面においては、自らの思惟が別なる思惟へと変貌することを余儀なくされる。言い換えれば、事象と方法との相互に制約しあう関係の様相を、自らの方法的歩みのうちで見抜くことによって、事象に相応しい思惟態度への変容を遂げることができた者だけが、思惟の新たな次元を的確に切り開くことができるのである。

周知のとおり、フッサールやハイデガーは、苦渋に満ちた現象学的思惟の道なき道を歩み、生涯にわたって新たな軌跡を示し続けた現象学者だった。しかし、そのことを私たちが今日適切な仕方で理解することができるのは、まったくもって新田義弘のおかげだと言ってよい。新田は、ともすればマイナーな哲学者として扱われがちだったフッサールの思惟の現代的意義をいち早く描き上げるとともに、ハイデガーの思惟を実存哲学や解釈学としての位置づけから解き放ち、一貫した現象学的思考の展開として捉え直した。テキストの緻密な読解作業に裏付けられたその大胆にして創造的な提言に触れる度に、いつも目が覚める思いがしたものである。本稿では、私が新田に学んだ哲学的洞察の一端を説明した上で、私自身がどのように新田から思惟の課題を引き継ぎ、展開してきたかについても紹介させていただくことにする。

新田は、フッサールやハイデガー、さらにフィンクやアンリの思惟の歩みに自ら踏み入り、批判的な吟味を重ねる一方、そうした現代の現象学的思惟の営みを、クザーヌス、フィヒテ、ニーチェ、ヨルクといったパースペクティヴ性の自覚による主観性原理の乗り越えを模索した哲学者たちの思考とも重ね合わせてみせた。その結果、現象学の営みは、限定された時代の特殊な思惟の営みでは決してなく、古代からの哲学史の流れを経て現代に求められるいわば必然的な思惟形態として浮かび上がってきた。新田は、現象学の可能性を時代の根本課題としてきわめて広範な視界の下で受け止めていたのである。

その現象学的思惟の展開について、新田は三つの段階を区分した。

現象学の研究の第一段階は、純粋意識の志向性機能の全体的連関の記述的分析であり、第二段階は、発生的現象学における、能動性と受動性の織り成す地平形成の仕方を問いつつ、世界現出の目的論的構成の理論が企てられる、地平の現象学の段階である(1)。

第一段階は、現象が「現出者とその現出との差異化」の構造をはらんでいることを発見し、意識の志向的構造を分析したレベルを指す。主客の二元的対立を前提とし、それぞれの関係を問うのでなく、経験のうちに何かを何かとして規定するという差異化のはたらきが起きていることへの気づきがこの段階の重要なポイントである。やがてフッサールは自我の能動的なはたらきに先立って受動的に機能するはたらきに着目し、世界の現出を開かれた意味地平の規定運動として理解するようになる。それが第二の段階であり、「現出圏全体の現出様式である地平」現象の発見は、解釈学的循環や地平融合などの発想とも結びつき、現代の知の理論に大きな影響を及ぼしたのである。

ここまでの二つの段階についてであれば、類似の指摘が見受けられないことはないだろう。新田の分類の水際立った独自性は、第三段階の特徴と課題を、他の誰もが為し得なかった仕方で鮮やかに示したことである。

第三段階は、「深さの現象学」の段階であり、ここにおいて水平的運動をえがく地平拘束的思惟(horizonthaftes Denken)の仕方からの脱却を課題とする現象学が登場する。(2)

新田は、この第三段階を、「哲学の思惟である『現象学すること(Phänomenologisieren)』の思惟が、決定的にそれまでの動き方を変えるという出来事(3)」が生じる段階として規定し、そこに、地平拘束的な解釈学的思惟との対決という課題だけでなく、「可視性と不可視性の相属関係」という問いが生じていることに注意を喚起し、それをハイデガーに倣って、「顕現せざるものの現象学」の課題と見なす。そこで問われているのは、以下のような事態である。

現出とは、まさに可視性の領分の成立だとすれば、不可視性とはその成立の条件として、可視性の領分とはたがいに断絶し、排除しあう関係におかれる。まさに可視性を可視性として成立するためのはたらきとして、自らを可視化できないという意味で自らを隠し、自らを不可視にとどめるという仕方で関与し、共働している。(4)

それは、地平の半可視性とは異なり、「経験に起きる深層的な差異化現象(5)」なのである。

この不可視の次元の考察がなぜ独断的形而上学に陥らず、なおも現象学的思惟でありうるのか、またそれはそれまでの現象学的思惟とどう異なるのかという点について、新田は、経験の根底にはたらく機能としての差異性を「超超論的媒体性」という独自の概念で言い表わし、それがカント的意識主観の構成機能とは全く異なるものだと釘を刺した上で、ポイントを四つ挙げて説明している。

まず、そこには、「現われと隠れ」が相互に否定しあいながら、互いに帰属しあうという独自の事態が生じることが指摘される。現われさせるはたらきが退去して隠れるからこそ、現われるものが現われることが可能になる。そこには、半可視性や潜在性としては捉えられない隠れの深さが認められるのである。第二に、現われと隠れの差異化の出来事は、或る物が覆いを脱して出現することを可能にするという意味で、「産出」の論理でもあるということである。第三に、差異化の遂行自体が自己理解を有し、超越論的差異性は自覚のはたらきとともに機能することである。新田は、これを「経験の超越論性」と呼んでいるが、この点が押さえられていることが、独断的形而上学に陥らないでいられる肝心の点である。第四に指摘されるのは、「成り切る」ことの自覚機能である。それは、反省的思惟の挫折（自己否定）と、切り開かれる事象の自己形成のうちにはたらく自己退去運動（自己否定）とが同時に生起するところで、はたらきをはたらきとして理解し、事象そのものの自覚に徹することを意味する。

現象学的に思惟すること自体が、おのれの主観的自己理解（自己規定）を脱して、おのれならざるものの自己否定的自己形成に参与することである。(6)

現象学的思惟を三つの段階に分類するという独創的な提案は、自ら現象学的思惟のうちに身を投じ、先人たちの残したテキストを批判的に吟味することをとおして、自身が知の責任を担おうとする者だけに与えられる知の尺度の樹立を意味する。現象学運動に一度でも踏み入った人には分かることだが、その運動を内側から捉え返そうとすると、往々にして自分がどこにいるのか見極めがつかない状態に陥りやすい。新田は、自らの思惟によって開かれる事象と、事象に相応しい思惟形態を獲得することとの循環のうちに正しく入りこみ、研ぎ澄まされた自覚のまなざしを繰り広げることによって、仮象に惑わされやすい深さの次元のうちからも的確に知の尺度を受け取ることができた。だからこそ、それを仮象批判の礎にして、第一段階や第二段階を踏み越えることが可能になったのである。現象学の歩みに三つの段階があるという指摘は、現象学運動を回顧的に振り返った事後的な分類としてではなく、自ら現象学する際に、道に踏み迷わないようにするための確かな道標として受け止めねばならない。

私は、新田の現象学する姿勢に心打たれ、ある時期、ハイデガーを現象学的に読解するという作業に専念したことがある。『存在と時間』では、新田の分類によるところの第一段階と第二段階が同時に成し遂げられていると言える。存在者から存在への現象学的還元をとおして、存在論的差異が思惟すべき事柄として捉えられると同時に、存在の意味への問いを解明するために、世界地平の実存論的分析が周到に展開された。こうしたハイデガーの企てが、当時大きな衝撃を与え、哲学の状況を根底から組み替えたことは周知の通りであるが、ハイデガーの前期思惟には、新田の言う地平拘束的な思惟それ自身に由来する限界が行く手を阻んでおり、そのために『存在と時間』は未完に終わる。少しずつそうした事情が明らかになるにつれ、私は、ハイデガーのうちにケーレと呼ばれる思惟態度の根本転換が起こり、地平的思惟からの脱却が図られたことの意味を深く知りたいと考えるようになった。新田の洞察に支えられて、ハイデガーは、中期以降も、決して現象学的方法を手放したわけではなく、むしろ現象学的思惟を新たな段階へと深めたのだという確信が得られた。ハイデガーが晩年、「顕現せざるものの現象学」と呼んだ思惟が何を意味し、またそれはいかにして可能なのかを私なりに考え進めてはきたが、道半ばで中座している。(7) いずれその作業を再開したい。

2 超越論的媒体性としての行為的直観と死の自覚――西田幾多郎との対話の意味

新田は、現象学的思惟を西洋に限られたものとは見なさなかった。もともと東洋思想の幅広い伝統に親しんでいた新田は、現象学的思惟を深化させる可能性として、唯識や華厳などの仏教思想や井筒俊彦の「二重の見」の着想などに関心を寄せていたが、なかでも精力的に取り組んだのは西田幾多郎の哲学であった。とりわけ西田の「行為的直観」の概念を「深さの現象学」への独自の貢献として解釈したことは特筆すべきことである。

その点について、冗長になることを厭わず、ていねいに説明を加えてみたい。認識主観の構成機能を知の基盤と考えるなら、先反省的な事態は主観に与えられた知の素材に過ぎず、主観のはたらきによって構成されてはじめて経験になると考えられる。しかし西田は反対に、反省以前の純粋経験を真実在と捉え、その立ち現われの現場に立ち会うために、むしろ自己を徹底して無化しようとする。新田の言う「成り切る」という思惟態度は、西田が終生追い求めたモチーフを明確化したものだと言うこともできよう。それは、対象との合一といった素朴な仕方で捉えられるものではなく、あくまでも自覚のはたらきとともに考察を進めている点で、現象学的還元の徹底とも見なしうるものである。

西田の思想の根本特徴は、反省的意識をとおして自己の存在が確証されるという見方を否定し、自己は行為のうちにあると見なした上で、「道具によって物を作る」という事態のうちに多重なる否定的媒介を見てとり、その媒介関係をとおして、関係項を成り立たせる世界が自らを表現するという事実の自覚に至った点にある。道具によって物を作るとは、身体をもって物を形成することであり、それはものを変化させるという意味で、ものを否定することである。ものを作ることに専念すればするほど、作っている自分のことは意識から消え去り、それとは裏腹に、作られたものがそのつど立ち現われるのを見る。そのとき現われるものは単なる意識内容ではなく、身体に対して独立し、抵抗するものとして現われるため、作ることをとおして作られたものが、逆に身体を形成していくことになる。作られたもののそのつどの現われに応じて、作ることをさらに促されたり、修正を余儀なくされたりして、作るもの自身が新たに形成されていく。身体も、また作られ、見られるものであることによって、新たに作り、見るものと化すのである。

こうした多重に否定を介した交互作用は、決して物理的な作用反作用の関係ではなく、意識を介した関係であるが、経験の対象と超越論的主観との一方向的な関係でもない。意識が基盤となるのではなく、意識は行為の契機としてあくまで現実の世界のうちに成立するものと捉えられるのである。ものを作ることにおいて、形成するはたらきは隠れつつ、作られたものの現出を可能にするが、そこにはそのつど行為的自覚がはたらいている。こうした現われることと隠れることとの否定を介して反転しあう行為の自覚を、西田は「行為的直観」と名づけ、それが可能になる場所を「歴史的世界」と呼んだ。作るものもまた歴史的世界において作られるものであることを自覚するとき、作ることは決して主観のイメージに合わせて対象を象ることではなく、作ることをとおして作られたものはいわば自ずと現われるのである。以下の引用はその証言である。

作ったものは自己の意識の底から出たものではない、私の作ったものではない、見出されたものである。(8)

我々は行為によって物を作るが、物はそれ自身によって生れるものであり、即ち現われるもの、見られるものであり、我々の身体もまた物の世界から生まれると考えられる。(9)

我々もまた歴史的世界から創造せられたものである。それが世界が世界自身を限定するということであり、我々が物を見るということである。(10)

道具によって物を作ることの根拠は、物の側にも、作るものの側にも求められないが、かといって、両者がそのうちにある歴史的世界というものが行為的直観の背後にその根拠として横たわっているというわけでもない。「歴史的世界は我々の身体によって自己自身を形成する」(11)のであり、行為的直観によって限定されない世界はどこにも存在しないからである。

> 何処まで行っても、世界は行為的直観的に限定された世界である。いつも現在である。歴史的実在の世界は塑像的である。無論、現在は無限の示唆を含んでいる。しかしそれは直接に与えられたるものが無限定だということではなくして、現在が行為的直観的に限定せられたるものなるが故に、無限の示唆を含むのである。(12)

行為的直観とは、表現された知識というより、「作るものから作られたものへ」と「作られたものから作るものへ」との同時生起の自覚であると同時に、世界の自己表現の媒体として、世界そのものの自覚を意味する。

> 行為的直観の立場においては、世界は表現的となる。我々に対するものは何処までも表現的なものである。世界は生命の表現となる。(13)

この場合の表現とは、解釈されるべき意味地平のように、無規定だが潜在的に規定可能なものの規定化とは異なる。

> 真の生命というものは、内に絶対の無を含んだものでなければならない、絶対否定を含んだものでなければならない。かかる生命の自己限定として、行為的直観というものが成立するのである。真の直観ということは、普通考えられるように、単に自己が自己を失うとか、物と我とが一となるとかいうことではない。自己が創造的となることである。自己が創造的となるということは自己が世界から離れることではない、自己が創造的世界の作業的要素となることである。故に、我々は我々が働く所に自己があると考えるのである。物を作る所に我を見るというのである。芸術家の真の自己は作品にあるのである。そこに我々の身体は働くものたるとともに見るものとなるのである。それを死することによって生きる

というのである。[14]

西田において、現在と現在は絶対否定によって媒介され、非連続的に断絶している、そのつど一回的なものである。そのために、「現在から無数に行く道があるのである。しかもそれは唯、潜在的なるものから顕在的なるものに行くのではない。我々はいつも現実から現実へ行くのである」[15]。自らが世界のなかの創造的要素として作られて、行為のうちで生命の自証となるという論理は、世界の創造性とそれに対する自己の責任の自覚をもたらすのである。

西田は、ものが変化することを意識化しうるための条件を問うといったレベルを遥かに越えて、私たちがそこで生まれ死に行く世界はいかにして可能かをどこまでも追求した。それは、哲学と宗教とが相接しあう次元へと深く降り立つ歩みでもあった。新田は、そのことを十分に理解しつつも、哲学と宗教の差異に慎重な注意をはらい、宗教的な語りを行なうことについては自制を課し、超越論的媒体と「成り切る」思惟の可能性をむしろ学問論の方向に生かすことを試みた。そこから、知の尺度を受け取ろうとしたのである。

西田は、その哲学探求においていかなる根拠の実体化をも退け、様々な知や学問の絶対的な真理主張を否定してそれらを仮象と見なしたが、しかし単なる非真理として捨て去るのではなく、そうした知や学問に対しそれぞれにふさわしい地位を与え返すという学問論的な意図を持っていた。新田は、行為的直観を「超越論的媒体性」の機能として解釈することによって、西田の意図を的確に掬い上げている。新田自身もまた、様々な知の尺度として機能することができるような学問論としての現象学を構想し続けたのである。

しかし、新田のうちに独自の宗教的な洞察が強く息づいていたことは間違いない。例えば、次のような言葉がある。

生ける個物の生滅そのものが、この『現われと隠れ』の底に制約としてはたらいていることを見逃してはならない。生の自己限定だけでなく、死による自己限定という、経験からの『死の絶対的退去性』の仕方への問いを回避できないのである。『現われと隠れ』の真理論的生起は、じつは個物であることの自覚を伴っていることがはじめて、その存在論的な根への問いを許すのである。生死の出来事こそ、人間を越えたものが人間を貫いていることの証しであるという、あまりにも明白な事実が、知の問いの根柢に横たわっているといえはしないであろうか[16]。

この言葉は、例えば西田の次のような言葉に対する相当に踏み込んだ解釈として受け止めることができる。「我々に対するものは、単に対象的に見られる物の世界ではない。……自己の生死を知る我々人間に対するものは、単なる対象的物の世界ではなくして、歴史的事物の世界（歴史的生命の世界）でなければならない。我々の自己は歴史的実在の世界の底から生れるのである」[17]。死を自覚することではじめて個物の自己限定が歴史的世界の自己表現の媒体となりうる。自己を越えて自己を否定するはたらきが自己のうちを貫くことによって、自己が世界の底から生まれ出ると同時に、そこに世界が開顕する。そのことが如実に示されている。

私が西田について最初に論文を書いたのは、超越論的媒体性のうちに死の自覚が深く入り込んでいるという新田の示唆に大きな刺激を受け、世界が生滅の場所であることはいかにして可能かを問い進めたときである[18]。その際、引用した新田の言葉は次の通りである。

死の絶対的退去性とは、……「現われと隠れ」の差異論的同時性の運動からすると、現われを可能にするがけっしてそれ自体は現われないという同時退去の隠れの運動が、その同時的運動そのものを失うことである。その意味の退去性は、『消え』としかいいようがない出来事である。単に非性とか、非対象性ということではなく、その場が失われる出来事である。だが、まさしくこの『消え』こそ、個物の個物性を保証する出来事であるといえはしまいか。個物がそのような始めと終わりのある有限的存在者であることによって、世界が個物的に自己を限定するという論理が成り立つ。死ぬのは個物であり、死を与えるはたらきではない。『死なせる』ということによって、死を越えたはたらきが個物を貫き、その個物に現われていた世界を消すのである。あえて西田の言い方をなぞれば、死とは『個物的限定のほぐれ』であり、無に帰することであり、名を拒絶する創造的無に合一することといえはしまいか。(19)

この言葉は、先の言葉以上に思い切って踏み込んだ表現になっている。今、改めて読み直しても、その思考の徹底さと現下の自覚の深さに、打ちのめされる思いがする。

私自身はその後、西田における「表現」の概念を中心に、否定性の契機の働き方に着目しながら西田哲学を現象学的に読解するという作業を進める一方、(20)近年は、ケア論の一環として、主体の形成の可能性を問うという視点から、行為的直観における作るものの自己形成と作られるものの自己現出との否定を介した相即関係に注目し、習慣による自己形成の可能性について、反復が非連続的な飛躍を生むのはなぜかを考え進めているところである。(21)だが、新田の言葉の迫真性に接すると、自分の思考はいまだ根拠の幻影によりかかっていることを知らしめられる思いがする。知への問いと自己の生死への問いが、自分自身の足下で一つになって、自己の実体化の仮象をどこまでも否定するのである。(22)

ここまで、新田が最後に出版した著作である『思惟の道としての現象学――超越論的媒体性と哲学の新たな方向』をもとに、私が新田から学んだことの一端を書き綴ってきたが、この本の「あとがき」には、次のような言葉が記されている。

現象学という哲学の思惟は、現代では次第に『目立たない動き』になっている。それが本来、現象学の思惟のあり方に相応しいものと言えなくもないが、現代を襲う知の危機を感ずれば感ずるほどに、現象学のもつ課題がいかに重要であるかを覚えるばかりである。しかも道遠しというのが、佯らざる想いである。

時代に対する責任をひしと感じ、ひとり獅子奮迅して灯したその思惟の炎を、後に続く私たちが吹き消すことがあってはならない。

註

(1) 新田義弘『思惟の道としての現象学――超越論的媒体性と哲学の新たな方向』以文社、二〇〇九年、一八一頁。
(2) 同書、一八三頁。
(3) 同上。
(4) 同書、一八三―一八四頁。
(5) 同書、一八七頁。
(6) 同書、一九〇―一九一頁。なお、「成り切る」という言葉を新田先生の口から直接にお聞きしたことも何度かあるが、その度に特別な印象を受けたことを思い出す。
(7) 『地平の現象学』から『顕現せざるものの現象学』へ――『カテゴリー的直観』に関するハイデガー態度変更をめぐって」、『思想』九一六号、岩波書店、二〇〇〇年一〇月、八〇―一〇四頁。
(8) 西田幾多郎「論理と生命」、上田閑照編『西田幾多郎哲学論集II』岩波文庫、一九八八年、二〇九頁。
(9) 同書、二二一頁。
(10) 同書、二二七頁。
(11) 同書、二三〇頁。

(12) 同書、二七七頁。
(13) 同書、二五四頁。
(14) 同書、二四六―二四七頁。
(15) 同書、二七七頁。
(16) 新田、前掲『思惟の道としての現象学』、七二頁。
(17) 西田、前掲「論理と生命」、一九〇頁。
(18) 丹木博一「自己の生滅の場所への問い――西田幾多郎のニヒリズム問題」、G・ペルトナー＋渋谷治美編著『ニヒリズムとの対話――東京・ウィーン往復シンポジウム』晃洋書房、二〇〇五年、一四七―一七八頁。
(19) 新田、前掲『思惟の道としての現象学』、一〇〇頁。
(20) 丹木博一「表現の否定的構造について――『哲学論文集第三』における現象学的真理論」、『西田哲学会年報』第一二号、二〇一五年、七六―九五頁。
(21) 丹木博一「習慣による自己形成はいかにして可能か――西田幾多郎の習慣論」、『上智大学短期大学部紀要』第四二号、一―一八頁、二〇二一年三月発行予定。
(22) 新田先生が常におっしゃっていたのは、「慢心するな」ということであった。

現象する知の叙述

——ドイツ哲学の伝統のなかのフッサール現象学と新田現象学

富山　豊

1　生きられた知としての志向性

近代の学問的知識は、世界という「現象」についての知であり、近代哲学が知識論として、この「現象の知」の構造と機能と権限を現象に即して問うかぎり、自らの思惟そのもののなかに知自身の現象性格を見出すことになる。近代哲学は、「現象の知の現象性」を自ら解き明かすべき運命を最初から背負っているかぎり、現象学的思惟様式を免れることはできない。……近代の現象学は単なる「現象の論理」に尽きるものでなく、「現象する知の論理」なのである。(1)

加藤尚武の編集によるヘーゲル『精神現象学』の入門書のなかで、新田義弘は「『精神現象学』と現象学」と題されたコラムを以上のように始めている。ヘーゲルの現象学が「現象する知の叙述」であるだけでなく、フッサールの現象学もそうなのである。単に現象について知り、その論理を明らかにするだけでなく、その知自身が現象し、自らを明らかにすること。それは知の体系自身が自らを展開し現われ出る様を描こうと決意した『精神現象学』序文のいわゆる「実体＝主体テーゼ」に表わされる精神でもあり、真理自体を知ることをいかにして知自身が知り得るのかを巡る同書緒論における格闘が目指したものでもある。それゆえ、新田がこの文章を『精神現象学』についての書物に寄稿したのは無論偶然ではない。

では、実際その「現象する知」、それはまた次の引用で言われるように「生きられた知」でもあるが、それはどのように生きられ、どのように現象するのか。それを具体的に語る場面が「志向性」に見定められる。「現象学——知と生命」というまさに新田現象学を象徴する特集テーマを冠された『現代思想』臨時増刊号劈頭の論考で、新田は端的に以下のように述べる。

> 現象学は、生きられている知識を「経験」の名で呼んでいる。こうした経験の機能が志向性と呼ばれる。(2)

志向性とは形式的には我々の思考がそのつど「何かについての」思考であるという性格を述べたものであり、新田もこの規定を志向性の「方位性格」としてたびたび説明している。我々の思考は、何かについての、つまりある対象をもったものとしてしか生起することができない。何かを思い浮かべ、あるいは仮定し、あるいは信じることはできても、その「何かを」を欠いたただ端的な「思い浮かべること」、「仮定すること」、「信じること」は存在しない。これは狭い意味での「思考」だけでなく、知覚においても、また「欲すること」、「愛すること」、「憎むこと」等においても同様であろう。自分が「何を」信じているのか、「何を」欲しているのか、「何を」知覚しているのかということなしに我々の思考はその形を定めることができない。そしてまた、自分がそれを「知覚として」経験しているのか、あるいは単に「想像として」経験しているのかも我々の思考がもつ形のなかに自覚されているだろう。自分が今、何をどのように経験しているのか。「地球が平らであると仮定している」のではなく「地球が丸いと信じている」のであって、月や火星やライオンやビールを対象としているのではなく、地球(が丸いこと)を対象としてそれに向かっており、しかも信念という場面でそれが問題になっているということの知の内を我々は生きているのであり、これが志向性の「方位性」や「場面性」として語られるのである。

こうした志向性の方位性格は、フッサール現象学だけが問題にしてきたものではもちろんない。言語哲学においても言葉が対象を「表わす」ないし「指す」ということがしばしば志向性の機能として語られ、また心の哲学においては「心的表象」がある種の記号として対象を指していることがやはり「志向性」の名で語られている。しかしそこでは、しばしば「記号」と「指示対象」という異なる二つの存在者のあいだを何らかの仕方で結びつけようとする「関係」の機能として志向性が見られてしまう。

この点は、無論のこと様々な留保が必要ではあるものの、近世のいわゆる「観念」の理論においてもそうした危険が存していたと思われる。主観である「心」ないし「精神」の領域と、客観である「物体」の住む「世界」、「外界」の領域を切り離し、それぞれが隔てられた世界像をあらかじめ設定したうえで、いかにして前者の内部にある「観念」が後者の対象に関係しうるのか、またそれは可能なのかという問題設定がしばしば語られてきた。

しかし新田は、「志向性」の概念はそうしたあらかじめ設定された独立の二項をいかにして繋ぐかという問題設定の下にはないことを再三強調している。

すなわち、志向性とは、伝統的認識論が認識の枠組として前提している主観‐客観関係のような、意識(内部)と対象(外部)の存在をまず前提したうえで両者がどのように関係づけられるかを問うような、二元論的な発想を根底から打ち破るような関係なのである。志向性とは関係項を最初からすでに内に取り込んでいる関係そのもののことであり、内と外とがすでに出会われている場面そのものなのである。(3)

しかし、最初から関係項を内に含み、それらが出会われているような場面としての志向性とは、いったい具体的にはどのようなものなのであろうか。それを語るのが「現出」と「現出者」の概念にほかならない。

2　現出と現出者の差異

我々がある人物について考えるとき、それを「イエナの戦いの勝者」として考えることもできれば、「ワーテルローの戦いの敗者」として考えることもできる。いずれもナポレオンがその思考の対象となっており、志向性の方位性格はナポレオンへと向かっている。このことを対象の方から言えば、「ナポレオンがその思考の内に対象として現われる」わけである。現われてくる対象がまさに現出してくる者としての「現出者」であり、その現出者が実際に思考のなかでどのように現われてきているかというその現われ方、現われてくることそのものが「現出」である。

現出(Erscheinung)とは対象が意識に立ち現われていることそのことであり、意識に与えられている対象の相《アスペクト》のことである。(4)

新田はこれを「現出者それ自身が現出してきたものである」という意味での同一性と「現出それ自身は現出せず、あくまで現出者が現出する」という意味での差異性の二重構造において捉えている。

新田はこれをフッサール現象学特有の洞察として強調しているが、しかし「対象の与えられ方」を通じた「対象そのもの」への指示とその両者の差異化という枠組みは、フレーゲの「意義」と「意味」の区別にも酷似しているのではないだろうか。フレーゲもまた、「イエナの勝者」という言語表現と「ワーテルローの敗者」という言語表現が異なる対象の与え方、すなわち異なる「意義」をもちながら、同時に同じ「ナポレオン」という指示対象、同じ「意味」

をもつことを論じている。ここでフレーゲの「意義」がフッサール及び新田の言う「現出」と同様に対象の「与えられ方」であるという類縁性は明らかである。さらに、じつはフレーゲの「意味」とフッサールの「対象」、すなわち「現出者」の概念のあいだには決定的な共通点がある。それは、「真理」概念との連関である。

フレーゲ解釈に絶大な影響力のあったダメットによれば、ある語の「意味」とは、その語が出現する文の真偽を決定するために必要十分なもののことである。ダメットはこれを「意味論的値」と呼ぶ(なお、このアイデア自体はトゥーゲントハットが先に提示したものであり、その際には「真理値ポテンシャル」と呼ばれていた)。例えば、「イエナの戦いの勝者はコルシカ島出身である」という文の真偽を調べるにはナポレオンを調べればよいのであり、これがこの文で問題になっている「対象」がナポレオンその人であるということの実質である。この点において、じつはフッサールも「対象」概念を特徴づけるにあたって「真なる(定言的、肯定的な)言表の主語」[5]という表現を用いており、判断ないし言表の真理概念の相関者としての対象という規定をフレーゲと共有しているのである[6]。

しかしここで、一つの疑問が生じうる。その疑問を定式化するために、少し準備をしておきたい。フレーゲにおいては、意味と意義は峻別され、同一性関係をもたない。そして他方で、意味と意義とは異なる存在領域を形成するわけではない。例えば、心的なものと物的なもの、時空的に実在するものとイデア的なものというように、互いに交わらず共通部分をもたないような相互に隔てられた独立の存在領分を、それぞれに割り当てられているわけではない。というのも、じつはフレーゲによれば意義の外延は意味の外延に包摂されるからである。つまり、意義は同時に意味でもある。

峻別されていながらなぜそのようなことが起こるのか。それは、「彼はイエナの勝者がナポレオンだとは知っているがワーテルローの敗者がナポレオンだとは知らなかった」のように、信念文などのいわゆる内包的文脈を形成する文においては真理値を決定するために意味であるナポレオンだけでは十分ではなく、意義を真理値決定のために参照する必要があるからである。そうでなければ、先の文は「彼はナポレオンがナポレオンだとは知っているがナポレオンがナポレオンだとは知らなかった」と同じ真理条件をもつことになってしまう。そのため、通常はその語の「意義」になるものがこうした文脈内では「意味」の役割を果たすと考えられているのである。しかしその場合でも「意義」を与えるための「与えられ方」をさらに考えることはでき、当該の語の使用の「意味」と「意義」の区別自体は保たれている。つまり、ある語の意味を決定するための意義自体を何らかの仕方で名指し、それを対象化することは常に可能なのであり、「この語の意味と意義は何か」というそのつどの意味と意義の区別はその意味で保たれているものの、ある意義は別の文脈では意味として名指されることが常に可能であるという意味で、意味の領域は意義の領域を覆うのである。

じつは、これと同様のことはある意味ではフッサールの場合にも起こる。新田は、

自然的意識は、現出またはアスペクトの傍らにあるのではなく、アスペクトをとおして対象の傍らにある。……自然的意識は現出を介して現出者に関わるにもかかわらず、現出を無反省に素通りして対象に直接向かっているわけである。現象学的反省が初めて自然的意識の素朴な直接性を放棄して「現出」へと目を転じて、現出者とその現出の差異性の構造を主題化しうるのである。(7)

と語っている。我々は、通常は現出について思考しているのではなく現出を介して「現出者を」思考している。この点はフレーゲと同様である。そして、フレーゲと違い通常は自然的態度においてその構図は決して崩れないものの、現象学的反省を通じて「現出」そのものを問題とし、それをある意味で「対象化」すること自体はフッサール、そして新田の議論でも想定されるのである。ここに、新田が執拗に避けようとしたあの「存在者化」の危険、すなわち志向性が結ぶ現出と現出者の関係をあたかも内外に隔てられた異なる二つの存在者間の関係、対象間を繋ぐ関係であると見誤る危険性が頭をもたげてくる。現出を対象化し、それについて思考するや否や、「主観的な現われ」であるこ

の現出がいかにして「客観的な対象」である現出者へと架橋されることができるのか、という問いにこの関係が誤認されるのである。しかし、これは新田が何よりも厳しく退けたものである。ではどのように理解すればよいのか。

3　志向性の目的論

ここで新田が強調するのが、フッサールの志向性概念における「目的論」の役割である。

フッサールは志向性に認識作用としての役割を見出すことによって、志向性が単に意味を思念するだけの働きではなく、思念された意味を直観的に充実することによって対象を現にそこに存在するものとして把握する働きをもつことを主張している。しかもこの充実作用は思念作用にあとから加わるのではなく、対象を思念する作用がそれ自身においてつねに充実への傾向を有し、この傾向を充足してゆくのである(8)。

ここに語られているように、志向性はフッサールにおいて「充実(化)」への傾向によって考えられている。我々は、そもそも存在しない対象や存在するかどうかが未決の対象、不在の対象についても考えることができる。かつて、水星の近日点移動を説明するために水星のさらに内側の軌道にもう一つ惑星が存在するという仮説が立てられ、惑星ヴァルカンと名づけられた。当時の天文学者たちはそれについて様々に議論し、実際に観測によってそれを探索したが、その後アインシュタインの相対性理論によって近日点移動が説明され、ヴァルカンは存在しないものとされたのである。ヴァルカンは存在しないが、かといって当時の天文学者たちが何も考えていなかったことにはならないし、他の天体について考えていたことにもならない。彼らは紛れもなく「ヴァルカンについて」考えていたのである。そのことは、充実化によって説明できる。

「充実化」とは、その対象を単に間接的に思考／志向している状態からその対象を直接に知覚し、現物そのものを目の当たりに経験する「直観」によって確証する働きである。ヴァルカンの場合、もちろんこうした確証は不在であった。しかし、天文学者たちはヴァルカンがもし見つかるとすればどのような仕方で見つかるのか、どのような証拠を経験すればそれが「ヴァルカンが見つかった」ということになるのか、つまり「可能な充実化」が何であるのかはあらかじめ知っていた。そうでなければ、彼らは探し始めることすらできないからである。このような「可能な充実化への方向性」をあらかじめもつことによって、不在の対象についてさえ我々は「その対象について」考えるという関係性を結ぶのである。この「充実化への動性」をもって、新田は志向性を「目的論」の連関において捉える[9]。

しかしそれでは、現出と現出者の同一性と差異性の構造、つまり志向性の構造は、充実されていない志向作用と充実化を与える直観作用との間の「心的作用間の関係」としてやはり存在者化されてしまうのではないだろうか。ところがそうではない。そこで新田が着目するのが、目的論の連関における「地平志向性」の役割である。

4　地平志向性による先行投企

「地平志向性」とは、表立って意識の主題に上っていない背景的なものについての志向性の働きである。我々が机の上の本を見ているとき、見えていない裏面も存在すること、本で隠れている机の面も存在すること、机の裏面も存在すること、手を伸ばせば本は視覚だけでなく触覚的にも与えられること、等々があらかじめ知られている。その予描的な理解のうちで、我々は裏表紙も同じ色だろうとか、表紙は硬そうだとか、本の真下にはカレンダーが貼ってあったはずだなどと予想や想起を行なうことができる。「地平」は、こうした様々な具体的な予想の束であるというよりは、それを可能にする「裏面や側面を持った物体である」、「それぞれの面が色や形を持ち、身体を近づければ触れることができる」、「他の物体に接し、相互排他的に支え合って存在している」といった一般的な枠組みの先行投企の働きである。(10)

こうした先行投企によって「知覚される物体」という場面が形成され、この地平志向性の場面形成機能に支えられる仕方ではじめて「この本」を対象とする主題的な作用志向性が機能する。惑星ヴァルカンへの志向もまたこうした知覚経験一般の先行了解、そして天体の観測というより特殊的な実践の先行了解においてはじめて、それを実際に発見する可能な経験への連絡を得ることができる。地平志向性に沿って様々に充実化を与える経験の可能的な時間的進行のネットワークにおいてはじめて、充実化の目的論が機能し、当該の対象そのものへの主題的な志向性というものが成立するのである。それゆえ、この連関において機能している場面から切り離し、志向する作用や現出をただ心的状態やそれに類する存在者として対象化しても、それはもはや死んだ抜け殻に過ぎない。単に実在する対象に向かって何か心の「視線」のようなものが投げかけられており、その視線の方向や心に生じた「視覚像」によって両者のあいだに関係が結ばれるといった、そうした孤立した二者関係の場面を切り出してみても志向性はその真の姿を現わしはしないのである。志向性が新田の語るように生きられた関係であり生きられた知であるのは、それが地平の先行投企に支えられた目的論的な連関のなかで機能している姿においてであり、そこに生じているのは二つの切り離された存在者を結びつけようとする働きではなく、まさに「ある対象が現出者として自ら現われてくる」という一つの出来事の生起なのである。

しかし、新田はこうして地平志向性の役割を重視つつ、しかし地平的な思考の限界を指摘する。冒頭に掲げたコラムにおいて、新田は同時にこうも語っている。

> だが地平志向性そのものを可能にする「否定性」の働きは、まったく別の次元で生起しているといわねばならない。それは顕現性そのものにけっして転化しない、けっして可視性の領域に姿を現さない不可視の次元にとどまり続ける働きである。哲学の思惟がその次元に踏み込もうとしても、水平次元を動く自己変遷の運動を続けるかぎり、けっしてそれに達することはできない。……こうした意味での、否定性の論理のとらえ直しが、現代の現象学の思惟の運動の最終次元に起きている出来事であり、「顕現せざるものの現象学」という、ハイデガー最晩年の不思議な言い回しも、現象学の新たな超越論的展開と言われる昨今の運動も、ともにこの次元の出来事にかかわっている。[11]

これはどういうことなのであろうか。

5　経験する生の「現」としての世界

新田は、フッサールがこうした地平志向性の働きと志向性の目的論の分析を通じて発見したものは「世界を経験する」ものとしての意識、世界経験的な意識生であると指摘する。

> 意識生とは、世界の現出の全圏域、すなわち世界の超越が生起する場所であり、また世界の意味が構成されてゆく生成の過程であり、このような意味での世界と世界構成的生の相関的分析が現象学の基本主題とされたのである。[12]

我々が惑星ヴァルカンを探すことができるのは、天体がそこにおいて運動している「宇宙」という枠組みのなかで様々な対象を考えることができるからである。我々が物陰に落ちた本を探すことができるのは、様々な物体がある程度安定した位置をもって静止しており、身体を用いてそこを探索できる「自室」という空間のなかで様々な対象を目にしているからである。宇宙空間に関して我々が考えていたことの大部分が誤っていようとも、またここが自室だと思ったのが勘違いで寝ている間に別のよく似た部屋に運ばれていたのだとしても、それらを検証し、確かめ直して信念を訂正するためにも、我々がそのつど何らかの程度まで安定した秩序をもって確かにそこに存在している「世界」のなかで個々の対象を経験しているというある種の原的な「信頼」なしには、そうした探究の有意味性すら支えることはできないだろう。それゆえに、新田は目的論的地平としての世界に先行し、それを可能にするものとして、「ここ」がまさに世界であり、我々が世界の只中で世界を経験する生なのだという「地盤」としての世界という原事実性を語るのである。

> 世界が地盤としていつもすでに先立って与えられていることは、世界が意味化されつつ、根源的な意味のさまざまの原秩序を形成しつつ与えられることである。……この構造化はあくまでも世界と自我との根源的な共在性という「その背後に溯ることのできない現(Da)」における原初的な出来事として、いずれか一方の側に還元することができない「間」の現象として生起しているのである。(13)

そして無論のこと、ここで「現(Da)」という表現が用いられる際、ハイデガーが念頭に置かれていることは明らかであろう。新田は、我々がまさに世界を経験する生としてそこに世界が与えられ、生きられた知が生起するまさにその場所をハイデガー的な「現」として捉えている。

「世界が現に在る」という確信は、知覚の場合のように措定された対象の存在の確認ではなく、むしろ措定化や対象化に先だつ、いつもすでに在ることへの暗黙の確信である。しかもこの確信はわれわれが身体をとおして、「現にここに在る」という、われわれ自身の存在の暗黙の確信と一つになっている。こうした世界の地盤的な与えられ方、それに相関する存在確信をもとにして、われわれはつねに世界へ向けて超越をつづけていく。(14)

そして、そこにおいて姿を現わしてくる様々な対象すなわち現出者と、それを現われさせる現出の働き全体をハイデガーの「存在論的差異」と重ね合わせている。つまり、現出の働きそのものが決して現出者の一種ではないのは、ハイデガーにおいて「存在」が存在者の一種ではないのと同様なのである。そして、前期のハイデガーもまた「存在」をある種の地平的な先行了解において考察していたことは周知の通りである。しかしここで、新田は地平的思惟の挫折を宣告する。

ところが「在る」ということは、理解される意味というより、存在者の存在として存在者とたがいに属しあいながら、存在者ではないという仕方で存在者を顕わにしてくる働きそのものである。存在がこのような働きとして生起するのだとすると、はたして、いっさいを意味として可知化していく地平の機能によってこの働き自身を解明できるものであるかどうか。この方法論的なアポリアがハイデガーのまえに立ちはだかったわけである。(15)

新田は、地平的な働きの潜在性をあくまで「いまは主題になっていない」ものの潜在性、視点を変えることによって別のものの顕現へと変転していく運動として捉えている。しかし、新田によれば地盤としての「現」はこうしたものではない。むしろそれは決して顕現し得ない否定性であり退去性なのである。

6　残された課題へ向けて

もはや詳述する紙幅は残されていないが、それは世界をまさに経験する生動性である「現在」が自らを流れ去るものとして絶えず自己を差異化しながら立ち止まるものとして退くからであり、「ここ」において知覚する世界を開く身体が自らを物体としても現出させつつ現出しない知覚原点として退くからであり、「我々」が経験する世界として世界を客観化する「私」が決して現前し得ない「他者」の視点との間で複数性に回収され得ない唯一性として現出を拒むからである。(16)

本稿ではもはや詳述できないが、この点で、反省的な知が己の取り込み得ないものとしての絶対者を、しかしそのことも含めて知のなかで自覚するという構造を語る後期フィヒテの像論に新田が着目していたことの意味はつき合わせて考えられるべきであろう。また、そうしたパースペクティヴ性を負った現象性を語る哲学知そのものがまた一つのパースペクティヴを抜け出すことはできないことの自覚について、ライプニッツとニーチェの遠近法が参照されるべきであろう。(17)新田が示唆した現象学のドイツ哲学の伝統への接続と対照の仕事は、今も我々の課題として残されている。

註

（1）新田義弘『精神現象学』と現象学」、加藤尚武編『ヘーゲル「精神現象学」入門〔新版〕』有斐閣、一九九六年、二九八頁。

(2) 新田義弘「現象学的思惟の自己変貌——フライブルク系現象学の現代的展開」、『現代思想』第二九巻第一七号（臨時増刊総特集＝現象学——知と生命）青土社、二〇〇一年、一一頁。
(3) 新田義弘「フッサールの目的論」、『現代哲学——現象学と解釈学』白菁社、一九九七年、二六七頁。
(4) 同書、二六八頁。
(5) Hua III/1, p. 47.
(6) この点については、拙論「初期・中期フッサールにおける意味概念の動揺」、『現象学年報』第二六号、一二七—一三四頁を参照。
(7) 新田、前掲「フッサールの目的論」、二七〇頁。
(8) 同書、二七二頁。
(9) 充実化への目的論的動性でもって志向性を捉えることについては前掲拙論のほか、拙論「志向性」、植村玄輝・八重樫徹・吉川孝編著／富山豊・森功次著『ワードマップ 現代現象学——経験から始める哲学入門』新曜社、二〇一七年、第四章を参照。
(10) 新田義弘「現象学の方法的展開」、『現象学と近代哲学』岩波書店、一九九五年、一二〇頁。
(11) 新田、前掲「『精神現象学』と現象学」、二九九頁。
(12) 新田、前掲「フッサールの目的論」、二七七頁。
(13) 同書、二八一頁。
(14) 新田義弘『哲学の歴史——哲学は何を問題にしてきたか』講談社、一九八九年、一四三頁。
(15) 同書、一四七頁。
(16) 新田義弘「地平の形成とその制約となるもの」、前掲『現象学と近代哲学』、五六—五九頁。
(17) 「パースペクティヴの理論としての現象学」、同上、一一頁。

新田哲学の問い
――顕現しない生命の現象学

永井　晋

1　序

偉大な哲学者の常として、新田義弘の哲学は教説ではなく一つの問いである。その多岐にわたる議論を一つの根本的な問いが貫いている。彼の思想を真に理解するには、その問いを自らの生のなかで生き直し、そこから自分なりの新たな問いを立ててゆくこと以外にないであろう。

そのための基礎作業として、以下で彼の思惟の歩みの大筋を改めて辿り、それを貫く問いが何であったのかを明らかにする。それは、思惟に抗う矛盾として意識の表面に姿を現わした生命を、思惟が自らそのなかに入り込み、それに成り切ることによって変貌しつつ自己の深みに探って行き、遂には否定と同語反復でしか語れない生命そのものの真相にまで迫る思惟の道である。これは思惟を媒介とした生命そのものの内的な自己深化の道であり、その道の三つの里程標は、「生ける現在」、「生命の二重の自己否定」、そして「顕現しないもの」である。

2　現象学の限界現象――「生ける現在」

(1) 近代的主観性の脱構築

新田の一貫した構想は、近代的な主観性を解体し、それを改めて生命のなかで捉え直すことであり、そこに開ける「深さの次元」において、経験を生命の像として再編することである。

しかしそれは超越論的な見方そのもの(反省の方法)を否定するものではない。それは近代的主観性の単純な否定ではなく、むしろその一種の脱構築であって、反省の方法を徹底することによって、主観性の底に捏造されたその基盤を暴き、それを取り除くことで別の思惟に導いて、それを通して主観性をより深い「生命の自己限定」として捉え直そうとするものである。

この目的を遂行するために新田はフッサールを最初の研究対象に選んだが、それは、フッサールの徹底して事象そのものに即した記述こそが、近代知のなかでは原理的に理解できない事実(「理性の他者」)を突きつけることによって、近代的主観性をその内側から突き崩す可能性を秘めており、あるいは少なくともそのための手がかりを与えることができるからである。現象学が近代的な自己誤解から解放されるのは、現象学的方法(明証的直観的記述)を徹底することによってでしかない。記述の外から別の原理を持ち込んで近代を批判することは、取り除かれるべき先入見に他の新たな先入見を置き換えるだけであり、近代の地平そのものを脱することはできないのである。

このような作業によって、近代的主観性は自ずからその限界を露呈し、別の形態に変貌する。そこから改めて、生命の自己否定的な現われとして、世界の新たな記述が行なわれるのである。

(2) パースペクティヴ理論としての現象学

では、現象学を徹底化することによって解体されるべき思惟の体制とはいかなるものか。そしてそれによって何が解放されるのか。

新田は、現象学が本来パースペクティヴの理論であり、しかもそれが近代知の本質である点を強調する。しかし近代知は、その中心に主観性を据えたことにより、パースペクティヴ理論が本来もつ力動性を失わせてしまった。徹底化されたパースペクティヴ理論としての現象学は、自覚されていない前提を取り除いてこの力動性を取り戻し、パースペクティヴ性がもつ本来の可能性を取り返そうとするものである。

パースペクティヴとは、本来、「世界を一定の視点から見ること」、あるいは「世界が一つの視点を通して、一面的にしか現われないこと」であり、本来このことだけを意味している。フッサールが志向性として導入したのはこの現われ方、見方に他ならない。それは、「何かについての意識」よりもむしろ「現出者の現出」として表現すべき性格のものである。

この現象構造、すなわち志向性の導入によって、世界は視点からの一面的な現われに制限されたかに見えるが、じつはその逆に、視点から見える面に随伴して広がる見えない無限の地平が開けることによって、むしろ知は制限から解放され、拡大される。現象学によるこの知の地平的拡大は新田のテーマの一つであり、一時期、これを解釈学と連動させて知の理論として主題的に分析している。

しかし、新田が地平の開放性とともに、あるいはそれ以上に強調するのは、この視点理論が、経験を解放すると同時に、適正な批判を欠く限り、すべてを地平(見えるもの)に還元することによって、逆にそれを閉鎖させる危険を伴っていることである。この危険は、思惟が、現象学的に視点を単に「現われ方」とするだけでなく、そこに「視る者」を想定することで、パースペクティヴ理論から外れることによって招来される。

近代哲学はまさに、この純粋なパースペクティヴ的現われの世界を外れて、単なる視点を自我として固定し、それを実体化する。そして、世界を、多様な視点に対する現われの無礙な交錯としてではなく、超越論的自我によって構成されたものと考える。ここに、事実に反する非現象学的な誤謬と擬装が生じるが、それは近代哲学の体制のなかでは忘却され、隠蔽されてきたのである。

それのみならず、フッサール自身がこの近代的自己誤解に囚われて、志向性を自我の機能とし、その自我も志向性によって構成されうるものとした。彼の時間分析は、基本的に、少なくとも一九〇五年の時間講義においては、この超越論的主観性の自己構成を問うものであり、同じ志向性によって世界と自我が同時に構成されることを解明しようとしたものである。

このような現象学の自己誤解から本来の現象学的な、すなわちパースペクティヴ的な現われだけからなる世界の見方を解放する方途としては、そこから近代的な意味での超越論的主観性そのものを取り除いて世界に主導権を移し、それを、視点を介した自ずからなる現出のシステムと考えることがまず考えられる。これはフィンクやパトチカが採った道であり、新田もこの方向性に親近感をもっていたと考えられるが、彼自身はそれとは別の道、超越論的反省を徹底化することによって自我の実体性を解体する道を採る。

(3) 三つの超越論的限界現象

ある視点から世界が見えるという端的な事態を超越論的自我による世界構成に帰する対象化的思惟の限界は、超越論的主観性が自己自身を基礎づけようとするときに露呈されてくる。つまり、すべてを見る「見ることそのこと」が超越論的主観性の働きとされるが、その「見ることそのこと」は決して対象として見られることはなく、見られたものから隠れてゆく。つまり、可視的な世界は視点が隠れることにおいて現われるのだが、それは純然たる隠れの動き以外の何ものでもないのであり、経験を基礎づけることができるような自我の実体性をもたない。

この超越論的主観性の限界は、単に考えられるだけでなく、フッサールの記述のなかで事実として、時間、身体、他者という三つの限界現象として発見された。それが限界現象だというのは、それらが見えないだけでなく、矛盾としてしか記述できないからである。

近代の思惟において超越論的自我とされてきた経験の原構造は、現象学的記述において、時間に関しては、「生ける現在」において「立ち止まりつつ流れ去る」という矛盾として、身体においては、そこから空間が根源的に開かれる視点（定位零点）としての生ける身体と、空間内で対象として見られた物体としての身体との矛盾として、他者においては、それが世界の中に身体をもって現われていながら、他者としては絶対に現われない他者であるという矛盾として、それぞれ露わになる。

新田は、フッサールを中心とする現象学を主題にした彼の初期の著作『現象学』においてすでにこの三つの限界現象が問題になっていたと言っているが、それが何を意味するのか、あるいは何がこの矛盾をその根底で形成しているのかを解明することが彼のその後の課題となる。

三つの現象のうち、時間性を例にとってこの矛盾をさらに分析してみる。時間性は、一九三〇年代のC草稿の「生ける現在」の記述では、一九〇五年の時間講義におけるような、対象の構成およびそれと連動した主観性の自己構成に働く志向性としてではなく、その根拠（もしくは真相）をなす超越論的な自己そのものの原構造として扱われる。それは固定した実体ではなく、「立ち止まりつつ流れ去る」現在の動き（出来事）として記述されるが、そこで、「立ち止まり」と「流れ去り」の二つの契機は、対立のなかで統一される矛盾した関係にあり、その関係が、二つの契機をつなぐ「つつ」という（ドイツ語では現在分詞で表わされる）言葉で表現されている。この言葉が何を意味するのかが、「顕現しないもの」という、新田現象学のみならず、現象学にとって最も深い問題の一つになってゆくのである。

新田はこの二つの契機のうち、多様を取り集める統一である「立ち止まり」（パルメニデス的契機）を現われの世界から「隠れること」とし、多様化する「流れ去り」（ヘラクレイトス的契機）を「現われさせること」として、「生ける現在」の原構造に「隠れつつ現われる」という現象学の根本論理を読み取っているが、これはまた「原差異化」とも呼ばれる新田現象学の鍵概念の一つであり、超越論的な身体と他者の経験もこれによって成り立つとされる。この、世界を現われさせる超越論的な出来事として、超越論的自我に代わるものとして発見された三つの限界現象、「隠れつつ現われる」原差異化は何を意味しているのか。それをさらに深く究明するために、新田は、超越論的反省をその限界にまで徹底化した後期フィヒテの像理論を参照する。

3 「生命の二重の自己否定」——フィヒテの像理論

一八〇〇年頃に転回を迎えたとされるフィヒテの知識学は、超越論的自我の徹底した反省的究明から、その自我が挫折する地点において絶対者(生命)がいかに像化され、現われてくるかの分析に向かう。

新田は、フィヒテによる難解を極める分析を徹底して追うことで、「生ける現在」において記述が突き当たった矛盾が、絶対者としての生命の自己像化が意識の表面に姿を現わしたものであることを突き止め(真理論)、その自己像化からさらに世界が多重的な像のシステムとして現われてくる過程を明らかにしている(現象論)が、ここではその詳細に立ち入ることはできない。ここでは、絶対者としての生命がいかにして近代的主観性によって対象的に表象されて偶像と化すことなく、そのものとして現われうるのか、そして、その現われに出会うことによって、いかにして近代的主観性が徹底して解体され、変貌するのか、そのメカニズムだけを論じる。

フッサールの分析のなかで、自己(超越論的主観性・対象化的思惟)は、「生ける現在」の矛盾に突き当たることで挫折した。しかし、フィヒテが扱う次元においては、この挫折は、単に近代的自我が絶対者の前でその無力をさらし、理解不可能な他者を前にして自己を滅却したということに尽きるのではない。そうであれば、思惟は否定された形であれ、近代の対象化的思惟の次元を出ることはないであろう。

これに対して、近代的思惟の地平よりも一次元深いところで展開されるフィヒテの絶対者（生命）の像化の論理のなかでは、対象化的思惟（近代的自我）は絶対者（生命）に突き当たることで単に否定されるのではなく、むしろ、生の矛盾に耐えられないという形でその思惟を限界づけていた近代的形態を解除されて、生のなかに入り、生をその内側から、つまり生そのものとして経験できる別の思惟へと変貌を遂げる。

ただしそれは、思惟が自己を否定することで絶対者のなかに入り、それと一体化する神秘主義ではない。そうではなく、思惟が自己否定することで絶対者（生命）のなかに入るとは、絶対者（生命）自身の自己否定のなかに巻き込まれて思惟が自己否定することを意味している。つまり、思惟の自己否定における「自己」とは、絶対者（生命）が自己否定する際の「自己」と別のものではない。言い換えれば、絶対者の自己否定は、思惟の自己否定を通して（新田の言う「生ける交錯（lebendige Durch）」）、それを媒介としてのみ起こるのである。唯一の否定が二重化して起こる。これが、新田が「二重の否定」と呼ぶ、生命の最も根源的な出来事である。

ところで、この自己否定とは像化（現象化、顕現、啓示）のことに他ならない。絶対者は、それ自体では絶対に未規定（見えないもの）であり、対象的思惟の次元にある限り、決して像となって現われることはない。それがなぜ、いかにして、絶対者であることをやめずに像となりうるのか。この、「絶対に現われないもの（隠れ）が現われる」という矛盾、これは「生ける現在」の矛盾よりもはるかに深い生命そのものの矛盾であるが、それが「二重の自己否定」の意味である。すなわち、

①自己を否定して自己像化するのが絶対者自身であり、外から（自我によって）表象されるのではないゆえに、現われてはいてもそれは偶像ではなく、絶対者そのものの現われである。

②そして、その絶対者の自己否定＝自己像化が、対象化的思惟ではなく、自己否定した思惟を媒介としてなされるがゆえに、それは偶像ではなく、絶対者そのものの現われである。

同じことを逆に言えば、絶対者の自己像化（自己否定）の内的媒介になることによってはじめて、思惟は真に自己否

定するのである。

この二重の自己否定を介して、はじめて絶対者としての生命は像として現われることができる。

こうして、「生ける現在」に現われた矛盾は、単なる思惟の欠陥ではなく、絶対者(生命)そのものの矛盾(自己否定)が意識の表面に浮かび上がってきたものであることが明らかになる。その内部に入ってその矛盾=生の自己否定を共に生きることによって、挫折した思惟(超越論的主観性)は単に否定されて絶対者のなかに取り込まれるのではなく、生命そのものをその媒介となって自己像化せしめる新たな思惟として目覚める。それが「超越論的媒体性」である。

4 「顕現しないものの現象学」

「顕現しないもの(目立たないもの)の現象学」(Phänomenologie des Unscheinbaren; phénoménologie de l'inapparent. 新田はこの語を「顕現せざるもの」と表記するが、ここでは「顕現しないもの」に統一する)とは、一九七三年にツェーリンゲンで行なわれたゼミナールでハイデガーが使用した言葉として知られているが、それはパルメニデスの「存在は存在する」という、形而上学の核心を表現した言葉の解釈のなかで現われる。つまり、ハイデガーにとって「顕現しないものの現象学」は西洋形而上学全体をその根本から改めて問い直すもの(それを誤謬から救うもの)であり、その意味で、まさに「存在の問い」の究極の形態なのである。それを、ハイデガーが『存在と時間』以後封印されていた「現象学」として行なった点が重要であり、新田はこのことを通して、後期ハイデガーを彼自身の現象学のなかに取り入れるのである。

ところで、新田も強調しているように、この定式は存在論的差異を改めて表明したものに他ならない。「存在は存在する」とパルメニデスが言うとき、この言い方はハイデガーにとってまさに存在を存在者と取り違えるという、西洋形而上学の根本にある宿痾を端的に表現したものである。ハイデガーの読みは、これを「現前しつつ：現前することそのこと」(anwesend:anwesen selbst; entrant en présence: entrer en présence même) という同語反復として語り直すことによって、パルメニデスの存在経験を、「存在は存在する」という定式によって偽装され隠蔽される以前の原初的な存在(現前)経験に現象学的に引き戻すことを意図したものである(新田はanwesenを「現前」ではなく、おそらくその動きの性格を強調して「現成」と訳している)。そして、この同語反復で表現される事態をハイデガーは「顕現しない(目立たない)もの(Unscheinbares; l'inapparent)」と呼ぶのである。より正確に言えば、「顕現しない(目立たない)もの」とは、“anwesend: anwesen selbst (現前しつつ：現前することそのこと)”という表現のなかで、動詞“anwesen”の現在分詞形“anwesend”として、また同じ動詞を内的に反復して区別しつつ接合する“:”として現われており、これが存在論的差異の究極の表現なのである。

それは、新田がよく使う表現では「原亀裂(Grund-riß)」であり、それを介することによって生起する「二重襞(Zwiefalt)」であるが、この原事態は、二重襞の折り目の目立たなさ(顕現しなさ)ゆえに、「生起は生起する(Ereignis ereignet)」、「世界は世界する(Welt weltet)」といった別の同語反復でも表現される。

このパルメニデスの言葉の新田による読みの本質は、存在に関わるハイデガーのこの究極の洞察を、彼がフィヒテの読みのなかで獲得した生命の現象学として読み換えることである。すなわち、それを、「地平的思惟が挫折して生命の現われのなかに巻き込まれ、この思惟を通して生命が二重に自己否定する」(転回《ケーレ》する)というときの、「自己」(超越論的媒体性)と生命」の否定を介した内的関わりの現象学的表現として読み直すのである。フィヒテの議論で見たように、彼の像理論の本質は、絶対者(生命)が、そこに否定的に組み込まれた自己を介することで、そのものとして像化するという点にあった。そしてハイデガーの「顕現しないものの現象学」の本質も、同じように、それがもはやいかなる存在者「の」存在でもなく、「存在そのもの(Sein als solches)」、もしくは「現前することそのこと(anwesen selbst)」の現われである点にある。

新田によれば、ここに、「二つの差異項が、すなわち隠れを脱することと隠れることが、否定性を介して相互に依属しあい、密接に結ばれている」という否定性の論理が語られている。

5 結論

このように見てくると、あくまでも意識の平面で、その限界現象として出会われる「生ける現在」の分裂を介した生動性(Lebendigkeit)を、より深い生命の次元で、生命(Leben)自身の二重化した自己否定が自我の根底で起きる際の生動性として捉え直し、さらにその生命論を、「顕現しないもの」の隠れつつ現われる動きに接合することで現象学に取り込んでゆく新田の思惟の歩みは、きわめて大胆で独創的なものであることが分かる。

この「理性の他者」に身を晒すことで主体がどのように変貌するのかは分からない。それは徹底して未知のものに触れることなのだから、厳密には経験とすら言えない。新田は、そのような根源的な出来事を、時間のみならず、身体や他者といった他の限界現象を通しても考えていたが、それはメルロ゠ポンティやレヴィナスによって主題的に究明されたものである。

メルロ゠ポンティは、身体性を存在(肉)の内在的自己顕現の媒介へと深化させたその後期の思惟において、見えるものと見えないものの地平上での可逆的な交錯の只中に、絶対に不可逆的な見えないものが垂直に働いていることを、画家の身体を通した像造行為の内に見出した。

また、レヴィナスは、理性の他者が、他者の顔という限界現象を通して、近代の主観性に同化されることなく、垂直に隠れることでそのものとして現われうることを示した。その全く未知なるものの現われを蒙ることで、超越論的主観性は解体され、他者への応答においてはじめて覚醒する主体へと変貌を遂げるのである。

しかし、顕現しないもの（絶対に見えないもの）への現象学的な問いのなかでも、新田の議論に直接に関わってくる、おそらく最も素朴であると同時に最も深く、難解な問いは、まさに新田が問うた、理性の他者たる生命の、自己そのものの根底における現われへのさらに（あるいは過剰に）徹底した問いである。それは、絶対者（生命）は、どんなに目立たない（顕現しない）ものであっても、否定性（隠れ）、つまり差異化を媒介することなしに現われることはないのか、というものである。生命はいっさい自己否定することなく、全く固有の、未曽有な仕方で、自己の内部において完全に現われ切ることはないのか。つまり、自己が、生命の像化を超えて（あるいはその手前で）、もはや全く像のない生命そのものに成り切ることはできないのか。さらに言えば、それが実現できたとき、それこそが真の生命ではないのか、ということである。アンリが提起したこの強烈な問いを、新田は、宗教的な境地としては一応認めつつも、哲学としては退けた。哲学である限り、そこに何らかの差異化を通して知を介入させねばならないからである。しかし、新田も指摘しているように、これはフィヒテ自身が像化理論とは別の宗教論のなかで、最終的に到達すべき境地として語っているものである。新田による批判を受け止めつつ、この問いを改めて問うことも、彼の思惟を継承する一つの道であろう。

近さと隔たり

——多次元性と深さの現象学

村田純一

表題に選んだ「近さと隔たり」という言葉は、新田先生が一九八四年刊行の『現象学年報』創刊号に寄せられた論文題名である。先生がいちはやく自らの哲学の基本問題を示されたこの論文を取り上げながら、先生の哲学とわたしのつたない哲学研究の歩みのあいだの「近さと隔たり」を振り返ってみたい。

1　新田先生との交流の想い出

わたしが新田先生と顔見知りになり、様々な仕方で話を交わすことができるようになったのは、一九七〇年代の半ば、わたしが大学院の博士課程に入りたての頃だった。その頃、新田先生は、東京都精神医学総合研究所でフッサールのテキストを読む現象学ゼミをおもに精神科医の方々を相手に開いておられ、その会に、わたしが参加することを許されたことがきっかけだった。その後、八〇年代には、わたしは東洋大学文学部の人文科学系の一般教養科目を担当する研究室で先生と同僚になり、およそ一〇年間、定期的にお会いすることになった。九〇年代以降は、わたしが他大学へ移ったこともあり、定期的にはお会いすることはなくなったが、それでも、様々な学会や研究会で話をする機会は多々あり続けた。

こうして振り返ってみると、四〇年以上にわたりわたしは新田先生と親しく話をする機会をもち続けてきたことになる。それでは、ずいぶん新田先生と哲学、とりわけ現象学に関して深く語り合うことができたのかといえば、残念ながら必ずしもそうとは言えないというのが現在の正直な感想である。むしろ、徹底的に議論をつめて話を交わした記憶はほとんど残っていないように思われる。記憶しているのは、ほとんどが、穏やかな仕方で会話を交わしている場面である。ただし、そうした何気ない仕方での会話のなかで交わされた言葉を、わたしはしばしば思い出しては反芻することが多くあった、ということもたしかである。

例えば、お会いしてすぐの頃に、わたしはフッサール現象学のなかの「地平」概念に関心をもっていたこともあり、この概念の重要性をしばしば強調していた。それに対して、新田先生は強く同意されると同時に、現象学と解釈学の結びつきの意義を強調しておられた。また、その関連でわたしが科学論の話を持ち出したりするとずいぶん話がかみ合ったような気がしたものである。

ところが、一九八〇年代になってからは、むしろ解釈学的観点への批判を新田先生の口からしばしば聞くことになった。そして批判の観点を示すときには、「深さの次元」あるいは「隠れる次元」といった言葉をよく使われた。こうした言葉で示唆されているのは、新田先生がのちに「媒体性の現象学」と呼んで生涯をとおして最後まで繰り返し強調されることになった、いわば「新田哲学」の真髄を示すものだった。

少なくとも今となって振り返ればこのように言うことができるが、当時のわたしには、その意義を十分に理解することはできなかった。そのためにわたしは新田先生と深く議論を交わすことができなかったのではないかと思う。まことに情けない次第である。はたしていまでも理解できているかどうかは心もとないが、自らへの反省をこめて、本稿では「媒体性の現象学」のわたしなりの理解をごくわずかではあるが示すことにしたい。

以下では、前半で「近さと隔たり」論文のなかでいちはやく示されている「媒体性の現象学」の初期の定式化を垣間見た後に、後半では、わたしのこれまでのつたない現象学の試みがどのような仕方で新田哲学と交叉するものと言えるかについて考えてみたい。

2　媒体性の現象学——知の多次元性と深さの次元

正確ではないかもしれないが、「媒体性の現象学」の論旨が明確な仕方でおおやけの文章として最初に示されたのは、『現象学年報』の創刊号（一九八四年）に寄せられた「近さと隔たり——隠れたる媒体についての所感」においてではなかったかと思う。

この文章のはじめの箇所で新田先生は、「近さと隔たり」という表題がE・フィンクの論文集の題名だったこと、そしてこの題名によってフィンクは現代の芸術現象のもつ多層位性に様々なパースペクティヴから光を当てる試みを表現しようとしたことを指摘されている。そのうえで、「近さと隔たり」とは「事象そのものや事象を切り開く仕方の、多方位性や多層位性の相互の間にみられるわれわれ人間の知のパースペクティヴ性格を表す語である」と述べられている（新田　二〇〇六：三八九／七。引用は、基本的にはのちに『現象学と解釈学』に再録されたものから行なうが、念のために『現象学研究』の収録ページ数も併記する）。以上に引き続き、次のように述べられている。

今日の現象学の思惟の動きのなかで、次第に、世界の多重性、多次元的な所与性やそれに対応する知の複数的パースペクティヴ性の問題系が重要な位置を占めつつあることを思うとき、近さと隔たりという語に含まれている意義はきわめて大であるといわねばならない。しかし、現象学的思惟の本領というべきものをさらに深く洞察してみるなら、このような多方位性や多層位性といった事象の展開の仕方のもうひとつ底に「近さのなかの原初的隔たり（Urdistanz in der Nähe）」とでもいうべき次元がひそんでいることに気づかざるをえないであろう。そしてこの「原初的な隔たり《ウアディスタンツ》」、つまり近さを近さたらしめている、または近さと遠さとを構造化させる条件となっている「始源の距離」の生起する仕方への問いこそ、まさに現象学をして哲学の思惟たらしめている現象学的思惟の本領であるといってよいであろう（新田　二〇〇六：三八九／八）。

上記の引用文は、途中の「しかし」という語によってくっきりと二つに分けられている。前半では、現代の時代状況のなかで示される世界の現われ方の多層位性、多次元性に対して、現象学のもつ応答可能性が高く評価され、その重要性が強調されている。別の箇所では、ここで話題にされている多層位性や多次元性の解明を可能にするものとして、フッサール現象学の基本の一つである地平概念が取り上げられている。この地平の働きによって、様々な対象が直接直観に与えられる場合でも、つまり、この意味での「近さ」が実現している場合といえども、すでにあらかじめ非主題的に投企された一定の意味空間によって媒介され、現われ方のなかにひそむ意味的契機と存在の契機が重なり合いながらずれるあり方（これは「意味的差異化の現象」とも呼ばれる）が生じることが指摘される。そしてこの「意味的差異性」の動的な生起によって、新たな意味枠が成立していく創造的過程が生まれるというわけである。つまり、引用の前半では、このような近さのなかの隔たりを可能にする役割をもつ地平現象の重要性が確認されている。

ところが、後半では、地平の現象学によってとらえられた現象の底に、さらに地平の生成を可能にする「原初的隔たり」の次元が控えており、この次元を明らかにすることこそが哲学としての現象学の本領であると述べられる。そしてやはり後のほうの箇所では、「差異性の問題系からみるならば、地平の分析は「差異化の現象」の記述にとどまっており、けっして、なにゆえに差異化が起こらざるをえないのかという差異化の可能性の条件についての問いに答えるものではない」とも述べられている（新田　二〇〇六：三九五／一一）。つまり、地平の現象学の不十分さが指摘されている。

続いて、ここで言われる「差異化の可能性の条件」としての「原初的隔たり」あるいは「原初的差異化」を具体的に形成している三つの契機があげられる。世界に関わる知覚・感覚現象における地平現象を可能にする「身体性」、哲学的・現象学的反省における自己との関わりを可能にする「生き生きした現在」、そして、わたしと他者のあいだでいつもすでに共同化している超越論的主観性の複数性を可能にする「われわれ性」の三つの契機である。

これらの三つの契機に関して、この文章の最後に新田先生は以下のようにも述べられている。

最後にもう一度いっておくが、本稿で「原初的な差異性」と名づけられた、われわれの世界理解や自己理解、さらには他者理解の成立の前提となる条件は、これらの理解が成り立つとき、媒体(Medium)としての役割を果たすものである。媒体というものは、それ自体がテーマ化されることなく他のものをテーマ化させる、あるいは、それ自体が現出することなくほかのものを現出させる働きをする。あるいは、自らを隠すことによってほかのものを顕わにする働きをするといってもよい。それゆえ媒体は、本来的に自己隠蔽的なものとして、したがって匿名的な仕方でのみ機能している。われわれはこの媒体をつねに生きることによって、あらゆるものに距離をとることができ、あらゆるものを抽象化し客観化できるのである(新田　二〇〇六：四〇二/一五)。

現象学の基本は現象を志向性という対象への方向づけのあり方に即して探究する点にあり、地平の分析もそうした方向性のなかで動いている。それに対して新田先生がここで「原初的差異性」という言葉で強調されているのは、志向性が示すような方向性ないし対象との相関関係はいつもすでに否定性(Negativität)あるいは非性(Nichtigkeit)によって構造化されているという点である(新田　二〇〇六：三九二/九)。この非性の契機を、意味的差異性のような地平現象に即してみることを超えて視野に入れるには、思惟の根本的「転回」が起きねばならないということも強調される。そしてこの否定性への根本的転回という観点によって、新田先生の考察は、フッサール現象学の展開過程を理解するという課題を超えて、様々な哲学的伝統との対決を可能にする広大な範囲をカヴァーすることになっていくのである。取り上げられるのは、西洋近代哲学のなかでは、クザーヌスからはじまって、とりわけ後期フィヒテの哲学であり、さらに、現象学の流れからは、後期ハイデガーの存在論的差異をめぐる議論や後期メルロ＝ポンティの見えるものと見えないものの議論、さらには、ミシェル・アンリの顕現せざるものの現象学など多岐にわたる。あるいは、後期西田哲学に見られる自己否定を通した自覚と生命の論理などもまた、新田哲学の視野に収められることになった。

以上、大変大雑把であるが、新田哲学の中核をなす「媒体性の現象学」の大枠をみてきた。ここで一つだけ指摘しておきたいことは、こうした否定性を視野に入れた「深さの現象学」は、決してそれだけで自律しているわけではないという点である。「媒体」という言葉が示すように、先にあげた三つの契機も、あくまでも現象のあり方に即して、その可能性の条件を明らかにするという脈絡で開けてくる次元を示すものであり、現われる現象のあり方と独立に成立するわけではない。したがって、アンリのように顕現せざる次元のみを強調する議論に対しては、その一面性が批判される。また、身体性、生き生きした現在、われわれ性の三つの契機も、それらが単独で機能するわけではなく、つねにすでにわたしたちが生きている経験のなかで連関しながら働くことによってはじめてわたしたちの具体的な経験世界が成り立つのである。少なくともわたしにはこの点を強調しておくことが必要なように思われる。実際、新田先生は「近さと隔たり」が掲載された『現象学年報』創刊号に続く二巻の編集後記のなかで、以下のように述べられている。

> たしかに「地平・モデル」の有効性は、知の幅(Weite)を限りなく豊かにする。しかし、人間によって生きられている知は、同時に、限りなく深さ(Tiefe)を必要としている。しかも多次元性の構造を問うことは、深さの次元を見出すことなしには不可能であろう。水平的《ホリツォンタール》な方向への問いと垂直的《ヴエルティカール》方向へ

の問いという、両軸の交叉なしには、およそ知の次元性ということへの問いなど成立しえないはずである。もしいずれか一方を軽視すれば、「豊かさ」は限りなく「浅さ」にとどまり続け、「深さ」はたちまち「狭さ」へと硬化する。今日見られる新しい型の知の奇形化の発生は、新しい形の偏極化を告げている。現象学はもともと、事象に適切な視方《ジヒトヴァイゼ》を事象そのもののなかで探り出してゆく動的な思惟である。多次元性への問いは、その意味で、現象学がその本領とするところを遺憾なく発揮しうるのかどうかという問いでもあるのかもしれない（新田　一九八五：一三四）。

少なくともこの箇所で新田先生は、深さの次元への探求の重要性を強調しながら、他方では、事象に導かれた地平の現象学のなかで示される多次元性への問いの方向性を抜きには現象学的探究が成り立たないこともまた強調されている。

3　色彩の現象学

さて次に、以上みてきた地平と深さの現象学の観点から振り返ってみて、自分のこれまでの歩みがどのようにみえるかについて考えてみたい。ただちに思い浮かぶのは、わたしの試みは一貫して地平の現象学の範囲を動いており、深さの次元を明確なターゲットとしたことはなかったのではないかという答えである。

わたしのなかで、これまで曲がりなりにも「事象に適切な視方を事象そのもののなかで探り出していく」ことを目指した試みと言えるものとしては、知覚の現象学、なかでも色彩をテーマにした試みをまずはあげねばならないだろう。知覚の現象学的分析を行なうに際してわたしが一貫して強調してきたのは、フッサール現象学の鍵概念の一つである「射映（Abschattung）」概念の重要性である。事物はつねに「射映」というあり方をとおして現われる。しかも単に物のみならず、その形や色などの諸性質も同様である、というのがフッサールのテーゼである。

射映概念が最も分かりやすいのは、事物が裏側や内部を備えて見えているという視覚経験の場合である。例えば、机が見えているとき、その机には裏側が備わっており、後ろに回ればその裏側の様子が見えるという意味が含まれて「見えて」いる。もちろん見間違える場合もある。例えば、近づいてよく見たら書割にすぎなかったような場合である。しかし、見間違うことがあるということは、少なくとも通常の事物が現われている際には、その現われ方のなかには、裏側が備わっている、という意味が含まれていることを示している。ここで重要なことは、事物の同一性は、裏側や内部など様々な現われ方の変化をとおして成り立つ同一性であり、あらわれ方の変化を抜きにした同一性は成り立たないという見方である。これをさらに換言すると、事物の現われ方は隠れた側面を抜きに成立することはありえないということでもある。この意味で射映は、新田先生が強調される近代知の「パースペクティヴ性」と「意味的差異性」を示す最も基本的なあり方だと言うことができる。

同じことが色彩に関しても成り立つ。例えば目の前にある青い箱は、照明のあり方に応じて様々な仕方で現われ方を変容させる。しかし、心理学で取り上げられる「色の恒常性」が示唆しているように、変化しながらも同じ色に見られている。むしろ、照明状況が変わっても全く現われ方を変化させない事物の色、つまり表面色は存在しえないのであり、色の同一性はつねに変化をとおしての同一性なのである。これを換言すれば、色彩もまた「隠れた側面」をもってしか現われることはないということでもある。少なくとも箱の色のような「表面色」に関してはこのような射映現象をとおして色が見て取られている。このように、色彩が射映現象をとおして現われるものであることが理解されることによって、色彩が事物から切り離された「感覚与件」のようにとらえられたり、あるいは逆に、表面の反射特性のような不変の同一性を保つ物体表面の性質に還元されたりする見方に陥らずに、世界のなかの物体に内属する性質として理解されることが可能になるのである。

色彩に関しては、もう一つ重要な点を指摘しておかねばならない。それは、色彩は以上のように事物に内属するあり方を示す場合のみではなく、例えば、空の青さのように、事物の表面を形成する色ではなく、あいまいで、そのなかに入っていけるようなあり方をしている色の現われ方、「面色」と呼ばれる現われ方を示す場合もあるという点である。この場合の色彩には射映現象は成り立たない。同じ青色であっても、箱の表面色と空の面色とでは根本的に構造を異にしているのである。D・カッツが詳しく示したように、その他、透明なグラスに入っているワインの示す「空間色」やろうそくの火の示す「光輝色」など様々な現われ方をする色でこの世界は満ちている。他にも、暖色と寒色、進出色と後退色との区別など、ひいては、ゲーテが強調した様々な感情価や美的価値との結びつきなど、色彩は多様で多次元的な現われ方を呈するのである。こうした多次元性を視野に入れると、伝統的な哲学や心理学の議論で扱われる色彩がどれほど抽象化された概念であるかが浮き彫りになり、それらの議論の抽象性もまた明らかにされる。

以上はわたしが『色彩の哲学』（岩波書店、二〇〇二年）のなかで試みた議論のごく大雑把な紹介であるが、こうした議論を行なうことができたことによって、わたしは、その後様々な問題を考える場合にも、「多次元性」への視点が導きになることを発見することになった。例えば、「わたし」ないし自己をめぐる探究では、知覚経験のなかのわたし、他者との関わりのなかのわたし、記憶をとおしてのわたしなど、同じく自己と言われるものを考える際にも多次元で多層的なものであることに注意を向ける必要性が明らかになる。さらには、技術哲学において技術とは何かを考える際にも、社会構成主義やアクターネットワーク理論の観点を取り入れることによって、技術は狭い意味での技術的要因のみから成立するのではなく、その本性からして社会的な要因や文化的要因、そして自然的要因など、様々な環境要因を抜きには成り立たないという視点が重要であることを教えられた。

こうして振り返ってみると、わたしがこれまで考えてきた哲学的問題の多くは多次元性への視点をもつことによって可能になったものだとも言える。このような意味で多次元性への視点は、わたしにとって、事象に導かれて事象に適切な見方を開くという現象学的探究を試みる上で大変重要な意味をもってきたと言える。つまり、わたしのこれまでの努力はもっぱら地平の現象学の範囲のなかを動いてきたという点で、先にあげた答えはもっともだということになりそうである。

それでは、深さのほうはどうなったのであろうか。もし多次元性への問いが本当に生産的であるのであれば、同時に深さへの視点も不可欠なはずだったのではないだろうか。最後に、この点に関してほんの少しだけ付け加えておきたい。

4　世界内存在の媒体としての身体性

前節では、知覚的・感覚的現われにおける射映構造の重要性に着目し、そこにみられる「差異性」を意味的差異性の一種とみなした。たしかに、例えば、机や椅子の知覚のような場合には、「机」とか「椅子」といった概念的意味の理解が働いており、それが、志向的経験の方向性を規定していると言えるだろう。しかし、ある物体が現われるときに裏側を備えた構造を示していたり、見られる色彩が見られない側面をもったあり方を呈したりする現われ方を問題にする場合には、むしろ現象野が図と地との分化をとおして構造化されるようなレヴェルでの「差異化」が問題になっているのであるから、「意味的差異化」とはいってもその「意味」は、現象的意味ないし感覚的意味とでも言えるようなものである。そしてこの点に着目すると、色彩における多次元性には、視覚以外の多様な様相の感覚が寄与していることを無視できなくなる。

フッサールは、対象が射映構造をもって現われることには、運動感覚が相関的に関係していることを指摘したが、運動感覚のみではなく、多様な様相の感覚もまた同時に関与している。わたしたちが物を見ているときにも、そのものは単に視覚に現われる限りのものとして見えているわけではなく、同時に触ることもでき、あるいは、対象によっては、たたけば音がするものだったり、あるいは、香りを発するものだったり、といった様々な感覚様相に対して固有の現われ方を示すものとして「見えて」いる。メルロ＝ポンティの言葉を使うと、物は、一つの感覚様相に現われるだけの存在ではなく（単に見えるだけの存在は幽霊のような存在ということになるだろう）、「相互感覚物」として現われているのだ。

事物が相互感覚物として現われているということは、それと相関的に、現われ方を可能にする「視点」のほうも、多様な感覚を作動させることのできる視点、つまり身体であることを示している。このことが意味しているのは、知覚に現われた世界は、そこに事物が現われているだけではなく、様々な仕方でその事物に関わる可能性をもった身体が居合わせた仕方で現われているということである。知覚世界とは、対象としてのものたちだけで成り立っているのではなく、同時に、知覚しているものが内属している身体がそこに居合わせている世界でもあるのだ。

ここで言われる知覚的現われ方を可能にする視点が内属する身体というあり方にとって決定的に重要な役割を果たすのが触覚であり、また、それと結びついた運動感覚ないし自己受容感覚である。なぜ触覚が重要かといえば、触覚のみが、身体を触るものであると同時に触られるというあり方を可能にする感覚だからである。片方の手の皮膚の上を触ると、触られた手は、いわば「内部から」触られたという感覚をもつことになる。このような二重の方向で働く触覚のあり方によって、知覚的現われ方に相関的な視点である「わたし」が身体のなかに内属するという理解が成立している。これが生きられた身体と呼ばれるわたしの身体内存在のあり方であり、そしてこの身体内存在をとおして、それと相関的に現われる知覚野もまた、単なる対象として現われているのではなく、視点であるわたしがそこに内属している領野としての現われ方を示すことができるのである。つまり、触覚を通した身体内存在が、わたしの世界内存在を可能にしているのである。

わたしが目を開けると、目の前にはわたしから距離をとって離れたところにものが見える。その見られているものは、主観としてのわたしに対立して独立に存在する一つの客観のように思われるかもしれない。しかし、ものは決してわたしからまったく切り離された場所に存在しているのではなく、わたしが見ている位置が属している世界と同じ世界に属したものとして現われているのであり、わたしが様々な感覚機能を働かせることによって関わることが可能であるものとして現われている。このようなあり方を可能にしているのが、わたしが内属している身体なのである。わたしは身体に内属することによって、つまり身体を生きることによって、ものたちとともにわたしが内属する世界、つまりわたしがそこで生きている生活世界という現われ方が可能になるのだ。

ここで取り上げた世界の現われ方を可能にする生きられた身体は、もののように世界のなかに登場することはありえず、いつも現われから退き隠れる仕方で「媒体」として機能している。身体は隠れることによって、わたしの身体内存在と世界内存在が示される世界の現われ方を可能にしている。少なくともこのように考えることができるとすれば、わたしが知覚と感覚の現象学で試みてきたことは、地平の現象学の観点の拡大の試みであると同時に、その多次元的なあり方を可能にする「深さ」への探究の試みだったということは不可能ではないように思われる(以上に関しては、(村田 二〇一九：第六章)を参照)。

はたして以上のようなわたしの議論を聞いて新田先生はなんとおっしゃるだろうか。進歩のないことにあきれられるかもしれない。あるいは、いつものように穏やかに的確なコメントをくださるかもしれない。いずれにしても、今となっては直接お声を聴けないのが残念至極としか言いようがない。

引用・参考文献

新田義弘「近さと隔たり」、『現象学と解釈学』ちくま学芸文庫、二〇〇六年、第一〇章。もともとは、『現象学年報』創刊号(北斗出版)に収録。後者は日本現象学会のホームページで見ることができる。

新田義弘「編集後記」、『現象学年報』第二巻、北斗出版、一九八五年。

村田純一『味わいの現象学——知覚経験のマルチモダリティ』ぷねうま舎、二〇一九年。

媒体性の現象学に向かって

山口一郎

本稿は新田先生(以下、カント、フッサールと同様、新田と呼称させていただきます)の開示された「媒体性の現象学」とは何であって、何を目指しているのかを明確に理解するために、新田の『世界と生命——媒体性の現象学へ』[1]に改めて向かいあい、当著の解読という新田との対話をとおして、新田の担った「現象学運動」の進展に何らかの寄与がなされることを願うものです。

この解読にあたって、当著の第七章の副題となっている「後期フッサールの時間性・身体性の分析」を考察の出発点にとり、最終章「世界・生命・個物——超越論的媒体性とはなにか」で呈示されている新田の「媒体性の現象学」の核心に迫り、そこで開示される新田現象学の指し示す方向の明確な理解に努めます。

1 「生き生きした現在」の差異論的構造

新田はフッサールの後期時間論の主要テーマとされる「生き生きした現在」の生起の理解にあたって、フッサールがこの問題に「自我の同一性と差異性という問題系から入っていった」(一二六)(以下、括弧内の数字は、当著の頁数を指す)にもかかわらず、その生起を最終的に「先—存在(Vor-Sein)」とか「原—自我(Ur-Ich)」といった概念を使用していると指摘しています。

通常、自我の概念は、作用志向性の自我と理解されることから、「自我といっても、ここでは、じつは能動的作用に働く自我とか自我極の意味での自我ではなく、むしろ『究極的に機能する自我』が問われているのであり、それこそまさに『生き生きした遂行態』における自己意識、どんな場合にも機能している『非対象的な自己感触』としての自己意識以外の何物でもない」(一二七)としています。

ここで言われる「究極的に機能しつつ、非対象的な自己感触をもつ自我」とは、フッサールの引用文では、「私は、顕在的な反省のなかで機能し、匿名的な時間化に生きる自我としての私を感触し、反省の主題とは別の時間化をもつ」(同上)とされるのです。このことからして、「感触する私と感触される私とは、同一でありながら、同一で『ない』という相互の否定関係を有している。この出来事を、二つの相反する契機が相互に帰属しあう原初的事態として、フッサールは、『立ちとどまりつつ流れる現在(stehende strömende Gegenwart)』という言い方で表したのである」(同上)とする新田の「生き生きした現在」の解釈が明確に提示されます。

このとき、重要であるのは、「立ちとどまることと流れること」が、一体でありながら、一体でないという相互帰属性と相互否定性が、「現われ」と「隠れ」という対概念をとおして表現され、「立ちとどまる」という語は、「現われるものが現われる、その働きを『隠れ』の役割において果たしている契機を表わしている。立ちとどまるということは、むしろ現われから身を引くという意味で、流れないということである」(一二八)とされていることです。このときここで、さらに問われなければならないのは、いったいどのように「現われることが同時に隠れる(現われることから身を引く)ことになるのか」という問いであることになります。

2　身体経験の二重構造――Leibとしての身体とKörperとしての身体

新田は、身体の二重構造について、「現われと隠れ」の観点から、「フッサールが、現出条件として生きられている身体をLeibの語で、現出している物体としての身体をKörperの語で言い表わし」(一三一)ていると指摘しています。現出条件として生きられている身体そのものは、身体の位置としての意識として現出することはないと同時に、現出する周囲世界に、身体が現出物として現出しているのです。

フッサールにおいてこの身体の二重の与えられ方は、「キネステーゼ(運動感覚)」の機能の分析として展開され、とりわけ「触感覚に生じる感覚の二重性」の分析としても詳細に論じられ、同時にこのLeibとしての身体とKörperとしての身体の二重性は、「フッサールが主観性のパラドックスとよんだ事態すなわち『世界に対する主観であると同時にこの世界のなかの客観であること』に通じる問題である」(一三二)と指摘されています。

この身体の二重性は、さらに、現出する多様な現出空間の根柢にあって、「現出から身を却ける空間(フッサールの唯一空間、あるいは世界の唯一性)」(一三五参照)として「大地に根ざす原身体(Urleib)の自己意識」(同上参照)が根源的所与性として与えられているとされます。この原身体の自己意識は、具体的には、キネステーゼ(運動感覚)的身体意識のもつ「絶対的ここ(absolutes Hier)」において「世界の存在」の受動的信念(確信)と一体になっているとされ、この原身体は、地平的な広がりのパースペクティヴの背後に退く「匿名的な構成条件」として、「身体的現(Da)に属する契機」とみなされているのです。

3 「時間と空間の相互差異性と共同機能」による「媒体性の現象学」の方向性

ここで言われる「時間と空間の相互差異性と共同機能」という現出の仕方は、世界と生の間（ないし領野）における「フッサールのいう『意味の受動的自己構成』の起きる場所のことである」（一三六）とされます。

ここで新田は、この「意味の受動的自己構成」について、「原―連合（Ur-Assoziation）」に言及し、「原連合とは、現在の原印象が過去に沈澱した感覚内容を呼び起こしつつ、類似性と同等性の結合法則によって、意味野を受動的に構成することであるが、その場合すでに空間の秩序としての位置システムの原初の構成が起きているのである」（一三六及び次頁）としています。その際、「フッサールのいう触発（Affektion）や覚起（Weckung）などの、意識の最下の受動的世界関与の発生の仕方は、差異によって可能になる可視化（現象化）の始まりの働きである」（一三七）とされます。

この受動的世界関与の発生における差異化というのは、「身を引く『隠れ』と出現する『現われ』との差異化運動であり、『立ちとどまる現在』と『流れる現在』との、また生きられる身体（Leib）と物象化する身体（Körper）との構造的折り目が、両契機の相互否定の働きとして生起してくることにほかならない」（同上）とされ、まさにこの問題系が「超越論的媒体性の現象学（Phänomenologie der transzendentalen Medialität）」（一三八）の名で呼ばれうるとされるのです。

4　差異化における相互否定の関係

新田の意味する「差異化における相互否定の関係」は、最終章において、ドゥルーズの「否定」の概念に対する批判に対しての新田の反批判に明確に表現されています。新田は、この最終章の「三　自己遂行の尺度性――脱神学化の試み」において、ドイツ観念論の「理性の他者」の問題に言及し、絶対者と知の関係をめぐり、絶対者の自己規定運動において、両者の「断絶であると同時に両者の相互帰属性のなかに働く亀裂構造とみる」(一九〇)媒体機能の構造の方向性を明確にしています。

この媒体機能の構造には、差異化における「二重の否定性」(一九一)の生起が「それ自体無限定であるものが、自己自身に依拠する活動的なものとして自己を規定するときに、二つの面で否定活動が起きるからである」として、「それは形になるときに起きる自己退去性(自己抑制)としての自己否定という意味の否定性と、無限定であり、無規定であるがゆえにそういうものとして知(反省知)を阻むときに起きる否定性である」(一九〇)としています。

ここで新田は、この自己規定の意味での否定性に対するドゥルーズの批判を取り上げ、「ドゥルーズは、この自己規定を否定の語で語ることは適切でないという意見を述べ、差異にかんして否定性の語を排し、非性の語を用いるべきだという。というのは、否定性の語は、措定作用(表象作用)との連関で行われるからである。……しかし否定神学ですら、……あくまでも非存在にのみ知の動きの生起を見ている。……要するに否定の語は、知の運動の軸になっているのである」(二〇七)と反論しています。

ここで、ドゥルーズの批判の核心にある「措定作用(表象作用)としての否定性」に対して、そもそも「生き生きした現在における立ちとどまりと流れ」の差異論的構造の理解にあたって、通常の意味での「措定作用(表象作用)」としての作用志向性の自我極の同一性ではなく、「非対象的な自己感触としての自己意識」(一二七参照)の生起が問われていることが、ドゥルーズに対する原理的反批判として成立すると言えます。この「生き生きした現在」における否定性は、新田の指摘する「形になるときに起きる自己退去性(自己抑制)としての自己否定」に該当すると言えるのです。

5　M・アンリの生命現象学について

ここで否定性の他の一面である「知(反省知)を阻むときに起きる否定性」の考察にあたって、新田のM・アンリの生命現象学に対する見解をとりあげることができます。新田は、補遺論稿「感覚・意味・生命」の「Ⅲ　媒体の現象学における感覚への問い」において、「生命の自己触発——情動と自覚」について論じるなかで、「アンリは徹底して内在のテーゼを強調して、地平的超越の外面性を極力排して、内在的生の情動性(触発性Affektivität)に戻ることを説いている。……距離と可視性の支配を疑問に伏すばかりでなく、反省意識の現象性をすら自己触発のより深い現象性を隠すものとして拒否するのである」(二二六)としています。

こうして「(生命の)自己触発性こそ生命の自己感情である」とする一方、「しかし、差異化はすべて地平的差異化のように超越運動ではなく、むしろ生の自己創造そのものの運動のなかに起きる自己差異化においてその本来の機能を発揮するとはいえないであろうか」(同上)として、すべての現象性を否定するアンリの一面性に疑念を呈し、「ここで働く生の開示性は、単なる情感でもなく、また反省的自己理解でもなく、生の働きの直接的な受容であると同時に生の活動の深さを瞥見する固有の知であらねばならない」(二二七)としています。

しかも、この「生の活動の深さを瞥見する固有の知」が、「大乗仏教の覚の概念」と結びつけられ、「おそらく大乗仏教のいう『覚』の語がまさにこの次元の開示性をもっとも適切に表している」として「西田哲学のいう自覚的直観」

との近似性が説かれています。新田は、「西田は『自覚について』のなかで、『自覚的実在の形式を世界実在の形式、場所的有の形式と考えるのは、世界を主観的自己の自覚の形式によって考えるのではない』と述べている。西田もまた自我論的自覚ではなく、彼の意味での世界、生の哲学でいう自己創造的生の自己自身への関係の論理を『自覚』の語で表そうとしたのである」（一七九）と述べているのです。

6　西田の行為的直観における自己遂行知の実践としての自覚

ここで、「自我論的自覚から自己創造的生の自覚への変遷」において、西田自身の言葉にそくせば、「併し最初から私を動かしていたものは、フィヒテの『我』を超えたものと云うことができるが、又もっと手前の立場である」[2]とされていることが確認されねばなりません。ここで西田における「生命の自証」とは、新田によって「行為的直観こそそれ自体が表現作用でありつつ、同時に表現を読み取る作用でもあることに、この生命の自己形成が自覚としての構造を有することが語られる」（一八〇）とされ、それだけでなく、「この自覚構造の自己理解はかならずしも十全に機能するとは限らず、……その自覚そのものの相に度合いがあり、それに成り切るよう、自覚という自己遂行知は実践としてのみ生起すること」（一八〇参照）が問題とされているのです。

この「自己遂行知としての自覚が実践としてのみ働く」というとき、この実践とは何を意味するのでしょうか。新田によって「大乗仏教の覚」における「自覚という自己遂行知としての実践」と表現されていることから、大乗仏教の「戒律や禅定」といった実践における自己遂行知であることが推定されます。こうして「生命の自証」は、「個々の自己の自覚の深まり」の問題として、最終章「世界・生命・個物――超越論的媒体性とはなにか」と題する「超越論的媒体性の現象学」の本質の考察が呈示されることになります。

7 時間性と空間性の個体化——世界構成の受動的段階

ここで、この最終章において、個別的課題として呈示されている「五　個体(個物)・他者・死」の問題に考察の焦点を絞ってみるのは、先に言及された「自己創造的生の自覚」とりわけ、「個々の自己における自覚」に含まれた「差異論的な否定性の契機」をより明確に理解するためです。

新田は「個体(個物)」の問題に向かう際、「媒体性の機能はもとより個体(個物)としての人間に起きる開示性であるので、媒体機能は、個体の個体性(Individualität)に密接にかかわりあう」(二〇三)とし、ここで個体が個体となる「個体化の原理(principium individuationes)」が問われるとしています。さらに、その個体化の機能について、「時間と空間の次元に起きる差異化の出来事、『生き生きした現在』や『身体の二重性』に起きる『現われと隠れ』の差異化の出来事が、個体の個体化の機能であることを自ら証しているのである」(二九四)と論じられています。

このことから、新田は、まず時間論との関連において、この「個体化の原理」は、「名づけがたき活動性の自己限定の働き」(二〇三及び次頁)として、フッサールの『ベルナウ草稿』の時間論において「個体化の機能がきわめて断片的形式的であれ、時間化の仕方として考察されている」(二〇七)としています。

『ベルナウ草稿』における個体化の分析は、たしかに新田の言うように「断片的形式的」にとどまるとはいえ、編者のD・ローマーの指摘にみられる「理念的存在の経験的対象への個体化という問題設定においてではなく、理念的対象と経験論的対象」、ないし「本質」と「事実」のあいだに位置する「想像上の対象(Phantasiegegenstände)の内的時間意識における所与性の解明」[3]が注目されねばならないと言えましょう。

他方、キネステーゼによる空間構成に関わる個体化について新田は、「空間的個体化のほうは、世界現出の直観野に起きる質料与件の受動的構成の分析において、時間的空間的なシステムへの位置付けの機能として考察されている」(二〇七)と論じています。

そしてここで重要な指摘とされねばならないのは、この時間的個体化と空間的個体化の「いずれも世界構成の受動的段階での個体化論にとどまる」(二〇八)とされていることです。ということは、新田は、世界構成を受動的段階と能動的段階の二段階に区別していることを意味し、この区別を、フッサールの受動的綜合と能動的綜合との区別に対応づけてみるとき、次のような興味深い論点が明確になってくると思われます。

8 自己と他者の個体化の問い

たしかに、時間論と空間論、その両契機を内に含んだ身体論において、世界構成の受動的段階における個体化論が主体となっているとみなすことはできますが、それは、この世界構成の受動的段階において、他の個体(他者)との関係が考慮されていないということを意味するのではないと思われます。というのも、フッサールが『デカルト的省察』の第五省察で呈示している相互主観性の構成論は、「原初的超越と高次の超越」に区分され、この第五省察で重点的に論述されたのは、その「原初的超越」であり、受動的綜合である連合の根本形式としての「対化(Paarung)」をとおして構成される「モナドの共同化における間主観的な自然[4]」、すなわち自他の身体物体(Leibkörper)が、共通に共属する相互主観的な自然なのです。

フッサールにおいて相互主観性論は、モナドの共同化の目的論において語られており、超越論的目的論におけるモナドの共同化の段階性が論じられなければなりません。その際、新田の指摘する「世界構成の受動的段階とされる世界の存在の世界信憑」が、フッサールの「超越論的原事実(die Urfakta)」として、すなわち「原キネステーゼ、原感情、原本能を伴った原ヒュレーの変転における原構造」[5]として論述されていることに注目する必要があります。

新田は、フッサールの目的論について言及する際、この「絶対的事実性」について、的確に「時間的、身体的な遂行意識としてはたらく自己意識」(五九)として「背後に遡りえない『現(Da)』として世界信念の必当然的明証」(同上参照)とみなし、「ここでは、目的論の自己閉鎖的構造を突破できる方向が、この生きられた自己意識の問題に密接にかかわっているのではないか」(同上)とされています。この論点をめぐり、次の諸点が問われることになります。

①ここでまず問われるのは、この超越論的原事実性における時間性と身体性において、すでに自他の個体化の原理がはたらいているのではないのか、という問いです。ここで通常考えられる「本質と事実」、「主観と客観」という二項対立は、超越論的原事実における原ヒュレーの自己生成(自己触発)から発生(生成)してくると考えられなければならず、これらの二項対立が成立する以前の超越論的原事実性において生成している時間性と身体性の生起は、「生き生きした現在」と「原身体の『現(Da)』」という出来事として生起しているのでなければなりません。

②このとき「生き生きした現在」の「立ちとどまりと流れ」が普遍的衝動志向性(universale Triebintentionalität)の充実によって生起しているとするフッサールの記述[6]と突き合わせることによって、新田の「生きられた自己意識」の生起のあり方に迫ることができます。そこで新田は、「立ちとどまること」と「流れること」は、自己感触する私の同一であり、同一でないという相互帰属性と相互否定性によって、立ちとどまる現われが同時に隠れることとして生起しているとしています。作用志向性の担い手としての自我ではなく、発展における自我としての〈私〉の自己触発の仕方が衝動志向性の充実にあるとするとき、当然問われてくるのは、作用志向性を担う自我の「自我中心化(Ichzentrierung)」の発生の問いです。「そのとき問われるのは、自我中心化が、たえず構成されている全—原初的で本源的な生き生きした現在において、……衝動の超越によって共同化されたモナドの絶対的な『同時性』において、志向的な含蓄の普遍性のなかで、どのように理解されるべきか、という問いである」[7]ことになるのです。

③共同化されたモナドの絶対的「同時性」における「生き生きした現在の立ちとどまり」とは、モナド間に共に生きられる衝動志向性の充実による「共に生きられた生き生きした現在の立ちとどまり」を意味しており、ここにおいては、いまだ、自他の身体の個別的な「絶対的ここ」は生成しておらず、匿名的に生きられた原身体の「原感情・原キネステーゼ・原本能」という原事実性のなかから「身体中心化(Leibzentrierung)[8]」の生成をとおして自他の身体における「絶対的ここ」が生成してくると考えられるのです。

④したがって、新田の指摘する「フッサールの目的論の自己閉鎖的構造の突破」は、現に「本質と事実」の二項対立生成以前の「絶対的事実性」において遂行されており、この絶対的事実性の「身体的―事実的現(Da)」として与えられている世界信念の必当然的明証が、その必当然的明証に含有されている隠れた諸契機の十全的明証の解明において、新田の危惧する「目的論の自己閉鎖的構造の突破」の可能性が問われることになるのです。

9 開かれた目的論――創造的行為に潜む理性衝動

ここで、新田による世界構成の能動的段階での個体化とフッサールの目的論との関係を、西田の「生の哲学でいう自己創造的生の自己自身への関係としての自覚」と対応づけることで、明らかにしてみたいと思います。西田の言う「自己創造的生としての世界の自覚が自己の自覚である」とするときの「生の自覚」は、世界構成の能動的段階とみなすことができます。他方、フッサールにとってのモナドの共同体の発展による目的論は、二〇一四年に刊行された『フッサール全集第42巻 現象学の限界問題』では、「理性衝動(Vernunfttrieb)[9]」の目的論として呈示されています。

通常、対極的にしか考えられない「理性Vernunftと衝動Trieb」を一つの概念として「理性衝動」と表現することで、フッサールは、「潜在的に隠れて働く絶対的な理性は、人間において隠れていた人間の理性――人間において顕在的であるような――人間の理性になる。人間の理性において顕現的になりつつある人間の理性衝動。……こうして人間は他の人とともに人間性（Menschlichkeit）による周囲世界のもとで、その周囲世界に生まれ育った人間として自覚しつつ、人間であるという衝動に駆られ、そうあるように努力しつつ、人間性に向けて駆りたてられている[10]」と論じているのです。

さらにフッサールは、この理性衝動の目的論を語るにあたって、受動的発生の次元（受動的段階）での衝動の目的だけでなく、能動的発生の次元（能動的段階）における能動的綜合全体を目的づける理性衝動について、次のように語っています。「人類（Menschheit）の発展、……未来の人間の運命を規定するようなまったく新たな種類の創造的偉業は、その新たなものに向けられた暗い衝動を前提にしているのであり、この衝動は、それが充実するとき……初めてその目的論的意味を示すのであり、その新たなものそのものを、創造する者とその偉業を追理解する人々に対して、新たな周囲世界に組み込みつつ、意識させるのである[11]」と言うのです。

ここで特徴的なことは、能動的綜合の極致と言える「創造的偉業」において、自分を駆り立てていたものそのものが何であるかが、はじめて明らかになるということです。

フッサールのモナドの共同体の目的論において「身体の合目的性」が語られ、「顕在化された目的へ向けての合目的性ではなく、無自覚的次元での合目的性がより深い合目的性のあり方として把握されねばならない[12]」とされるのです。その意味で、人間のすべての創造的行為は、「新たなものに向けられた無自覚的な理性の衝動」によって目的づけられ、「人間であるという衝動」に駆り立てられているというのです。

10　現象学における西洋と東洋の出会い

ここで新田の言う「生の自己創造による自己開示性」を西田の「自覚的直観」として理解し、しかもその自覚には「度合いがあり、それに成り切るよう、自覚という自己遂行知は実践としてのみ生起する」とされるとき、この実践による自己遂行知としての自覚を、西田哲学の研究者でもある上田閑照は、次のように説明しています。西田にとって「赤の赤たることという直接経験の事実」は、「反省以前に意識が無―意識としてそこまで行っていなければならない[13]」として、「物に触れたその『色を見、音を聞く刹那、未だ主もなく客もない』ところに脱自して、向こう側へと物に入って(後の西田は『物となって』と言います)、その『われなき』ところから始めて『われ』に返る[14]」と言うのです。

しかもこの「無―意識としてそこまで行っている(物になっている)こと」が可能になるのは、「『われ』の働きとしての反省を停止し、物に密着しつつ現前に備え」ることであり、このとき「反省停止は反省の反省という反省的作業ではなく、著しく『行《ぎょう》』的な性格をもって」おり、「知の問題がその根本で同時に始めから実践的問題[15]」であるとしています。つまり、「物になる」とは、反省停止によって現前に備える、大乗仏教の修行に属する「行」的性格をもつとされるのです。

この上田の西田の「直接経験の事実」の解釈において、特に興味深いのは、ここで示されている西田の洞察をメルロ＝ポンティの「志向的越境」の概念と対応づけていることです。上田は、「この事態の理解にとって、メルロ＝ポンティが言う意味での『志向的越境』(transgression intentionaelle)が一つの手援けになるように思われます」とし、メルロ＝ポンティが、この「対象の志向的内在」に対する「志向的越境」の概念により、西田の言う「意識しつつ、越境して現に『赤の赤たること』に居合わせ、越境して現に居るそのところをそのまま出すことによって、意識しつつあるという現遂行を示し、そこから問題を始めようとする[16]」としているのです。

宗教哲学者として著名な井筒俊彦は、新田の編纂になる“Japanische Beiträge zur Phänomenologie”の巻頭論文「禅仏教における物の脱事物化と再事物化[17]」において、メルロ＝ポンティの「存在の世界にむけた先―客観的眼差し」や「客観的世界以前の生きられた世界としての生活世界へ回帰」について次のように論及しています。「大乗仏教は、事物の『先―客観的眼差し』の重要性の強調に完全に同調しうるであろうが、それは、自身の立場とフランスの現象学者の立場との根本的相違に気づかない限りにおいてである[18]」として、この根本的相違とは、メルロ＝ポンティの「先―客観的眼差し」は、いまだ、認識論的主客対立構造が前提されていることから、「先―客観化」といっても、それは客観化の前段階の意味しかもたず、「無の立場にいたるには、脱客観化のみならず、脱主観化が同時に遂行されてはじめて可能になる[19]」と言うのです。

ここで新田の「成り切るという自己遂行知の実践による自覚の深まり」に関連して、上田の「行としての反省停止」と井筒の「禅定をとおしての脱主観化」に言及したのは、この三者のあいだに、繰り返し西洋哲学と東洋哲学の出会いをめぐり、鼎談が重ねられていたと伝えられていることにもよります。

本書においてベルンハルト・ヴァルデンフェルスの寄稿になる「東洋と西洋との出会い」という表題にあるように、新田にとって、現象学研究を深く動機づけていたのは、現象学運動に潜在する東洋哲学と西洋哲学との出会いの実現にあると思われるのです。

本稿を結ぶにあたって、K・E・ノイマンによる仏教経典の翻訳[20]についての一九二五年に公開されたフッサールの書評をご紹介することにします。この書評において、フッサールにとっての「西洋と東洋の思想の出会い」の始まりが明確に表現されていると思われるからです。

私は一度、読み始めると、他の火急の仕事にもかかわらず、この書物から目を離すことができなくなった。

……観照し、座する修行において純粋に内面に向かったインドの宗教性の無上の精華が、――「超越的transzendent(en)」ではなく、「超越論的transzendental」な宗教性といいたい――初めてこの翻訳によって、私たちの宗教的―倫理的、及び哲学的意識の地平へと立ち現われてきたのであり、これ以来、私たちのこの〔宗教的―倫理的及び哲学的〕意識を規定していくことに多大な影響を与えることは疑いえないといえよう。……仏教は、私たちのヨーロッパ的文化の哲学的及び宗教的精神の最高度の形態とだけ、並列化できるのである。(21)

註

(1) 新田義弘『世界と生命――媒体性の現象学へ』青土社、二〇〇一年。

(2) この文章は、一九三九年に出版された『哲学論文集第二』からの引用であり、上田閑照『経験と場所』岩波現代文庫、二〇〇七年、二一四頁に引用されています。

(3) E. Husserl, Husserliana Bd. XXXIII, S. XLVIII を参照。

(4) E. Husserl, Cartesianische Meditationen, 第五五節。邦訳『デカルト的省察』浜渦辰二訳、岩波文庫、二〇〇一年、二一五頁以降を参照。

(5) E. Husserl, Husserliana Bd. XV, S. 385.

(6) E. Husserl, Husserliana Bd. XV, S. 595. 邦訳『間主観性の現象学Ⅲ――その行方』浜渦辰二・山口一郎監訳、ちくま学芸文庫、二〇一五年、五四七頁参照。

(7) 同上、S. 595. 邦訳、五四八頁参照。

(8) この身体中心化についてフッサールは、「『自我極』の合致は、どこにみられるのだろうか。ここで試みに言えるのは、その合致とは、両面的な意味でのすべての『行為』の身体中心化に他ならないということである。……まずもって、(原初的段階における)過去把持が持続的な様相なのであって、そこにおいて身体と身体中心化がたえざる変化においてあり、そのさい合致しているのではないのか」（Hua. XV, S. 643, 邦訳四九五頁参照）と述べています。

（9）E. Husserl, Husserliana Bd. XLII, S. 225.

（10）同上。強調は筆者によります。

（11）E. Husserl, Husserliana Bd. XLII, S. 120. 強調は筆者によります。

（12）佐藤康邦「目的論」、木田元・村田純一・野家啓一・鷲田清一編『現象学事典』弘文堂、一九九四年、四四八頁。

（13）上田、前掲『経験と場所』、一四五頁参照。

（14）同書、一〇七頁。

（15）同書、一〇〇頁及び一〇一頁。強調は筆者によります。

（16）同書、一四四頁及び一四五頁参照。

（17）T. Izutsu, Die Entdinglichung und Wiederverdinglichung der „Dinge“ im Zen-Buddhismus, in: Yoshihiro Nitta（Hg.）Japanische Beiträge zur Phänomenologie, Alber, 1984, S. 13-39.

（18）同書、二一一頁。

（19）同書、二一〇—二一二頁を参照。

（20）Die Reden Gotamo Buddhos, Karl Eugen Neumannによる翻訳、ミュンヘン、一九二二年。

（21）E. Husserl, Über die Reden Gotamo Buddhos, in: Husserliana Bd. XXVII, S. 125f.

私の記憶

第II部 追懐

東洋と西洋との出会い

ベルンハルト・ヴァルデンフェルス（訳：稲垣 諭）

1 現象学的な出発点

私が新田義弘氏を想うとき、現象学に関心をもつ人々の周辺で、繰り返し出会った場所がいくつも思い出されます。私たちが出会ったのは、フッサールという星の名のもとでした。新田氏にとってフッサールは、氏に特有なフッサールであり、ハイデガーとフィンクに親近性をもってはいても、フレーゲとは疎遠でした。そこから場の思想家としての西田への架橋がなされたのです。「人は実際のところ三つを超えて数えることはできない」という一文を、フッサールは残しています。まもなく『算術の哲学』を上梓し、カール・ヴァイエルシュトラウスやダフィット・ヒルベルトといった数学者との師事の関係にあった新進気鋭の研究者が、こうした文を書いていたことには隠されたユーモアが感じられます。いったい、ここで言われている「実際のところ」とは何のことでしょうか。人は数えるとすぐに、遅かれ早かれ、数えているものがそれ以上、見えなくなる地点にぶつかります。事象それ自身の焦点が定まらず、覆い隠されはじめるのです。二項によるダイアドや三項によるトライアドを見渡すことはできますが、特定できない集合を見渡すことはできません。いったい空にどれくらいの星がありますか、昨夜、あなたはいくつの夢を見たのでしょうか。シンボル的な意味は、すでにライプニッツにも読み取れるように、直観的な形態より優先されるものです。自らを示してくる現象への遡及は、ハイデガーの指摘にあるように、いつも、自らを端的には示さない何ものかにぶつかるのであり、この「自らを示さないこと」こそ事象そのものに属するのです。覆うことなしには覆いを取ることはできず、隠すことなしには発見はありえず、また見ることができるものの、多かれ少なかれ規定された地平なしに、見られるものは存在しないのです。メルロ＝ポンティの最後の大著は、『見えるものと見えないもの』と名付けられています。

新田氏はこれらすべてのことを、フライブルクでのオイゲン・フィンク、ケルンでのルートヴィヒ・ラントグレーベの客員研究員として滞在した、ヨーロッパでの研究生活において熟知していました。彼は、直接、フッサールの二人の助手と懇意になることができました。この二人は、マルティン・ハイデガーやオスカー・ベッカーとは違って、フッサールと彼の現象学にとっての暗黒時代にも、フッサールとその現象学に忠実な態度を貫きとおしたのです。このことは、日本で軍部が帝国主義的な欲望を満たし、周辺諸国を占領していたときと同時期に起きていたことです。ドイツと日本との惨禍をもたらした同盟について語られます。それによって両国では多くのことが長い間、抑圧されてきましたし、今でも部分的には抑圧されています。私も日本への旅行においてこうした抑圧の痕跡を見出しました。それだけでなく、ドイツ人―ユダヤ人哲学者であるカール・レーヴィットのような亡命者の足跡にも直面することになりました。彼はミュンヘン出身で、亡命した後、まずは新田氏の学問研究のキャリアが始まった場所でもある仙台で教鞭をとったのです。

2　出会いの場

五回に及ぶ充実した私の日本への旅の記憶のなかで、新田教授との出会いは、ヨーロッパという西洋であれ、日本という東洋であれ、一連の様々な場所に結びつけられています。それらすべてが、フッサールが機会的なもの(das Okkasionelle)と名付けたものによって刻印されています。純粋な思弁の雲に浮かぶことなく、「現実性との摩擦」を追求する思考は、驚きを内に秘めた機縁やきっかけに依拠しています。火花が発する諸々の場所は、哲学の地理的な次元に属していて、その重要性は今なお高まり続けています。その際、すべての文化が、グローバル化の流れに対して、どこまでローカルなものを自らの固有さとして主張できるかという問いの前に立たされます。もしこの此処と今とが、いつかどこかへ消えてしまうとすれば、思考することもまた、終わってしまうことになるでしょう。私が念頭に置いている現象学とは、固有なものと異他なるものとの間を動いていくものであり、それも、日本が何百年にもわたって行なってきたように、自分たちのなかに閉じこもることではないだけでなく、あるいはその逆に、世界制覇に向けて私物化と搾取によって異他なるものを克服することでもありません。東洋と西洋はこれまで、様々な仕方で異他なるものの誤解や軽蔑に対する戦いを行なわねばなりませんでした。異他なるものの経験を扱うキセノロジー(Xenologie)としての現象学には、間文化的な交流のための空間が開かれ、そうした交流によって間文化哲学という形態が世界的に受け入れられるようになったのです。この交流の空間には、私が新田教授とお会いできた様々な場所や大学といった公的機関などが属しています。今からそれらについて言及することにしましょう。

3　シュバルツバルト北部のオーバータール

私の回想の旅は、ハイデガーが小屋を構え、セランやデリダといった巡礼者を迎え入れたシュバルツバルト(黒い森)南部ではなく、北部にある小さな森の村、オーバータールから始まります。そこはかつて、炭焼きやガラス焼きの職人が暮らす、生活には厳しい場所でしたが、今では無造作に樹々が成長し、間引かれることもなく「保護林」という仕方での野生が戻りつつあります。ドイツ人作家のグリンメルハウゼンが三〇年戦争の記憶から構想した『阿呆物語(Simplicissimus)』の冒険はここを舞台に繰り広げられます。私は長年、家族とともにこの森林区域の別荘で夏を過ごしていましたが、新田氏は八〇年代に鷲田清一氏、山口一郎氏、そしてより若い日本の同僚とともにここを訪ねてくれました。日本に一度も行ったことのない私の妻はこのとき、日本の日常の儀礼を学ぶことになります。海外からの四人の客人はまさに儀礼的で師と師弟といった階層的な秩序を保ちつつ住いに入り、庭のテーブルで何かを受け渡しするときにもこの秩序は維持されていました。私自身、日本で学んだように、〔日本人は〕何か食べ物や飲み物があるとき、まっすぐそこへ手を伸ばすのではなく、プラトン的に言えば、座談においてロゴスを受け渡しするように、まず相互に食事や飲み物を分けあうのです。私たちヨーロッパ人にとっては、プラトン的な饗宴が新たな光へもたらされると言えます。起こりうる言い争いは儀礼的に抑制されます。そこで何について話したかは、もう覚えていませんが、それでも私たちがどうやって話し合ったかは残り続けています。

その後、私たちはシュリフコップ(Schliffkopf)という近くの高地にハイキングをし、そこから晴れた日の下にライン川とストラスブール大聖堂を、そして森の峰々の上にフェルトベルクとアルプスの峰々を望むことができました。その後、〝諸聖人の祝日(Allerheiligen)〟という古い修道院跡へと降りていきました。周りにたくさんの緑が芽吹くその赤い砂岩は光り輝き、時はその経過と破壊的な痕跡をそこに残していました。その教会跡は、一時期、その瓦礫が運び出される採石場となっていました。ここで、フッサールとハイデガーの時間と歴史の分析における意味の沈澱や形象化について考えてみることもできます。その建造物跡は、シュバルツバルトの名の由来でもある暗いモミの樹々だけではなく、京都周辺の傾斜した森で私が出会った赤松にも囲まれています。私の訪問者たちにとって、この場所は、不慣れな場所とは感じられなかったことでしょう。それは樹々が樹々である他ないからでしょうか。もし私の日本からの客人が、ソクラテスが『パイドロス』で「石や樹々は私に何も教えようとはしないが、街の人々は違う」と説明するのを聞いたとしたら、きっとそれに抗議し、「樫の樹や石が真実を語るその時にだけ、彼らにも耳を傾ける」

長老たちにむしろ喜んでしたがったことでしょう。事物とともに規定しあったり、ともに働きかけあうことは、西洋文化にもないわけではなく、リルケの『事物詩』もしくはフランシス・ポンジュの『物の味方』を思い浮かべるだけでもいいのですが、しかしそのことは東洋の文化において途方もなく大きく、また自明な重さをもっています。石が自然の生命のなかに溶け込んでいるとき、化石化することはほとんど脅威とは感じられないのです。

4　ノルマンディーのスリジー＝ラ＝サル

私はここで現象学を勇敢に受け入れ、感性豊かに展開した私たちの西の隣国フランスに移ります。メルロ＝ポンティのもとで私は、単なる学校の本棚で待ち構えていたフッサールとハイデガーが、プルーストやセザンヌにとってどれほどうまく受け入れられるものであるかを学びました。私自身、パリでフッサールの著作集だけではなく、プルーストのテクストもはじめて購入しました。スリジー＝ラ＝サルには、ブルゴーニュ地方の街、ポンティニーの後継としての国際的な文化センターがあります。そこではすでに戦時中に、フッサールが「パリ公演」のためにソルボンヌに招待される以前ですが、シェーラーが、ロシアから亡命してきたレフ・シェストフの提案によって、ベルクソンとレヴィ＝ブリュールに出会っています。ここで行なわれた〔国際現象学の〕会議の開催場所は塀と草地が広がったノルマンディーにある土地で、ドイツ人がフランス人とその同盟軍と激戦を繰り広げた時代の塹壕も残されています。一九九四年に開催されたこの会議には各国からゲストが参加し、現象学におけるオイゲン・フィンクの役割について議論されました。

そこに参加していた新田氏は、フィンクの宇宙論的な現象学を彼自身の固有な自然の現象学に通ずるものと見ていました。このことは、二〇一一年に谷徹氏とともにドイツ語で編纂された『受容と応答――日本における現象学Ⅰ』

のなかで展開した「生命性と差異化」という論考の見方とも合致しています。その背景には、「知」と「生命の自覚」があり、それはドイツ観念論に近いものです。とはいえ、果たして「規定された特定の生命(das Leben)」というものは存在するのでしょうか。生命は複数形における生き生きしたものという形式以外には存在しないのではないでしょうか。つまり、生命の語りは生命それ自身と合致することがなく、しかも多様な仕方で相互に結びつき、切り離されているような、諸々の生き物の形式以外にはありえないのではないかということです。生命が語られるその場所の輪郭がぼやけてしまうと、その結果、瞑想的に循環する孤独な思弁的思考になってしまいます。新田氏のソクラテス以前の歩み方におけるそうした思考には、概念分析や議論の余地があまり残されていないのです。この概念分析や議論は、すでにプラトンにとってそうだったように、現象学者にとっても、第一のものでも最後のものでもないのですが、だからといって飛び越えてしまうこともできないものです。会議では、私は新田氏を「日本のヘラクレイトス」と称して別れを告げました。ヘラクレイトスは「暗い人(ho skoteinos)」として有名でしたが、暗闇とは、多彩色の混じった色の質でもあり、多彩性においていわば無意識のように光が当てられることが必要とされているのです。おそらくここに間文化的なニュアンスも現われているのかもしれません。いずれにせよ、私たちの間には議論すべきいくつものことが残っていました。

5　東京での出会い(コンタクト)

新田氏と私がはじめて東京で出会ったのは、思い出せる限りでは一九八七年、一ヶ月にわたる私の日本旅行においてであり、その後、何度も彼と会うことになります。私が思い出せるのは、街の川沿いを散歩しながら、新田氏が突然、灰色のコンクリートで覆われた河岸の眺めをものともせず、彼の構想する「自然の現象学」について語りだしたことです。また皇居の前の広場にはじめて立ち入ったことも覚えています。そこは城壁、濠、生垣とともに見えない力に守られており、バチカンでもクレムリンでもありませんが、それでもその両方に共通する何かがありました。それに続いて、公的であり、同時に市民に開かれている明治神宮と、浅草寺前の仲見世通りを訪れました。国立博物館で目の前に開かれたのは、神や女神、戦士や僧侶、巻物や身振りや表情が描かれたタペストリーなどのアジア文化の宝庫でした。新田氏はこれらの宝物の部屋から部屋に、祖先や家族のギャラリーを案内するかのように移動していきました。また別のときに、私は一人で、優雅な賑わいを見せるモダンな銀座や、光のスペクタルとパチンコ屋など、人混みで溢れる、いささかクレイジーな渋谷も探索しました。その間に、優雅なデパートの最上階で天ぷらもご馳走になりました。これらすべてのことが、多くの大学のキャンパスで私が登壇する際の枠組みを作り出していましたが、それらは勤勉さと学識の島々として、数百万人の都市の喧騒から切り離されていました。とはいえ、賑やかな大都市の周辺には、より大きな静けさを醸し出す文化的なオアシスもありました。

6　箱根山のリゾート

この山々のリゾートを最初に訪れたとき、ミュンヘンからきた私の目には、週末でも満員電車が走る東京の大都市から逃げ出したい人々にとってのガルミッシュのようなところに映りました。火山の大地から湧き出る熱い湯の風呂がある和室で一晩過ごしたことを覚えています。私を案内してくれた人が碁に興じているのを眺めました。碁では、厳密なルールに従うというより、残りの空間をどう活用するかがより大きな役割を果たすようです。このことが、学問的もしくは政治的な討論において、言葉を使用する際に影響を与えることができたらよいのではないか、と考えたものです。

私たちはカルデラ湖である箱根の湖をドライブし、江戸時代に由来する関所の街道にも行きました。そこには樹齢三百年の杉に囲まれ、通行人が身分証明を求められる関所がありました。ここで私たちは、限界領域として越えていく「敷居」や「境界」という主題に直面しました。そこは、髪の毛の幅のように狭く鋭く描かれた線ではないのです。異他性がその風景に生き生きと刻まれています。湖には、ワーグナーのオペラを彷彿させるような色鮮やかな船が航行しています。そしてとりわけ、極東のオリンピアのように富士山が聳えています。富士山という名前には「山＝さん」という響きだけではなく、別の書き方による呼称で「様＝さん」という響きもあります。人は山に呼びかけることができるのでしょうか。私は旅先で、応答するという根本現象について語るよう促された際、無言の事物にも返答できるのかとしばしば尋ねられたものです。私は、龍安寺の石庭にある石に言及しました。そこでは、事物の言葉が表現されていて、その言葉は一般的な西洋の概念である「主観」と「客観」を風化させるのです。

私が箱根を二回目に訪れたのは二〇〇四年のことで、「応答の現象学」と、翻訳されることが決まった『経験の裂け目』(山口一郎・中山純一・三村尚彦・稲垣諭・村田憲郎・吉川孝訳、知泉書館、二〇〇九年)という著書についての小規模な会議が開かれたからでした。討論では、「事象それ自身」との対決を避ける傾向と戦う必要がありました。それは、よく知られた名前を固定するロープのように使ったり、新しいワインを古いボトルに注いだりする傾向との戦いです。パトスや応答、時間のズレ(Diastase)といった概念語や、異他的なものという主要なテーマでさえ、考察するのが困難であったのは、それらが古典的なテクストや様々な解説書に見つけ出すことができないからなのです。しかしこのような困難のもとで、いかに新田氏が、自らを押し通すことなくすべてを貫く光や空気のようにほとんど透明になり、「善き精神」として偏在していたかが、私には明らかでした。ヴァージニア・ウルフの『波』のパーシヴァルのように、静かで控えめなキーパーソンの存在感が時折思い浮かびました。師がはっきりと自信をもてない若手を鼓舞し、彼の弟子を誇らしげに紹介する仕方を見ることで、日本の階層的人間関係という強固な形式への私の思いは弱められました。「事象そのものへ」という古くもあり、新しくもあるモットーから、そうした自己を退ける態度において啓蒙的な働きだけでなく、開放的な働きかけが放たれるのです。

7　鎌倉での弓道

また別の機会に、私たちは東京から少し離れた、昔の首都であった鎌倉を訪れました。そこには古いお寺や西田が埋葬されているお寺の墓地がありました。私にとって大きな学びになったのは、円覚寺の境内に位置する練習場で弓道の練習を見たことです。アリストテレスの簡潔な命題にあるように、キタラーの楽器の演奏はキタラーの演奏をとおして学ぶ、また、人が正義とは何かについて学ぶのは正しい振る舞いによってであるということが、弓道の練習の観察によって具体的な形態をとることになりました。儀式の動作のようにきっちり決められた個々の動作をとおして、矢を射る方向が定まるように弓を張って構えることが重要であり、また同様に矢を射る隔たりを見計らって弓の弦を張ることが重要です。この二つが、うまく一つのこととして調整されねばなりません。重心を落として弓を的に向け、構えを取り、弓を高みから目の高さへと下げ、最後に矢は放たれ、飛んでいきます。矢が放たれるとき、「私が矢を射る」ことが「矢が放たれる」ことに移行します。射撃することから自分で射撃することが滑り落ちていくのは、何かを生起するに任せることによってです。そのときのバランスは、自分の行為を故意に強調したり、プロセスの無意識的なもの(Es)を偏重したりするときに崩れます。完全に退去した自我は、応答しながら見ること、聞くこと、行なうことから始まる責任から逃げることになります。レヴィナスが彼の著書『全体性と無限』の最初に引用したランボーの「真なる生は不在である」という一文が、まさにこのことからしてその意味をもつのです。私はたしかに応答することから始めるのですが、しかしそれはどこか別の場所から始まっています。オイゲン・ヘリゲルのような弓道の理論家かつ実践家や、鎌倉の円覚寺にも縁のある偉大な禅の指導者であった鈴木大拙が、個々人を民族全体のなかに、そして生の単純な「運動」に溶け込ませるイデオロギーに対して虚弱であったことは、私たちすべてにとって一つの警告とされねばなりません。

改めて弓道に戻りましょう。新田氏は、練習で何よりも重要なのは、的に当てることではなく、射るということであり、結果ではなく、その運動なのだと私に注意を促しました。〔とはいえ〕そもそも江戸時代の後期に由来する寺院の古文書には、的に当たった数を記載した『弓の記録書』が明らかに見出されます。別の文脈において私たちは、目的論の思考図式について話し合うことになりました。それは、ヘーゲルのもとでは包括的理性として、問題含みのヨーロッパ中心的な役割を演じていますし、フッサールにおいては和らげられたとはいえ意識の目的論として継続しています。私見では、経験の開放性と異他的なものの要求は一義的な目的の設定とは相入れません。新田氏は、この目的論を捨てた方がいいのではないかと折に触れて考えていました。しかしそうすれば今度は、それに代わるものが何か、なんでもあり(anything goes)という無関心さに陥るのをどう回避するのかが問われることになります。私は、遭遇、応答、時間のズレ、異他化といったモチーフによって、ポストモダン的な無関心主義に対抗しようと試みています。弓道のパラダイムに関連づけて言えば、このことが意味するのは、経験において私やあなたを驚かすものは、端的に私たちによって引き起こされるのではないとしても、私たちなしには起こらないのです。

8　東京での別れ

二〇〇九年の一一月、私の最後の日本旅行でしたが、私たちはクリスマスツリーの隣に位置するレストランで再会し、「聖しこの夜」の調べに浸されていました。とはいえこの背後の風景が気になることはありませんでした。老齢であるとはいえ、飽くことなく思考そのものに向かい合っている新田教授が目の前にいました。分厚いメガネのレンズの奥で私を見つめるのは、支配的な鷲のような視線ではなく、瞬くような眼差しでした。それは忍び込んでくる夕暮れどきにはじめて飛翔する「ミネルヴァのフクロウ」を彷彿とさせる眼差しであり、プロイセンの鷲のようにすべてを見通してしまうような眼差しではありません。ここで私は、最近完成した五回の日本旅行も記録されている「旅行記」からの一節を引用したいと思います。

新田教授は、もう健康とは言い難く、視力の弱さに苦しんではいても、朝から思考し、書くことをやめない。完全に現象学を生きているのであり、弟子たちを誇りに思っている。彼の思索は瞑想的かつアカデミックな仏教にその根をもち、彼の哲学は日常的な文化や日常の宗教から遠く離れている。そこには修行僧のような何かがある。

これが、私に影響を与え続けている多くの出会いに対する感謝の念を込めた私のお別れの言葉です。

新田義弘先生の思い出

鈴木琢真

1　出会い

一八歳だった。その日のことは今でも鮮明に記憶している。

白山通りに面した一号館最上階の一六〇番教室。当時の東洋大学では一番大きな教室だった。受講生の数はさほど多くはない。マイクを手にして教壇に立ったその人は、教卓の上に開いたルーズリーフに目を落としたまま、「新田です」と呟くように名乗った。その姿は勝手に想像していたイメージとはだいぶ違っていた。そのとき、先生は四八歳の若さだったはずだが、ずんぐりした体軀や訥々とした語り口も手伝ってか、すでに老大家といった印象を懐かせた。

「今日は最初の時間ですから――」そう言って先生は二冊の本を紹介された。一冊は大村晴雄編著『近代思想論』(福村出版)、もう一冊は三宅剛一『哲学概論』(弘文堂)である。

前者は「哲学史の全体を、近代という視野から集約的に見るという形で、一つの哲学入門を意図した」好著である。同書のなかで先生は第七章「現代哲学の展開――ドイツ」を分担執筆している。新カント学派と生の哲学から説き起こし、フッサールとハイデガーの思惟の展開を丹念に追った後で、現象学と解釈学の現況を伝える叙述は、本の性格、章の題名から予想されるような型通りの歴史的記述ではなく、それ自体が一つの思索の結晶と言ってもいい内容のものであった。

二年後の一九七八年に先生は『現象学』(岩波全書)を江湖に問うことになるのだが、おそらく同書の仕上げの段階に入っていたのであろう、上記の論稿は同書の言わば圧縮版であり、ハイデガーを論じた箇所などにはほぼ同一の文章が見出される。その意味では、この論稿は『現象学』への入門、ひいては新田現象学への入門として読むことができるかもしれない。

2 大学共同セミナー

『現象学』と言えば、私は出版前に同書の内容に接する幸運に恵まれている。

七六年の晩秋、一般教養科目中心の大学の授業に物足りなさを感じていた私は、たまたま通りかかった学生課の掲示板に一枚のポスターを見つけた。一二月二日から三日間、東京都八王子市の大学セミナーハウスで、同館主催の第九五回大学共同セミナー「理性と想像力——現代哲学の基本課題」が開かれるという。セミナーのプログラムは五つのセクション演習で構成されており、その一つが先生のCセクション「想像力の現象学的考察」であった[1]。私はただちに学生課の窓を叩き、申込用紙を受け取ると、迷うことなく先生のセクションを受講することに決めた。

テキストには『現象学とは何か——フッサールの後期思想を中心として』(紀伊國屋新書、一九六八年)が指定されていた。同書には想像力に関するまとまった記述はない。だから、セミナーでは同書には書かれなかった事柄、例えばフッサールの「空想」や「像意識」、あるいは「中和性変様」などの分析について、詳細な検討が加えられるのであろうと、それこそ勝手に想像していた。

ところが、その予想は見事に裏切られる。「この本が悪いわけではないのですが——」先生はそう言って、手にしていた『現象学とは何か』を脇に置き、おもむろに厚い紙の束を取り出した。その束が新しい著書の校正刷りであることに気づくには、さほど時間を要しなかった。「今、用意しているものがあるので――」。

そのときの先生の話は「受動的綜合」が中心だったと記憶している。想像力に言及したのは、わずかに「イデアツィオン」に触れたときだけだったのではないだろうか。

セミナーの終わり近く、先生は次のように言った。「この本は間もなく出ます。岩波全書です」。私は早くも先生の新著が書店の棚に、和辻哲郎『人間の学としての倫理学』、田中美知太郎『哲学初歩』、清水幾太郎『現代思想』などとともに並ぶのを心待ちにした。

3 『哲学の現在』

私の手許にある『現象学とは何か』の余白には、そのときに付けたいくつかの書き込みが残っている。それらのなかには、「目的論」、「科学と生と哲学」といった言葉に交じって、ロムバッハの『哲学の現在』からの引用――「志向性とは、主観が客観に向けられ、客観が主観に向けられている間(Zwischen)である」というフレーズもある。学部の三年生に進んだとき、私はこの引用の原文をじかに目にすることになった。先生は哲学科の教員ではなく、教養課程に所属していたので、先生の呟《しわぶ》きに接することができるのは、哲学演習の一コマだけが唯一の機会であった。その演習のテキストに『哲学の現在』が用いられたのである。(2) 最初の時間に先生はテキストのコピーを受講生に配付した。オリジナルは先生の蔵書だったらしく、ところどころに先生の読書の痕跡が残されており、先の一文にはくっきりとアンダーラインが引かれていた。

先生は自分からテキストに解説を加えるようなことはしない。相手がドイツ語の基礎を終えたばかりの学生だったこともあろうが、学生が犯した文法上の誤りを一つひとつ丁寧に訂正しながら、一字一句を決してゆるがせにせず、ゆっくりとしたペースで慎重に読解を進めていく。訳読の担当が回ってきたとき、それはカントを論じた箇所であったが、私は徹夜で準備をして授業に臨んだ。「よく訳せていました」——先生の口からその言葉を聞いたとき、それまでの緊張が一挙に解けて、思わず目頭が熱くなったことを今でも覚えている。

4　卒業論文

当時の東洋大学は、設備の面から言えば、きわめて劣悪な環境にあった。朽ち果てた木造の七号館は学生サークルが占拠し、その代わりに建てられた新七号館は建設現場で見かけるようなその場しのぎのプレハブ校舎だった。狭いキャンパスは行き場のない学生でごった返し、講堂は管楽器の音を始終騒々しくがなり立て、一号館と五号館に設置されたエレベーターは頻繁に故障を繰り返した。先生の研究室は——入口の壁にソクラテス、カント、孔子、釈迦という「四聖」のレリーフをあしらった——その五号館の二階にあった。もっとも、研究室とは名ばかりのことで、実態は複数名の教員が共同で使用する控室に近い。私がその研究室をはじめて訪れたのは、卒業論文の仮題目提出の期限が迫った晩秋のことだった。ドアのノブに手をかけたとき、膝から下ががくがくと震えた。

私は卒業論文でフッサールの世界概念を取り上げるつもりでいた。仮の題目と簡単な概要を記した用紙を示すと、先生は「たしかにフッサール現象学の鍵概念でしょうね」と言った後、「〈世界〉が問題となる文脈は二つあるのですが、それが分かりますか」と尋ねられた。私は即答することができなかった。私が「地平」だの「地盤」だのといった言葉をつなぎ合わせて、口をもごもごさせていると、その様子を見た先生は「君は『イデーン』を読みましたか」と言われた。私は見透かされた気がした。「その前にしておくべきことがあるのではないか」——先生の表情はそう訴えていた。

研究室を辞去した私は、その足で図書館に向かい、古い池上鎌三訳を借り出した（渡邊二郎訳はまだ出ていなかった）。あまりの難解さに辟易しながら、数日をかけてどうにか読み終えたとき、私は先輩の大学院生からの示唆もあって、先生が言った二つの文脈の一つが「現象学的還元」であることに思い至った。

私は卒業論文のテーマを「世界」から「還元」に変えた。そのことを先生に伝えると、先生は「それをやるとフッサールからなかなか抜けられなくなるよ」と笑いながら、フッサールの『第一哲学』とラントグレーベの「フッサールのデカルト主義からの訣別」を読むように言われた。私はその日から約一年をかけて『第一哲学』と取り組んだ。読むだけで精一杯だった。卒業論文は、その前半で『イデーン』の「デカルト的道」を扱い、後半で『第一哲学』の「非デカルト的道」を取り上げる予定だったが、『第一哲学』の内容を咀嚼して再構成するまでにはとても至らず、結局は『イデーン』の還元論を論じただけで終わった。

後になってから、先生自身の卒業論文が『経験と判断』を取り上げたものであったこと、先生がはじめて活字にした論文のテーマが「世界」であったことを知った。

5　大学院のころ

大学院に進んでからは、より身近に先生と接する機会が増えた。大学院での先生の授業は、博士前期課程では「現代哲学演習」、博士後期課程では「哲学特殊研究」の二科目であった。そのなかで先生が取り上げたテキストを思い出すままに列挙してみると、フッサールの『論理学研究』の「第一研究」と「第五研究」、同じく『受動的綜合の分析』と『相互主観性の現象学』のなかのいくつかの草稿、ディルタイの「ブレスラウ完成稿」、フィンクの『第六省察』、ハイデガーの『哲学への寄与』、フィヒテの『一八一〇年の知識学』、『一八一二年の知識学』、『論理学と哲学もしくは超越論的論理学との関係について』、シェリングの『自然哲学の理念』といったところであったろうか。M・フランク編『フィヒテからサルトルまでの自己意識理論』をベースに自己意識の問題を総括的に議論したこともあった。先生の授業には独特の緊張感があった。先生はテキストから目を上げることなく、唸るような溜息を漏らしながら、テキストが投げかける問いに全身全霊で答えていた。その姿は、先生が『現象学』の「まえがき」に記した「ともに思惟し(mitdenken)、よく考え(nachdenken)、それ以上に考え抜く(überdenken)」ことの厳しさを身をもって伝えるものであった。

このような授業には、慶應義塾大学、早稲田大学、上智大学、学習院大学、お茶の水女子大学など、東洋大学以外からも多くの大学院生たちが参加した。その成果は後に『フッサールを学ぶ人のために』(世界思想社、二〇〇〇年)と『自己意識の現象学――生命と知をめぐって』(世界思想社、二〇〇五年)という二冊の著作に結実する。

6　現象学・解釈学研究会

多くの若い研究者が先生のもとに結集したということで言えば、先に触れた「大学共同セミナー」を母体として、その翌年から毎年秋に大学セミナーハウスにおいて二泊三日の合宿形式で行なわれた「現象学・解釈学研究会」の存在を無視することはできない。その設立に関わった会員の記すところでは、当初は参加者の数も少なく「卒論+修論の内容を持ち寄って発表し、討論した」程度のものだったようだが(3)、回を重ねるごとに質、量ともに豊かになり、今、私の手許にある一九九八年度の名簿を見ると、一九九名の参加者がその名を連ねている。それらのなかには、その後の日本の哲学界をリードすることになる研究者の名も数多く認められる。

この研究会は一般発表とシンポジウムから成り立っており、発表時間も討論の時間を合わせて一人当たり九〇分と、既存の学会とは大きく異なっていた。発表者はその時点でベストの研究成果を披歴することになっていたが、質疑応答の時間になると質問と批判の集中砲火を浴び、ある者は鼻っ柱をへし折られ、ある者は自分の未熟さを痛感させられ、それでも次の一歩を目指して立ち上がろうとする――文字通りの修業の場であった。

なかでも先生の発言には会場にいる誰もが注目した。先生がおもむろに手を上げ、最初の一言を発すると、ざわついていた場内はしんと静まり返り、張り詰めた空気に支配された。しかし、先生には若い研究者を一つ指導してやろうという、言わば教師然とした上からの態度は無縁であった。先生がよく口にしていたことだが、「同じザッヘに向かうという点では対等の立場なのだから」といった気持ちだったのであろう。それだけに、ザッヘに向き合う真摯な姿勢の感じられない発表に対しては容赦がなかった。

会の運営に関して先生はほとんど口出しすることはなかった。ただ、会の規模が予想を超えて大きくなってきたとき、それは『現象学と解釈学』(世界書院、一九八八年)をはじめとする数冊の著作が会の名のもとに上梓された時期と重なっているのだが、先生は「若い人たちも育ってきたのだから、自分は身を退いてもいいのではないか」とか「会の役割はもう終わったのではないか」とかいうような言葉を漏らすようになり、私たちを慌てさせた。

7　東洋的思惟への接近

同じような思いは内外の現象学の研究状況に対しても懐いていたように思う。フライブルクに滞在中の先生から頂戴した手紙(一九九一年七月二一日付)には、以下のような一節がある。「現象学はたぶんドイツではほとんど終わっています。ヘルトに六月に招待されたとき、彼はこのことをひどく憂いていました。ハーバーマス、アーペルのコミュニケーション理論や、ガダマー以来の解釈学への復帰などに人気があり、現象学で活躍している若手はほとんどいないわけです」。それでも先生は次のように続ける。「アメリカでは日本とは少し違う意味で現象学への関心は強いですし、日本ではおそらく現象学への関心はもはや流行となることはないでしょうが、けっして衰えることはないであろうと思います。その理由はわれわれの経験の根底で、現象学的思惟のもつ性格が東洋的思惟の根本性格に呼応するところがあるからでしょう。チョーさん（註：曹街京〔Kah Kyung Cho〕）ともこのことをヴッパタールで毎日のように話しあいましたし、ドイツの現象学者もこの事実に注目しているようです。まさにその意味で、現象学に託された課題を見つめるべきだというのが私の最近の考えです」。

この手紙にも暗示されているように、先生は八〇年代の終わり頃から「東洋的思惟」に著しく接近していった。授業が終わった後、大学近くにある焼鳥屋で盃を傾けながら、先生は唯識や龍樹について熱っぽく語るようになったことを記憶している。あまり知られていないようだが、この頃、先生は末木剛博、泉治典両教授とともに、「現代における哲学の課題」という座談会に臨んでいる。そのときの発言を拾ってみると、「否定することが迷いを断つというかたちを意識の側で見ていくと、唯識になるんですね。これはハイデガーのダーザイン（現存在）のダー（現）にもつながってくるんですが、普通言われるようにフッサールのベブストザイン（意識）というのは決してデカルトのエゴ（自我）ではないんです。ものが現われてくる場所、まさに意識、唯識で言う識なんです。覚と言ってもいいのですが、唯識で自我の観念を解体します[4]」。あるいは、「こだわりを解体して、意識そのものへ返っていくというのは、まさにフェノメノロギーだと思うんです。それがナーガールージュナの思想をノエシス側から補足しているかたちになるんでしょうね。仏教の思想は西洋のような硬質のものではありませんが、ある意味で非常にラジカルです[5]」。

相前後して、西田幾多郎への関心も始まった。いつだったか、ある日、先生は「西田の『日本文化の問題』で論文を書いたよ[6]」と話されたことがあった。「あの悪名高きですか？」と問うと、先生は「そう、あの悪名高きです」と言って、悪戯っぽい笑みを浮かべた。

このころ、先生が口癖のように言っていた言葉に、「水平的(horizontal)思惟から垂直的(vertikal)思惟への転換」がある。先生の現象学は「地平の現象学」から「深さの現象学」へ、そして「媒体性の現象学」へと大きく変貌を遂げつつあった。この転換には、後期フィヒテの知識学、後期ハイデガーの存在の思惟に加えて、「東洋的思惟」への沈潜が寄与すること大であったと思う。

8　果てしない道

私が大学院を終えて東京を離れてからは、以前のように頻繁に接することはなくなってしまったが、自己の能力の限界と一身上の都合とが重なって、一時は哲学の研究を断念しようかとまで思っていた私に、先生は叱咤激励の言葉を惜しむことはなかった。その頃に頂戴した手紙の数々は、今でも筐底深くに大切に保管している。だが、それらの手紙のなかで先生が与えてくれた宿題を私はまだ一つも提出できないでいる。先生が師の三宅剛一から伝えられたという言葉に「多く読み、よく考え、少しだけ書く」というものがあった。傾聴に値する言葉であるが、全く書かないでいるのは困りものであろう。

先生に最後にお会いしたのは、今から七年ほど前になる。すっかり足腰の弱くなった先生を二子玉川の駅からバス停までお送りした。別れ際、先生は「君はこれから何をする？　私はあの二冊にすべて書いたよ」と言った。あの二冊とは『世界と生命――媒体性の現象学へ』(青土社、二〇〇一年)と『思惟の道としての現象学――超越論的媒体性と哲学の新たな方向』(以文社、二〇〇九年)である。

先生は「道」という語を好んだ。先生が切り拓き、歩み抜いた道は果てしなく続いている。先生の後を追って、その道を歩み通すのは、たしかに困難であろう。しかし、その可能性には計り知れないものがある。それゆえに、新田現象学はまだ終わっていない。真理に生きる者は永遠に生きる。

註

（1）参考までに他のセクションのタイトルと講師の名を記しておく。
A：「思想史の中の〈理性と想像力〉――一九二〇年代ドイツを中心に」（生松敬三）
B：「現代哲学と日本語の接点」（坂部恵）
D：「理性への挑戦――ジャック・デリダと現代哲学の諸問題」（足立和浩）
E：「構想力と現実――近代日本と三木清の場合」（荒川幾男）
さらに全体講義として「理性と想像力――ことばの相のもとに」（中村雄二郎）が行なわれた。

（2）前年度はカントの『純粋理性批判』、その前がハイデッガーの『現象学の根本諸問題』、そのまた前の年度がフッサールの『経験と判断』であったと聞いている。

（3）岸恭博「現象学解釈研究会の二十年」大学セミナーハウス『セミナーハウスニュース』一四九号、一九九七年。

（4）東洋大学フィロス東洋編集委員会『フィロス東洋』第四号、一九九一年、八頁。

（5）同上。

（6）「文化論の根柢にあるもの――西田幾多郎における一般者の自覚的自己限定の論理」、桶谷秀昭編『東洋大学創立一〇〇周年記念論文集［2］近代日本文化の歴史と論理』一九八七年。

新田先生のこと

千田義光

過日、武内大氏より新田義弘先生の訃報を伺い、先生のご冥福を祈る次第です。先生のご様子を伺うことができなくなって久しくなり、日頃少なからず気懸かりではあったのですが、改めてこの報に接し、哀悼の気持ちを抱き、一時代の過ぎ去ったことを思わざるをえません。

新田先生に私が最後にお会いし、お話をできたのは、私の不確かな記憶では、二〇一一年晩秋でした。その頃、日暮陽一さんを中心に行なっていたコゼレックの研究会で私の研究室に先生にもお越し願って、発表と意見交換をし、その後、例のごとく渋谷でさらに酒席にもお付き合いを願った次第でした。しかしそれが先生とお会いする最後となるとは、思いもよらぬことでした。その後は、結果としては研究会のメンバーとも会うことがなくなってしまい、先生のその後のことを知ることはできずにきました。

振り返ってみますと、先生に最初にお会いできたのは、これも不確かですが、おそらく三五年以上前になるかと思います。当時、東京都精神医学総合研究所で新田先生は、宇野昌人先生、児島洋先生とともに中心となって、現象学的に哲学と精神医学との対話を重ねる研究会を主宰しておられ、それに何かの切っ掛けで私も出させてもらったのが始まりです。それまでは、刊行物のなかでお名前を存じあげているばかりでした。

この研究会で、先生はリードして忌憚なく活発な討論を展開されておられましたし、その関心の広さと着想の妙で、私は眼を見開かされたという記憶をもっております。その上、先生には説得力と他を動かして種々な企画や会を実現させる能力をおもちでしたし、これはあまり哲学者にはみられない卓越さです。その恩恵を遺憾なく浴びて、引っ込み思案の私でも多くの若い哲学の学徒と知り合うことができたわけで、これは先生のお陰です。

先生はきわめて活発に異なる分野との交流に尽力され、さらに哲学に限っても若い研究者たちに大学の垣根を取り払って積極的に交流と発表の場を設け、中心となって活躍されておられました。お話を伺っている際にも、次々と豊かな考えを述べられ、先生の情熱と指導力に感嘆おくあたわざる気持ちを私は強く抱いておりました。その意味において、私にとって先生は「生きた現象学」そのものでもあったと言っても、言い過ぎにはならないように感じられます。あるいはまた、「深い現象学」の体現者である、と。

その間、各種研究会にも、あるいはフライブルクでの学会にもご一緒させていただきました。そのような長いお付き合いのなかでの私の全く個人的な感懐ですが、新田先生と同時代の方々で、私がごく身近に接することのできました神川正彦先生、渡邊二郎先生の三先生がおられます。私にとっては年齢が一二〜一四歳上となります。三先生は私にとってはある共通点をもっておられると感じておりました。つまり、それぞれがご自分の体系をもち、多くの作品を精力的に発表しておられた。それらは私にはどれほど願っても、もちえないものでした。そのようなこともあり、三先生に畏敬を抱くとともに、私に立ちはだかる高い険しい山脈として、また私との基本的な哲学的出発点との相違を感じざるをえない「師」として感じてきました。

相違というのは、私から考えますと、三先生には、それぞれ相違をもつとはいえ、理性への信頼ないし信念といったものが強固であると強く感じられました。しかし私にとっては、今日の歴史的条件のもとで、理性ないし理性的なものへの懐疑は止めどもなく溢れてきます。その意味においては、結局は哲学が理性の学であることをいくら否定しても否定しきれないにしても、私にとってはたえず理性的なものから出て、その意味で拡散しなければ、哲学的議論をすることができなくなってしまっております。あるときの議論のなかで、新田先生は、確かハイデガーかフィンクに触れた折だったはずですが、人間学的議論に否定的であった、と記憶しています。しかし私には、人間学的であるかはさておき、いつも非理性的なものを理性がどのようにすくい上げることができるか（もっとも、この点は哲学の言うまでもなくやっていることだ、と先生に言われるでしょうが）が、いつもひっかかってなりません。その意味で私は哲学の落第生なのですが、新田先生に長くご教示を頂けたことは、何よりも大きな喜びでした。

ここにお名前を挙げさせていただいた五名の先生方はすでに故人となられました。私にとって、ひとしおある時代の終わりを痛感せざるをえません。

改めて、先生のご冥福をお祈り申し上げます。

新田先生と私と「物語(り)」

野家啓一

1　新田先生との出会い

私が新田義弘先生と初めてお目にかかったのは、一九七三年の初夏であったと記憶する。というのも、私は前年の一九七二年に東大駒場の大学院(科学史・科学基礎論専門課程)に籍を置いて、同期の村田純一さんたちとフッサールの「幾何学の起源」の読書会を開いており、その折しばしば新田先生の『現象学とは何か――フッサール後期思想を中心として』(紀伊國屋新書)が話題に上っていたからである。副題にある通り、この書は当時ほとんど唯一のフッサール後期現象学の解説書であった。これが講談社学術文庫の一冊として再刊されるに際して、鷲田清一さんは巻末に懇切な解説文を寄せており、その一節は引用しておくに値する。

新田義弘の『現象学とは何か』は、大学のおそらくは薄暗い研究室で、フッサールという一哲学者の膨大なマニュスクリプト群やそれに関する文献集を丹念に繙き、それを読み込み、解釈するという、まったく孤独な作業のなかで仕上げられたものである。それもけっして平易ではない現象学の術語を駆使して書かれた、きわめて専門的な本である。にもかかわらず、この書物は当時、若手の哲学研究者のみならず、たとえば社会科学者、精神医学者、さらには科学理論・科学史専攻者などに静かに、しかし深く浸透していったのであった。(1)

私自身もまた、この書が「静かに、しかし深く浸透していった」先に属する研究者の一人である。鷲田さんはこの書を同じ時期に相前後して刊行された吉本隆明『共同幻想論』や廣松渉『マルクス主義の地平』と並べながら、その浸透の理由を「近代科学の客観主義的な構えは科学から生に対する意義を失わせたというフッサールの『客観主義批判』の議論のうちに、自分たちが携わる〈科学批判〉(それは〈知〉の体制の根本的な組み換えへの要請でもあったのだが)の哲学的な根拠を予感したのだとおもわれる」(同前)と総括しているが、正鵠を射た指摘と言えよう。

一九六〇年代末期から七〇年代にかけては、木田元先生の『現象学』(岩波新書)がベストセラーとなり、フッサールやメルロ゠ポンティの原典が次々と翻訳刊行されるなど、わが国の現象学研究は「現象学ルネサンス」と言われるほどの活況を呈していた。そのなかでも前期フッサールについては南山大学の立松弘孝先生が、後期フッサールについては東洋大学の新田先生が、まぎれもなくトップランナーだというのが、われわれ大学院生の間では衆目の一致するところであった。

一九七三年には佐々木力さん(昨年一二月に惜しくも急逝された)が伊東俊太郎先生に師事して数学史研究を進めるため、駒場の科哲研究室に現れた。佐々木さんが新田先生と面識があったことから、佐々木、村田、私の三人で、その当時は二子玉川のマンションに住んでおられた新田先生のご自宅をお訪ねしたのである。先生は見ず知らずの学生を歓待してくださり、お寿司をご馳走になって秘蔵のウイスキーを空にしたところまでは覚えているが、E・フィンクやR・ラントグレーベなどフッサールの高弟についての貴重な話はほとんど記憶に残っていない。ただ、先生が届いたばかりという新刊のフッセリアーナ(何巻であるかは忘れてしまった)をさも大事そうに見せてくださり、嬰児を扱うかのように丁寧に頁を繰られていたことが、とりわけ印象に残っている。

その後は私が先生と同じ東北大学出身ということもあって、さまざまな機会に声をかけていただいた。その意味で新田先生から受けた学恩は計り知れない。とりわけ合庭惇さんが編集長であった岩波書店の雑誌『思想』が一九七八年一〇月号で「現象学の展開」という特集を組むというので、新田先生の肝いりで若手の現象学者が集められ、私もその末席に加えていただいた。その編集会議が京都でもたれた折、私は幸い助手として就職が決まった南山大学から駆けつけたのだが、そのような晴れ舞台(?)に参加するのは初めてのこともあり、柄にもなく緊張していたことだけは覚えている。記憶に残っているのは、合庭さんが新田先生の『現象学』(岩波全書)のできたばかりの見本刷りを見せてくださったことと、初対面ながら私が『理想』に書いた論文に厳しいコメントを寄せてくださった鷲田さん(当時は関西大学)の頭部にすだれ状に頭髪がまだ残っていたことであった。たしか村田さんはケルン大学のエリザベス・シュトレーカー教授のもとに留学中であり、その場には居合わせなかったはずである。

次に新田先生とお目にかかったのは一九八〇年の夏、オーストリアのザルツブルクでティミエニエツカ女史が主宰する国際現象学会が開かれた折のことである。私はちょうど、プリンストン大学のリチャード・ローティ教授のもとでの一年間の留学を終え、日本に帰国する時期に当たり、その途上にヨーロッパ各地をまわって、最後にザルツブルクで新田先生や立松先生、それにボン大学に留学していた高山守さんらと合流したのであった。新田先生から、その当時ドイツで日本学の教鞭をとっておられた現象学者、山口一郎さんを紹介していただいたのもその折のことである。新田先生はドイツ語圏こそ我がホームグラウンドといった感じで意気軒高としておられ、合流した日のディナーを終えるや「シュナップスを飲みに行こう」と率先して二次会へ先導してくださった姿が今でも眼に焼き付いている。

私はといえば、旅の疲れと前夜のシュナップスの効験あらたかで、翌日は完全な二日酔いの憂き目に遭った。その日はザルツブルク市内のミラベル公園内にあるレストランで新田先生や立松先生御夫妻たちとランチをとったのだが、私は間欠的に襲ってくる頭痛と吐き気に食事どころではなく、思わず中座してトイレに駆け込む仕儀となった。その窮地を親身になって面倒をみてくださった山口さんには感謝の言葉もないが、そんな椿事も四〇年後の今となっては、恥ずかしくも懐かしい思い出である。

2　現象学・解釈学研究会

国際現象学会が終わり、三々五々ザルツブルクを後にする際に、新田先生から毎年秋に八王子のセミナー・ハウスで「現象学・解釈学研究会」という若手の集まりを開いているので、よかったら日本に帰ってから参加してみないか、という親切なお誘いを受けた。私としては新田先生から直接に学ぶことのできる、願ってもない機会であり、さっそくその年の秋から参加させていただいた。先生の筆でこの研究会を紹介しておこう。

この研究会は、文字どおり現象学や解釈学に広く関心を有する研究者たちによって自主的に運営されている研究会であり、参加者たちはこれまでに年に一度、八王子セミナー・ハウスに集まり、数日間合宿して研究報告やシンポジウムを行ない現代の哲学の切実な諸問題について熱心に討議を重ねてきた。毎回新鮮な息吹を感じさせるこの研究会も、今年で十年目を迎えることになった。(2)

この「現象学・解釈学研究会」は、昼は片言隻句をもゆるがせにしない学問的な「虎の穴」、夜は一転して無礼講の「梁山泊」となるといった趣の研究会で、私がこの会から受けた学問的刺激と哲学的交流の豊かさは、言葉では言い尽くせないほどである。しかも、出身大学や所属機関には全く関係なく「来る者は拒まず、去る者は追わず」という寛大な運営方針が貫かれていた。その意味でも、この会を主宰された新田先生の包容力の大きさには感謝の言葉しかない。ただ、私個人としては、「現象学」と「解釈学」とが並置されているこの研究会の理念に、いささか釈然としないものを感じていた。当時の私の理解では、現象学は〈知〉の究極的基礎づけを徹底して目指す運動であり、他方の解釈学はテクスト理論を基盤に解釈の多元性を容認する点で、両者は水と油とまでは言わないまでも、突き詰めていけば相容れない立場とみえたのである。とはいえ、新田先生はすでにその先を歩んでおられた。

先の鷲田さんの解説文の言葉を再び援用すれば、「新田義弘がこの書物のなかで試みたことを、フッサールの晩年に助手を務めたラントグレーベの言葉を借りて要約するならば、『無歴史的アプリオリスムスおよび近世合理主義の完結を意味する超越論的主観主義の挫折』という出来事を、それが持つ思想的含蓄とともに全体として描き出すということになるであろう(3)」というわけである。つまり、フッサールが個人的メモに記した「厳密学の夢は見果てた」という述懐の先に、新田先生は解釈学との合流点を探り当てていた、と言えるかもしれない。実際、新田先生は私の疑問を見透かして先取りするかのように、現代の解釈学の出発点をH・G・ガダマーの『真理と方法』のなかに見定め、ガダマー以降の解釈学の展開を次のように敷衍している。

ガダマーにやや遅れて、リクールやハバーマスなどによってフロイトの精神分析の深層解釈学的性格がそれぞれの関心から新たに有効な方法として積極的に取り上げられることによって、解釈学の社会文化的機能が重視されるようになった。そのうえまた後期ヴィトゲンシュタインの言語ゲーム論やオースティンやサールに代表されるような英米系の言語遂行論が解釈学の議論と交流することによって、たとえばアーペルに見られるように、解釈学は言語行為論やコミュニケーション理論と結びついていった(4)。

解釈学の射程を思いきり広げたこの見取図は、ヴィトゲンシュタインの言語ゲーム論やオースティンの言語行為論までをも解釈学の版図のなかに包摂し、さらに「新しいプラグマティズム(R・ローティ)の解釈学への著しい接近(5)」にまで言及しているのであれば(実際、ローティは『哲学と自然の鏡』のなかで、「解釈学的転回」という言葉を使っており、ローティの盟友トーマス・クーンも晩年の講演で「パラダイム」のことを科学の「解釈学的基底」と呼んでいる)、もはや私の出る幕ではない。現象学と分析哲学を一つの土俵の上で論じようという私の企図などは、新田如来の掌の上で右往左往する孫悟空のようなものである。それでは、いったい現象学の出る幕はどこにあるのであろうか。それについて新田先生は、次のような明確な論定を下している。

もとより現象学は世界や存在の現われ (Erscheinung) への問いであり、決して「理解」や「解釈」の理論を目指しているわけではないが、しかし現象学は時間や空間による現出の条件、あるいは相互主観的な制約など多面にわたるパースペクティヴの分析をとおして、いわゆる解釈学的な事象が単に歴史理解やテクスト理解に限定されるものでなく、すでにわれわれの生活世界的経験の次元における意味の発生の仕方そのものに見出されることを明らかにした(6)。

解釈学的事象が歴史やテクストに限定されるものではなく、生活世界的経験にまで及ぶとすれば、フッサールの「生活世界」とヴィトゲンシュタインの「生活形式」をつなぐ回路を模索し、またオースティンが言語行為論を「言語論的現象学」と呼んだことの意味を明らかにできるのではないか、私にはそう思われたのである。その意味で、新田先生による解釈学への誘いは、私が「物語り論」へと一歩を踏み出すための、いわば呼び水であった。

3 「物語り論」との出会い

一九八一年四月に、私は南山大学から東北大学へ転出したが、次の年の東北哲学会は福島大学を会場校として開催された。その年次大会のメイン・イベントは、新田先生の特別講演「歴史科学における物語り行為について」であった。これは後に『思想』一九八三年一〇月号に発表される論稿の原型とも言うべき講演であったが、私にとっては新田解釈学の新たな地平を予感させるものとして感銘深く拝聴することができた。講演終了後、その旨を先生にお伝えすると、「この講演は君のためにやったようなものだよ」とにこやかに告げられ、一瞬虚をつかれる思いがしたことを覚えている。要するに、先生は私の興味関心の在り処を見抜かれ、進むべき方向を示唆してくださったのである。

すでにその前年（一九八〇年）に新田先生は、自らも編集委員のお一人であった『講座　現象学』の第四巻に「人間存在の歴史性――歴史における理論と実践」と題する論考を発表している。おそらくそのなかで初めて、ドロイゼンの歴史理論と並んでアーサー・ダントーの物語理論についての言及がなされている。「歴史を物語的叙述とみなし、これを、一切の事実を列記するアイデアル・クロニクルから区別したのは、ダントーである」(7)といった具合である。ただしここでは、ダントーの『歴史の分析哲学』(8)への指示はまだなされていない。にもかかわらず、以下のように、新田先生は物語理論の本質を見事に捉えているのである。

> 物語ること（erzahlen）は、私が他者に対して物語ることとして言語的伝達の行為であり、必然的に、私の語る過去を他者と共有するという形で遂行されるのであり、物語るということは、過去を、私と他者とにとって同一の世界として構成することである。ここに物語的叙述の相互主観的機能を見ることができる。歴史を物語ることは相互人格的な言述における意味付与作用である。(9)

ここでは歴史を物語るという行為が、私と他者の間で過去という同一の世界を構成する相互主観的な言語行為であることが、端的に述べられている。さらにこの論文の末尾では、今日の歴史理論が目指しているのは「解釈学的方向と分析的方向とを媒介し統合していく試み」であり、それこそが『歴史の現象学』の課題領域」だと明示されているのである。[10] これがその当時、現象学と分析哲学との接点を模索していた私の問題意識に響かなかったわけはない。そして、この論文の続編とも言うべきものが、東北哲学会での講演だったのである。それゆえ「この講演は君のためにやったようなものだ」という新田先生の言葉は、唐突ではあったが、私に歴史の物語り論という沃野が目の前に広がっており、そこに鍬を入れてみろと背中を押してくださるメッセージであった。

この講演が活字となって発表された「歴史科学における物語り行為について」においては、新田先生は説明―理解論争とその延長線上にある歴史科学における方法論争に触れながら、次のように述べている。

歴史科学の方法をめぐる論争は、ポパー＝ヘンペル（さらにオッペンハイム）の演繹法則理論すなわち被覆法則理論とそれに対するドレイ、ウォルシュ、ダントーなどによる批判をもって始まるが、なかでもダントーの『歴史の分析哲学』のなかで十分に整えられた理論となった「物語理論（narrative theory）」は、一般法則による演繹的説明に対して歴史科学固有の説明の論理として物語的構成を主張する点で、歴史学をめぐる議論のなかで画期的な転回点となるものであった。[11]

それに続けて、新田先生はダントーのテーゼのドイツ語圏における積極的受容に触れながら「物語行為（Erzahlen）」ならびに「物語理論（Erzahltheorie）」という概念を導入し、それを通じて「科学的理論構築と生活世界的実践との連関の科学論的解明」[12]を目指そうというのである。この「物語行為」という言葉は私にオースティンやサールの「言語行為」を連想させたし、同時にワルター・ベンヤミンの「物語作者（Der Erzahler）」という卓抜なニコライ・レスコフ論を記憶の底から引き摺り出すことになった。この両者が交差する地点で成立したのが、私の「物語行為論序説」[13]にほかならない。その意味では、私の物語行為論は新田先生の懐から呱々の声を上げたようなものなのである。

4 「物語」と「物語り」

ところで、慧眼な読者はすでにお気づきかもしれないが、新田先生の論文が『思想』に掲載された折のタイトルは「歴史科学における物語り行為について」であった。つまり「物語」に「り」が付いているのである。また、先の論文「人間存在の歴史性」でもダントーに触れた節の小見出しは「物語り的構成としての歴史叙述」となっている。ところが、この両論文を『現象学と近代科学』に収録するに当たって、新田先生はタイトルにおいても本文においても「物語り」から「り」を削って「物語」で統一されているのである。

このことについては、あるとき鹿島徹さんから「野家さんのせいで、新田先生も『物語り』派から『物語』派になってしまいましたよ」と指摘されたことがある。私のせいでというのは、新田先生が二つの論文を発表されたのは一九八〇年と一九八三年、両論文を単行本に収録したのが一九九五年、その間の一九九〇年に私が「物語行為論序説」を発表したのが影響したのではないか、というわけである。私は単に、この論稿が発表された「現代哲学の冒険」（岩波書店）というシリーズの第八巻のタイトルが「物語」だったので、それに倣っただけであり、「り」の有無ということはほとんど意識していなかった。ましてや新田先生に影響を与えるなどという大それたことは考えてもいなかったが、今となってはそれを確かめようにも、確かめるすべはない。

ところが、思いもかけない事情から、今度は私が「物語」派から「物語り」派へと転向せざるをえない仕儀となる。私が「物語行為論序説」をはじめとするいくつかの論文をまとめ、『物語の哲学』[14]を刊行した折のことである。私としては歴史理論に関して同じ陣営に属していると思っていた人たちから、合評会の席上で、物語行為論は事実と虚構の境界を取り払うものであり、結局のところ歴史修正主義の第五列であるという、全面否定に近い批判を浴びたのである。あまりに愚かしい曲解に基づく言いがかりであったので、しばらくは放っておいたが、当時はドイツでは「歴史家論争」、わが国では従軍慰安婦をめぐる「歴史修正主義論争」が勃発していたので、降りかかる火の粉は払わねばならない、という状況に立ち至った。折よく岩波書店から「新・哲学講義」というシリーズが出はじめ、その第八巻「歴史と終末論」を私が担当することになったので、そこで次のような提案を行なった。

まず注意を促しておきたいのは、「歴史の物語り論」の基盤をなしている「物語り」とは「ストーリー」ではなく「ナラティブ」だということです。そこで両者の違いを明示するために、ストーリーには「物語」、ナラティブには「物語り」という表記を当てておきたいと思います。……「物語」が始めと終わりをもった完結した構造体を指す名詞的概念だとすれば、「物語り」はあくまでも動詞的概念であり、物語るという言語行為の遂行的機能を際立たせるための用語です。(15)

いささか苦しい区別と弁明だが、味噌も糞も一緒くたにしかねない無理解な批判者がいるのであれば、やむをえない措置と考えたのである。要するに、完結した言語作品を「物語(story)」によって、開かれた言語行為を「物語り(narrative)」によって表記しようというわけである。フンボルトの用語をもってすれば、「エルゴン」と「エネルゲイア」の対比になぞらえてもよい。だが、そのような面倒な議論に入り込まずとも、物語り論が歴史修正主義につながるとの愚劣な嫌疑を、新田先生は以下のように明快に一蹴している。

歴史叙述は、もともと歴史的対象としての出来事に関して評価を下すことである。新たなる叙述は新たなる評価を下すことであり、その意味でも歴史は何度でも新たに書き直される可能性をもつ。しかしいったん叙述された歴史を修正するという形でそれが試みられる場合には、構成された作品としての歴史に対する解釈という契機が入ってくる。……いずれにしても、構成された歴史が固定した一義的な規定性を有さないということは、それがアプリオリなものではないということを意味している。[16]（傍点は原文）

このように「完璧性という意味での客観性は一つの虚構である」とすると、歴史学的客観性はあくまでも暫定的な性格を脱し切ることはできない。しかしここでいわれる暫定性とは決して任意性によって左右されるような意味での暫定性ではない。（改行）「歴史はつねに新しく書き改められる」ということには、歴史がそのつど別様に(anders)に書き改められるということだけでなく、同時に、よりよく(besser)書き改められるということも含まれている。[17]

まさにその通りである。歴史は絶えず修正に対して開かれた、言語的構成体にほかならない。この間然するところのない物語り論擁護の主張は、それを相対主義や歴史修正主義と意図的に混同し、イデオロギー的に裁断しようとする徒輩に対する頂門の一針と言うべき断案である。

ところで、縷々述べてきたように、新田先生は「物語り」から「物語」への道を選び、私は逆に「物語」から「物語り」へと反転し、メビウスの帯の上をたどるかのように、結局は新田先生の初期の用語法を踏襲するに至った。そのことを新田先生自身がどう思われていたか、今となっては伺うすべもない。しかし、学問的リレーのアリーナのなかで、新田先生から託された「物語(り)論」というバトンを、私がしっかりと受け取ったことだけは確かである。そのことの学恩に心から感謝しつつ、今はひたすら先生のご冥福を祈るばかりである。合掌。

註

(1) 新田義弘『現象学とは何か――フッサール後期思想を中心として』講談社学術文庫、一九九二年、二四七―二四八頁。
(2) 新田義弘「あとがき」、現象学・解釈学研究会編『現象学と解釈学　下』世界書院、一九八八年。
(3) 新田、前掲『現象学とは何か』、二四九頁。
(4) 新田義弘「序」、現象学・解釈学研究会編『現象学と解釈学　上』世界書院、一九八八年、七―八頁。後に『現象学と解釈学』ちくま学芸文庫、二〇〇六年に収録。
(5) 同書、八頁。
(6) 同書、一〇頁。
(7) 新田義弘『現象学と近代哲学』岩波書店、一九九五年、二六〇頁。
(8) アーサー・C・ダント『物語としての歴史――歴史の分析哲学』河本英夫訳、国文社、一九八九年。
(9) 新田、前掲『現象学と近代哲学』、二六三―二六四頁。
(10) 同書、二六八頁。
(11) 同書、二七一頁。
(12) 同書、二七二頁。
(13) 拙論「物語行為論序説」、市川浩他編『現代哲学の冒険8　物語』岩波書店、一九九〇年。
(14) 拙著『物語の哲学』岩波書店、一九九六年。
(15) 拙論「講義の七日間――歴史のナラトロジー」、野家啓一他編『新・哲学講義8　歴史と終末論』岩波書店、一九九八年、二〇頁。本論稿は、後に以下に収録された。拙著『歴史を哲学する――七日間の集中講義』岩波現代文庫、二〇一六年、三三頁。
(16) 新田、前掲『現象学と近代哲学』、二六二―二六三頁。
(17) 同書、二九四頁。

回想と感謝

――新田先生の思い出に捧げる

日暮陽一

きっかけは忘れたが、何年か前に「京都哲学撰書」というシリーズから再刊された高坂正顕の『歴史的世界』を手に入れ、ざっと目を通して、そしてとても驚いた。今日の歴史理論の洞察や問題意識のいくつかが、すでにちゃんと考えられていたからだ。そしてそれらがちゃんと継承されたようには到底思えないこと、それもまた、私自身の無知と怠惰も含めて、意外とは言えないのが情けないが、やはり驚きだった。そうした驚きは、むかし、新田先生が折に触れて、戦前の日本の哲学はプロの哲学だったと仰っていたことを改めて思い起こさせてくれた。

1 「虚空をつかむ」

私はもともと歴史に関心をもっていて、大学では歴史をやろうか哲学にするかと悩んだ時期もあったのだが、結局、哲学にすることにした。理由は二つあった。一つは、歴史はせいぜい事実の確認にとどまり、認識にはなりえないという考え、もう一つは歴史は本当に面白いのだが、次第に人間というものが嫌いになり、人間の世界そのものが疎ましく感じるようになるという理由からだった。

哲学を選んだ最も大きな理由は稲垣足穂の影響だった。彼が言う「宇宙論的郷愁」に似たような感情を、たしか当地に引っ越してすぐの頃なので、まだ小学生の頃だと思うが、私自身も覚えたことがあった。それは今の私の表現では一種の「幻視」体験の類なのだが、もちろんそれは宗教的なものではない。単に夕焼けの空を眺めていて、赤々とした巨大な太陽やその前景の赤みを帯びた雲や空の向こうに、果てしない暗黒の虚無空間が広がっていて、自分が今ここにいる地球はその暗黒の空間のなかを動いている多くの球体の一つであって、また自分自身もそこを動いている、等々の、全体的で、天文学の知識によって可能になっているのだが、しかし同時に感性的なものとして体験された直観であった。そのようなかたちで、みえていないはずの宇宙のなかにいる自分がみえたのであり(もちろん視覚という意味ではない)、一般的な言い方をすれば、言葉や理屈からは滑り落ちてしまう、不思議な拡がりをもった想い(visio)を感覚として体験したということになるだろう。実際そういう想いは気をつければいろいろな場面で覚えるもので、後になって稲垣足穂の作品群に触れたことで、そうした微妙で不思議な感覚を文学的に固定しようとする彼の試みを知り(足穂の言葉では「虚空をつかもうとすること」であり、そうした感覚の一例を指し示すために彼がよく使ったのが「六月の夜の都会の空」という有名なフレーズだった)、それらの曖昧とした本当について確かめたい、哲学ならもう少しちゃんとした仕方でそれの正体を表現できるのではないかと思ったのが、私が哲学を選んだ最も大きな理由だった。

2　混沌と荒廃

私が東洋大学に入学したのは一九七一年のことなので、あの騒然とした時代や社会の雰囲気からして、哲学を学ぶ動機が社会的な関心にあった人が多かったことだろう。私のちょっと上の世代はいわゆる「全共闘世代」だし、私の後輩でも依然としてそういう関心のもとで哲学を学んでいた人は少なくなかった。ただ時代の状況は「連帯」の幻想のもとでのお祭り騒ぎ的な戦争ごっこから、剝き出しにされた政治的本音を中心とする陰惨なテロリズムの時代へと急速に変化しつつあった。右で言えば、三島の自決事件が七〇年の一一月末だった。他方では、例えば米中の国交回復への動きが始まり、林彪の失脚死や中国の国連加盟と中華民国の国連脱退、また「ニクソン・ショック」を経ての円の変動相場制への移行等、政治・社会・経済・文化の各分野で数多くの重要な変化がこの七一年に現われている。

私自身はそうした騒然とした状況のなかで、自分の立ち位置がうまくつかめず、最初の一年間は大学にはほとんど登校しなかった。半年で三単位しかとらず、次の半年から三年生のときまで大学がロックアウト続きで試験がなかったので、なんとか四年で卒業できたが、いわゆる「ボス交」によってロックアウトが回避され、久しぶりに試験を受けることになったときには、試験に対応する緊張感を取り戻せるのか結構不安だったことを覚えている。

二年生になってから少しずつ授業に出るようになったが、当時一番学生に人気のあった飯島宗享先生などは、授業に来る途中で学生たちに取り囲まれ、吊し上げのような状態で対話を強要され、結局授業には来れないことが多かった。その当時、少し話したりするようになった級友の一人から、ここにはすごい先生がいるということで新田先生の名前をはじめて聞き、その授業に出るようになった。先生はフンボルトの奨学金での留学から戻られたところで、その成果を惜しむことなく講義で開陳されていた。それは私にとって途方もない知的体験の日々だった。哲学を学問として行なうということはこういうことなのか、今の混沌とした時代にこういうことが可能なのか、何より出来る人がいるのか、という驚きの連続だった。

面白かったのは、多くの授業に押しかけて教室を乗っ取っていた学生たちが、先生の講義は基本的に敬して遠ざけていたことだった(一つの理由は受講生が極端に少なくなっていったので、また残った学生は彼らに付き合ってくれそうもないので、コスパ的に割りに合わないということだろう)。後に、当時そういう学生の一人で、小セクトの指導者にまでなった友人から聞いたところでは、やはりそのような指示(あの先生には無礼を働くなという)が出ていたらしい。それは大村晴雄先生に対しても同様であった。大村先生は高齢でもあったし、大変穏やかな風貌や控えめな物腰にもかかわらず、結構短気でもあったので(それは新田先生も同じで、そもそも研究者や学者などという人種で、あるいは一般にそれなりの専門家で、短気でもお山の大将気質でもないという人の方が珍しいだろう)、乱暴狼藉に及べば不測の事態の可能性もあったことだろう。私が知る限りでは、優しそうで、学生に本気で怒ったりしそうもない飯島先生や泉治典先生などが、一番被害に遭っていたように記憶する。

3　啓示めいた偶然的必然——新田先生という「体験」

私が体験した新田先生の学部での授業の主題は、何よりもまず、ドイツ観念論を中心とした近代哲学での理性論の問題や、当時日本ではほとんど誰も語っていなかったガダマーの解釈学を紹介しながらの、つまり実存からではない、ハイデガー解釈などであったように思う。曖昧な表現をしたのは、途中で膨大な板書のノートを取るのを諦めて、とにかく先生が語られることをできるだけその場で理解することに方針転換したからで、本当に勿体ないことではあるのだが、別に後悔はしていない。残念ながら私の能力では講義の享受と記録の両立は不可能だったというだけのことで、それならはじめて体験するそういう知的緊張感や刺激に満ちた講義をできるだけそのまま享受した方が良いというものだろう。

綿密に作成されたノートに則っていわば淡々と続けられる講義について、それを享受するなどというと変に聞こえるかもしれない。享受というとやはり感覚的な喜びや情動が満たされることをイメージしてしまう。飲食や安息や情欲などを別とすれば、現代美術は旧来の美意識を離れてしまったので、芸術関係だと音楽がやはり享受には一番しっくりくるように思われる。だが詩が本来歌われるものだったことを考えれば、音楽と言葉が共鳴する関係にあることは確かだろう。散文詩はなるほど厳格な韻律などの音楽性を離れたが、逆に抽象的なものにまで及ぶ自由なイメージの奥行きを手に入れた。そして詩想は思想でもありうる。これは今日では「親父ギャグ」と言われるが、そうなると

「ソーマはセーマ」もそうだろうから、そうした揶揄も名誉というものだろう。思想としての言葉が人の感情に深く関わることは、「パトス」が受動的なものであることを説明して、アリストテレスが演説や劇のセリフによって受動的に聴衆の感情が喚起されることを例としていることからも分かる。

思想と哲学の区別は大事だが、哲学の概念や論証は、あるいは問いかけの斬新さは、厳密な理論的構築性を越えた可能性を孕んでいて、ある場合には、例えばドイツ観念論の思弁のような場合には、そうしたレベルへの想像力のようなものが逐語的理解と同時に働かなければ、芸のない阿呆陀羅経を聞かされているような羽目に陥ってしまうだろう。言ってみれば、新田先生という控え目な噺家が演者となって、ドイツ古典哲学という古典落語の一席を演じてくれていたので、そこからこちらはそこに立ち現われる江戸の文化や生活ならぬ広大な思想世界の鮮やかな片鱗に触れることができたのであった。とはいえそれは物語的な歴史叙述の類ではなく、むしろ問題史とでもいうか、例えば、絶対者、理性、自己意識、解釈学、存在了解といったそれぞれの主題についての掘り下げた、そして最新の研究成果に基づいた議論の連続であって、決して何かの手前勝手な物語でもなければ、単なる概念史のようなものでもなかった。それは講義であっても、ただの情報処理や学習としての授業ではなく、だからこそその思想の奥行きへの同時的な追体験を味わうことこそが、当時の私にとって何よりも優先された、時代の沸騰する不確かさからの一種の知的な救済体験だったのである。

4　新田先生をめぐる風景

講義の内容の一端、例えば絶対的反省の挫折や新たな意識哲学の可能性の模索、そしてガダマー解釈学の問題などについては、当時せりか書房から刊行された季刊誌『現象学研究』の創刊号（一九七二年）に載せられた先生の「現代哲学の反省概念について――現象学と哲学的解釈学」（一九七一年）という論考からも知られるが、もちろん講義の内容はそれだけではなかった。例えばW・クラーマーの『絶対者と偶有者』での議論が何回も費やして紹介されたし、確か主にG・クリューガーとW・シュルツに基づいてだったと思うが、「Macht」と「Ohnmacht」に関する議論についてもはじめて知った。クザーヌスや後期フィヒテの重要さについてももちろん扱われた。とはいえ、学部の二年生から四年生まで、そして大学院に進むことを決めて主にドイツ語を中心に勉強し直していた一年間も含めて、さらには大学院へ進んだ後も学部での先生の講義を聴講し続けていたので、実際の講義内容についての私の記憶は随分と錯綜していることだろう。もし正確なことを確かめたければ当時の講義要綱などを探せば良いだろうが、そうした伝記的考証は別の機会に、もっと有能な人がされた方が良いと思うので、ここではあくまでも今の私の生きた記憶からの回想という範囲に話を区切りたい。

さて、当時の私は特にドイツ語のテクスト読解能力という点からも、またドイツ古典哲学や現象学に関する知識や理解という点からも、とても新田先生の下で論文を書く準備ができていなかったので、やはり稲垣足穂からの影響で関心を寄せていたホワイトヘッドの『自然の概念』で論文を書くことにした。元々、論理実証主義やクワインの議論などには関心をもっていたこともあるが、ホワイトヘッドを専門に研究されていた斎藤繁雄先生が哲学科で指導されていたことが大きい。ホワイトヘッドの英語は読みづらいので、翻訳書を中心に書いたのだが、時々意味が通じなくなることがあって、原書を確認してみると丸々一段落飛んでいたりして、いくらなんでも酷いと思って、斎藤先生に愚痴をこぼしたら、それは酷すぎるが実際には翻訳では誤訳は間々あることで、定訳になっている大家の某先生ですらそういうことがあると教えられ、それ以来、翻訳は信用しないことにした。ただ翻訳者の「解説」には助けられた。

当時の東洋大の大学院入試は年二回あり、一年間は勉強し直すつもりだったので、まず冬に受けてみて、どんなふうなのかを知った上で、夏だったか秋だったかの、次の年度の一回目の入試で入れてもらった。最初の受験のときには、東洋大では過去の問題などを一切公表していなかったので、東京大学の本郷へ行って見せてもらったところ（その情報をどこで得たのかは全く覚えていない)、小論文のテーマが「理性」だったので、あ、これは今度は出ないなと勝手に納得して受験したら、あろうことか「理性」だったので、諦めて白紙で出して(好い加減なことは書きたくなかったこともあるが)、口頭試問の時に説明を求められたので正直に答えたら、まあ笑いを取ってしまい(もちろん苦笑い混じりの)、最後は飯島先生に、次はちゃんとしないとダメだぞと、まさにダメ出しを受けたことを今でも覚えている。

ドイツ語は三年の冬か四年になってからだったか、サラリーマンになるつもりにはなれなかったので(小学生の頃だと思うが、父が忘年会で芸を披露しなければならずそれはそれは奇妙な節回しの、本当に父親の尊厳を一挙になくすような、奇妙な奇妙な節回しの小唄だか長唄だかの練習をしているのを聞いて以来、そう心に決めた)、かつて両親が、学校だけは行きたいだけ行かせてやる、と後先のことも考えずに言ってしまったのを証文に取って、できるだけ学生生活を続けるつもりで大学院に進もうと思ってから、日本橋の丸善で手に入れたミュンヘンの「ヒューバー」という出版社から出ていたおそらく留学生用のドイツ語学習書を使って独学で勉強した。大学院浪人をしていたときには友人からの紹介で、やはり大学院へ進みたいと考えている人から、良い卒論を書きたいから資料を翻訳してくれないかと依頼されて、エル・グレコに関するドイツ語の研究文献の翻訳もした。かなり時間をかけて、青山のゲーテ・インスティテュートの図書館まで行って参考文献の内容を確かめたりしながら、やっと翻訳したが、その経験が、貰ったバイト代以上に、ドイツ語能力の幅を広げ、美術研究に関する厳密な学問的方法のあり方を知るという意味でも、また哲学のテクストを読む際の目配りの広さという意味でも、大学院に入ってから大いに役立った。

5 「由無し事」

学部生の時も浪人生の時も新田先生と直接お話しする機会はなかった。だから先生としてはこちらのことが何も分からず、今から思えば、かなり当惑されたことだろうと思う。気難しくて怖い先生だという評判が高かったので最初は緊張したが、実際にお目にかかると、それは学問上のことで、その辺は気を抜けなかったが、それ以外ではとても気さくで優しい、酒好きの美食家だった。校内の清掃をして下さっている方々などにも決して偉ぶることなく礼儀を尽くされていて、そこら辺は他の先生方も同様だったから（少なくとも私が直接教えを受けた方々は）、ここに入って良かったと安堵したことを覚えている。最初の関門は、現象学的還元についてどう思うか、という質問で、うまく説明できないが単なる方法ということではないと思っている、というようなことを答えた。どういう講義（演習）を受けるかの選択では、カントを中心に、できるだけいろいろな先生の授業を受けるようにと指導を受けた。当時、大学院には高峰一愚先生と浜田義文先生が非常勤で来られていたので、お二人からカントの読み方を学ぶことになった。

当時の東洋大では哲学関係の教員は哲学と人文の別々の部門に分かれていて、新田先生は人文の方だったので、哲学科での私の身元引き受け人は泉治典先生であった。この先生の研究者としての凄さや宗教者としての真摯さは大学院に進んでからはじめて分かった。アンセルムスについての先生の演習では、当時は例の「神の存在の存在論的証明」の意味が理解できなかったが、今は哲学史の講義で必ず利用させていただいている。学部と大学院では本当に何から何まで違った。後にある友人から「元祖オタク」とか「引き籠り」などと揶揄されたことがあるが、学部の頃の私はたしかに行動もそれに近いところがあって、例えば授業と授業の合間には御茶ノ水の駅前のジャズ喫茶に通ったりして、基本的に大学での交際を避けていた。もっともそれは私だけのことではなく、当時は学生が大勢集まって何かしようとするとオルグしたがりの困った輩が介入してきたりすることが珍しくなく、現在のように大学で学生生活をエンジョイするという雰囲気ではなかった。それほどいろいろな意味で荒廃し、魅力に欠け、危険ですらあった。大袈裟な言い方をすれば、私は大学院に入学してようやく、知的雰囲気やレベルという点でも、学友や先生方との交わりという点でも、大学にいることを楽しめるようになったのだった。

新田先生の演習の対象は『フッセリアーナ』（修士課程）とフィヒテの『知識学』（博士課程）だった。前者では当時刊行されたばかりの『相互主観性の現象学』第一五巻、後者では『一八〇四年の知識学』の演習が特に記憶に残っている。そういえば、前者の演習で何かの主題で報告をした際に、先生から「君は（のやり方は）現象学ではない」と叱責されたことがあった。私には考証癖があるので概念史的な説明を長々としたためだった。同席していた前田保さんは、後で、でも自分は面白かったよ、と言ってくれたので、まあ全然見当外れというわけでもなかったかと思ったが、たしかに調子に乗っていたかもと少々反省した。とはいえ先生も私のそういう部分を全く否定されていたわけではなく、半人前のヒヨッコに方向を間違えるなと警策の一撃をくれたわけで、なぜならこちらが一応一人前になってからはそういう側面についても評価していただき、あまつさえ後に書斎を整理された機会には先生が所有されていた大部で高価な概念史事典を譲ってくださったからだ。自分はきつい言い方をしてしまうことがあるので、体験上、学生に対する物言いや批判の言葉には気をつけている、と先生ご自身が仰ったことがあるが、脳天気なこちらは、自分は子供の頃から母親に「叱られるうちが花よ」と言われて（叱られて）育ってきたので、大丈夫ですよ、などと言っていたので、まあ、不用意に虎の尾を踏んでしまったというわけだ。でもこうしてちゃんと覚えているので、頭にはほぼ髪がなくなったが、まだ「花」のうちなのかもしれない。

6　原点への回帰と「歴史の現象学」

かつて八王子の大学セミナーハウスで毎秋開催されていた研究会の思い出やそこでの出会いとか、八幡山の「精神研」（通称、現・東京都精神医学総合研究所）で宇野昌人先生と共同で開催されていた精神医学と現象学との学際的な研究会の思い出とそこでの出会いとか、記しておきたいことはいろいろあるが、これ以上に取り留めのない話になってしまいそうだし、他の方も書かれるだろうから、ここでは最後に一つだけ触れて先生に感謝の念を捧げながら筆を擱くことにしたい。

それは冒頭で触れた歴史の問題だ。歴史はせいぜい事実の確認にとどまり、認識にはなりえない（歴史法則だとかヘンペル流の「延覆理論」など論外）、という私の思い込みを完全に脱することができたのは、そして現在に至る歴史理論研究の糸口を与えてくださったのは、新田先生だからだ。ガダマーの解釈学やシュルツやヘンリッヒの仕事だけでなく、その後も先生はフッサールや現象学の研究と並行して、欧米とりわけドイツでの先端の議論状況を、単に鸚鵡返しするのではなく、現在のわれわれには縁遠いものになってしまったあの時代の哲学者たちの膨大な教養に裏打ちされた独自の先鋭な問題意識に基づいて再構築しながら紹介する作業を続けられていた。しかし先生ご自身はそれらにのめり込むのではなく、むしろ言ってみればそれらに適していると思われた後進たちにそうした主題を譲りながら、ご自分は最終的には西田の現象学的解釈に入り込んでいったように思われる。もはやその先がどうなるのかを見届けることができなくなったことが、先生の一読者としての私には残念なことだが、無い物ねだりは先生にもご迷惑だろうから諦めるしかない。

話を戻すと、『思想』七一二号（一九八三年）に先生が書かれた「歴史科学における物語行為について」が私にとっての転回点となった。その後『現象学の展望』（国文社、一九八六年）でF・フェルマンの「ラプラスの魔霊の終焉」を翻訳する機会を与えられたことで自分なりに「歴史の物語論」への理解を深めることができ、またやはり先生からW・シャップのことを教えられ、取り寄せて読んでみることで、そうした物語論だけの枠には収まらない、「諸々の歴史の哲学」としての現象学の可能性にも気づかされた。それらは、これもやはり先生が『思想』の論文で紹介されていたR・コゼレクの仕事と並んで、現在に至るまでの私の主な研究関心の一つであり続けている。他のものを挙げれば、やはりカントとドイツ観念論、そしてフロイト的な精神分析がある。これらは、そしてそれら以外の研究上の関心事も、稲垣足穂や吉田健一そして古代中国の思想家たちなどを除けば、そのほとんどすべてが先生に出会うことがなかったなら私のなかに真に根付くことはなかったのではないかと思われる。まあ先生とは、私の両親もそうであるが、夢のなかで時折お会いしているので、どうもいまだにお亡くなりになられたという実感がない。夢のなかでは相変わらず私は怠惰で出来の悪い一人の学生なので、また叱られやしないかとビクビクしているというのが実態なのだが、これはきっと一生そのままなのだろう。そしてそれが良いし楽しいというのが今の偽らざる私の気持ちなのだということになる。

最後になりますが、こうした形で新田先生に対する感謝の気持ちを表明する機会を与えてくださった河本先生に深く感謝します。

追想

――「学恩」を超える「恩」

鷲田清一

わたしが京都大学の哲学科で学びはじめた頃は、現象学関連の講義や演習は全くなかった。東北大学から京都大学へと移籍された三宅剛一教授もそう長くない期間で定年を迎えられたこともあってか、フッサールの現象学を主たる研究対象とする先輩というのも、わたしの周囲には誰ひとりいなかった。メルロ＝ポンティで卒業論文を書こうとしていたわたしは、指導教官だった森口美都男先生に「現象学をやるならまずはフッサールをきちんとやりなさい」と諭され、大学の四年次になってはじめてフッサールの著作に取り組むようになった。メルロ＝ポンティの著作のみならず、廣松渉の、のちに『世界の共同主観的存在構造』としてまとめられる諸論攷から受けた強烈な刺激もあったからと思うが、わたしは卒業論文のテーマにフッサールの〈間主観性〉論を選んだ。そのときは〈間主観性〉をめぐるフッサールの草稿群など公刊されておらず、さらにフッサールの後期の著述の翻訳も乏しく、いわゆる『危機』書の翻訳もようやっと出たばかりだった。〈間主観性〉をはじめとして、〈生活世界〉や〈受動的綜合〉、〈キネステーゼ〉といった、後期フッサールの思考を駆っていた概念が、その草稿群のうちに豊かに眠ると伝え聞きながらも、それらにじかにアプローチする手立てが限られている、そんな時代だった。そしてその時代にフッサールの後期思想を本格的に論じたものとして唯一手にしえたのが、新田義弘先生の『現象学とは何か――フッサール後期思想を中心として』（紀伊國屋新書、一九六八年）であった。

むさぼるように読んだ。読み返した。読み返すたびに傍線を引く箇所が変わり、別の色鉛筆で線を引きなおしたので、いつかほとんどの頁が傍線だらけになって、改めてこの本を買いなおしもした。大学院に入り、当時発表されたばかりのクラウス・ヘルトの長文の論攷《Das Problem der Intersubjektivität und die Idee einer phänomenologischen Transzendentalphilosophie》をも読み込みつつ、〈間主観性〉をめぐるいくつかの小さな発表もしたあと、一六〇枚ほどの原稿「超越論的現象学に於ける〈他者〉の問題」を書き上げ、当時、友人たちと刊行していたオフセット印刷の同人誌に載せた。そして逸る気持ちが抑ええず、面識もない新田先生にぶしつけにも抜き刷りをお送りした。すぐに長い感想のお手紙を頂戴し、これもまた何度もむさぼるように読ませていただいた。そして先生が主宰されていた現象学・解釈学研究会に来ないかとお誘いいただいた。年に一度、八王子の大学セミナーハウスで開かれる研究合宿である。そこではじめて、東洋大学で現象学研究に取り組む数多くの大学院生たち、そして「盟友」とも言うべき野家啓一、村田純一、谷徹、斎藤慶典らと出会うことになった。じつにハードな合宿であったが、毎年、優に一年分になりそうな刺激を受けて西へと帰っていったものである。

その後、ドイツのルール大学（ボッフム）で二年間、ベルンハルト・ヴァルデンフェルス教授のもとで在外研究に従事していた期間には、トリアーで開催されたドイツ現象学会の大会に参加すべく新田先生も来独され、ミュンヘンの山口一郎さんも交え、ともに旅するなかで、ようやっと学問以外のお話もできるようになった。帰国してからは、上京した折、世田谷のお宅に泊まらせていただいたこともある。さらに一九九二年には、かつてむさぼり読んだあの『現象学とは何か』の文庫版で「解説」を書かせていただくという光栄にも浴した。

こうしてふり返り、改めて思う。哲学の文献の読み方は京都大学での複数の恩師より学んだが、現象学の魂は新田先生から学んだと。ただわたしがその後歩んだ道は、〈知〉の最終的な根拠に踏み込まれる新田先生の思いからは逸れてしまった。卒業論文の頃より抱えていた他者の問題、身体の問題を、〈知〉の根拠への問いとならぶもう一つの現象学の課題、そう〈記述〉という作業というかたちで深化させようとしたわたしは、モードやケアの現場に接するなかでこの課題に向きあうことになった。現象学のこの〝フィールドワーク〟は、そののち《臨床哲学》というプロジェクトへと形を変えて展開することになる。学問論から〈記述〉の作業、さらには実践へと重心を移していったこの途を、新田先生は〝現象学の外〟と判断されたにちがいない。けれども新田先生の思いから少しずつ外れてはいっても、後ろ姿は見ていてくださった。フッサールの助手を務め、新田先生のドイツでの恩師であったオイゲン・フィンクが、私家版で、しかもイラスト入りの *Die Mode* という本を刊行していた。その写しを、新田先生は短い言葉を添えて、そっと送ってくださったのだ。それをもってわたしの「忘恩」を免じてくださったのかと思い、その、「学恩」を超えたご恩に、涙をこらえることができなかった。

世紀を跨いでからおよそ十五年、その《臨床哲学》もまた志半ばで畏友、中岡成文に委ねることになった。心ならずも研究室を離れ、大学運営の仕事に塗れることになった。それもまた《臨床哲学》の実践だと慰めてくれる人もいたが、わたしには苦しい十五年ではあった。新田先生に「研究」の成果どころか、〈記述〉の仕事の報告すらできないままの十五年であった。

どんどん道を逸れてゆく「不肖の弟子」であったが、今はようやく人生の前半でしたことと後半でしていること、つまりは現象学研究と臨床哲学研究とが、異なる貌をしたおなじ一つの試みだと、確信できるようになっている。が、そのことを新田先生にご報告に上がろうにも、もういらっしゃらない。慚愧の思いである。

新田義弘　業績一覧

単著

『現象学とは何か――フッサールの後期思想を中心として』紀伊國屋新書、一九六八年↓〔新装版〕紀伊國屋書店、一九七九年↓講談社学術文庫、一九九二年
『現象学』岩波全書、一九七八年↓講談社学術文庫、二〇一三年
『哲学の歴史――哲学は何を問題にしてきたか』講談社現代新書、一九八九年
『現象学と近代哲学』岩波書店、一九九五年
『現代哲学――現象学と解釈学』（叢書　現象学と解釈学）白菁社、一九九七年↓〔改題版〕『現象学と解釈学』ちくま学芸文庫、二〇〇六年
『現代の問いとしての西田哲学』岩波書店、一九九八年
『世界と生命――媒体性の現象学へ』青土社、二〇〇一年
『思惟の道としての現象学――超越論的媒体性と哲学の新たな方向』以文社、二〇〇九年

編著　※（　）内は収録された執筆論文・討論

『王と予言者　初級読物』W・ジェンス著、久野昭・新田義弘編、朝日出版社、一九六五年
『人間とは何か』K・ヤスパース著、久野昭・新田義弘編、朝日出版社、一九六六年
『講座　現象学』（全四巻）新田義弘・滝浦静雄・木田元・立松弘孝編、弘文堂、一九八〇年（「人間存在の歴史性」（第二巻）／「現象学の展開――問題史的考察の試み」（第三巻））
『他者の現象学――哲学と精神医学からのアプローチ』新田義弘・宇野昌人編、北斗出版、一九八二年↓〔増補新版〕

一九九二年（「自己性と他者性――視点のアポリアをめぐって」）

『現象学の現在』新田義弘・常俊宗三郎・水野和久編、世界思想社、一九八九年（「序　現象学における『思惟の事象』についての所感」）

『他者の現象学II――哲学と精神医学のあいだ』北斗出版、一九九二年（「序論　他者論の展開の諸相――現象学における哲学と精神医学との交差領域に定位して」）

『岩波講座　現代思想』（全一六巻）岩波書店、一九九三年（「世界のパースペクティヴと知の最終審」（第一巻）／「現象学の方法的展開」（第六巻））

『フッサールを学ぶ人のために』世界思想社、二〇〇〇年（「討論　現象学の現在と未来――現象学の可能性」野家啓一・村田純一・水野和久・鷲田清一／司会：新田義弘・谷徹」／「フッサールの現象学――知の解体と再構築」）

『自己意識の現象学――生命と知をめぐって』新田義弘・河本英夫編、世界思想社、二〇〇五年

Das Verständnis der Geschichte, R. Bultmann; erläutert von Yoshihiro Nitta, Akira Hirano, Asahi, 1962.

Analecta Husserliana, Vol. VIII (Japanese Phenomenology: Phenomenology as the Trans-cultural Philosophical Approach), Yoshihiro Nitta and Hirotaka Tatematsu (ed.), D. Reidel, 1979. ("Husserl's Manuscript 'A Nocturnal Conversation': His Phenomenology of Intersubjectivity")

Japanische Beiträge zur Phänomenologie, Yoshihiro Nitta (Hg.), Karl Alber, 1984. ("Phänomenologie als Theorie der Perspektive und die Aporie des Gesichtspunkts")

Aufnahme und Antwort: Phänomenologie in Japan I (Orbis Phaenomenologicus - Perspektiven. Neue Folge 23), Yoshihiro Nitta und Toru Tani (Hg.), Königshausen & Neumann, 2011.

共著　※（　）内は収録された執筆論文

『新しき思索のために』大島康正編、理想社、一九六六年（「時間と空間」「歴史と人間」）

『西洋10大哲学』飯島崇享編、富士書店、一九六六年（「カント」「サルトル」）

『知識と論理』園田義道編、富士書店、一九六九年（「解釈学的方法と現象学的方法」）

『哲学の名著12選』古田光編、学陽書房、一九七二年（「フッサール『純粋現象学及び現象学的哲学の考察（イデーンⅠ）』」）

『近代思想論』大村晴雄編、福村出版、一九七六年（「現代哲学の展開——ドイツ」）

『現代10大哲学』飯島宗享編、富士書店、一九七七年（「フッサール」）

『フッサール現象学』立松弘孝編、勁草書房、一九八六年（「フッサールの目的論」）

『技術・科学・魔術』（新・岩波講座　哲学8）岩波書店、一九八六年（「生活世界と科学」）

『近代日本文化の歴史と論理』桶谷秀昭編、東洋大学創立一〇〇周年記念論文集Ⅱ、一九八七年（「文化論の根底にあるもの——西田幾多郎における一般者の自覚的自己限定の論理」）

『井上円了と西洋思想』齋藤繁雄編、東洋大学井上円了記念学術振興基金、一九八八年（「井上円了の現象即実在論——『仏教活論』から『哲学新案』へ」）

『Phaenomenologica14・15　現象学と解釈学　上・下』現象学・解釈学研究会編、世界書院、一九八八年（「序」「総論　解釈学の論理とその展開」（上巻に所収））

『西田哲学への問い』上田閑照編、岩波書店、一九九〇年（「西田哲学の同時代性——前期思想における経験と反省」）

『知と行為』（叢書　ドイツ観念論との対話　第四巻）門脇卓爾編、ミネルヴァ書房、一九九三年（「『精神現象学』と『意識の現象学』」）

『没後50年記念論文集　西田哲学』上田閑照編、創文社、一九九四年　（「西田哲学における哲学の論理――とくに後期思想における《否定性》の論理」）

『空洞化するニッポン』東洋大学井上円了記念学術センター編、すずさわ書店、一九九五年　（「臨界状況における近代思想」）

『西田哲学を学ぶ人のために』大峯顯編、世界思想社、一九九六年　（「西田哲学の学問性」）

『生命と知』東洋大学井上円了記念学術センター編、すずさわ書店、一九九七年　（「無為自然と有為自然――自然と人間とのあいだ」）

『感覚――世界の境界線』（叢書　現象学と解釈学）河本英夫・佐藤康邦編、白菁社、一九九九年　（「感覚の現象学に寄せて」）

『媒体性の現象学』新田義弘・山口一郎・河本英夫著、青土社、二〇〇二年

『东方文化的现代承诺』（东方哲学与文化丛书之三）卞崇道主编、沈阳出版社、一九九七年　（「加强多元文化间的对话和理解克服人类面临的共同危机（代序）」「无为自然与有为自然――关于放下与责人的现象学考察」「付录三　现象学与西田哲学――东西方思想的媒体」）

『哲学的时代课题』卞崇道主编、沈阳出版社、二〇〇〇年　（「作为哲学概念的『现象』――否定现象学与东方思想」）

Phenomenology of Nature, Festschrift in Honor of Kah Kyung Cho, The Korean Society of Phenomenology, 1998.（後に *Sonderband der Phänomenologische Forschungen*, Kah Kyung Cho and Young-Ho Lee (Hg.), 1999として再版）（"Logik der Philosophie‹ in der Philosophie Nishidas"）

Eugen Fink: Sozialphilosophie – Anthropologie – Kosmologie – Pädagogik – Methodik, (Orbis Phaenomenologicus-Perspektiven. Neue Folge Band 12), Anselm Böhmer (Hg.), Königshausen & Neumann, 2006.（"Der Weltaufgang und die Rolle des Menschen als Medium"）

「フッサールの世界分析論」、『文化』第一九巻第三号、東北大学文学会、一九五五年
「ハイデッガーの真理論」、『東北大学教育学部研究年報』VI、一九五八年
「ハイデガーにおける思惟と詩作――言葉の問題をめぐって」、『東洋大学教養部紀要』第二号、東洋大学教養部、一九六一年
「フッサールにおける世界と歴史」、『白山哲学』第二号、東洋大学哲学会編、一九六四年
「歴史の意味とその根拠について」、『白山哲学』第三号、東洋大学哲学会編、一九六五年
「現象学の世界――フッサールの歩んだ道」、『実存主義』第四四号（特集＝現象学）実存主義協会編、理想社、一九六八年
「時代批判の特徴　ハイデガー」、『実存主義講座II　時代批判』理想社、一九六八年
「フッサールにおける方法の問題――態度変革の意義とその根拠」、『思想』第五三六号、岩波書店、一九六九年
「現代哲学の反省概念について」、『現象学研究』創刊号、せりか書房、一九七二年
「解釈学的循環の問題」、『白山哲学』第九号、東洋大学哲学会編、一九七三年
「主観性とその根拠について――クザーヌスと現代」、『東洋大学大学院紀要』第一一号、一九七四年
「現代現象学における現象学の動向」、『理想』第五一一号、理想社、一九七五年
「自己意識と反省理論――フィヒテと現代」、『東洋大学大学院紀要』第一二号、一九七五年
「フッサールの『或る夜の対話』草稿をめぐって――相互主観性の現象学の立場」、『情況』第八九号（一一月臨時増刊特集＝現象学）、情況出版、一九七五年
「ハイデガーとフィヒテ」、『実存主義』第七七号（特集＝ハイデガー追悼号）、実存主義協会、以文社、一九七六年

「現象学研究の現況」、『思想』第六五二号、岩波書店、一九七八年
「思想の言葉」、『思想』第六五九号、岩波書店、一九七九年
「パースペクティヴの理論としての現象学」、『哲学』第三〇号、日本哲学会編、法政大学出版局、一九八〇年
「地平の現象学」、『思想』第六八八号、岩波書店、一九八一年
「歴史科学における物語行為について」、『思想』第七一二号、岩波書店、一九八三年
「日常世界と学問」、『建築雑誌』第九九巻、日本建築学会、一九八四年
「近さと隔たり」、『現象学年報』創刊号、日本現象学会編、北斗出版、一九八四年
「深さの現象学——フィヒテ後期知識学における生ける〈通徹〉の論理」、『思想』第七四九号、一九八六年
「地平の形成とその制約となるもの」、『現象学年報』第五巻、日本現象学会編、一九九〇年
「意識と自然——その生ける関わりへの問い」、『シェリング年報』創刊号、晃洋書房、一九九三年
「顕現せざるものの現象学」、『現代思想』第二一巻第八号（臨時増刊　総特集＝ヘーゲルの思想）、青土社、一九九三年
「鏡と光のメタファー——speculaとspeculum」、『signe de Be』第九号、一九九三年
「現象学と西田哲学——東西思想の媒体として」、『井上円了センター年報』第四号、一九九五年
「学問論としての西田哲学——非対称性の現象学」、『思想』第八五七号（西田幾多郎没後五〇年）、岩波書店、一九九五年↓『西田哲学選集』別巻2、上田閑照監修、大橋良介・野家啓一編、燈影社、一九九八年に再録
「生命と知識——〈Durch〉の媒介機能への現象学的考察」、『フィヒテ研究』第五号、日本フィヒテ協会編、晃洋書房、一九九七年
「感覚・意味・生命　感覚の現象学の展開」、『現代思想』第二七巻一〇号（特集＝感覚の論理）、青土社、一九九九年
「超越論的媒体性としての自覚——現象学における思惟の変遷と西田哲学」、『日本の哲学』第一号（特集＝西田哲学研究の現在）昭和堂、二〇〇〇年

「志向性――知の差異性構造」（連載「世界と生命――知の媒体性への現象学的考察」1）、『現代思想』第二八巻第六号、青土社、二〇〇〇年
「エポケー――方法と事象」（連載「世界と生命」2）、『現代思想』第二八巻第七号、青土社、二〇〇〇年
「地平の現象学――近代知の構図」（連載「世界と生命」3）、『現代思想』第二八巻第八号、青土社、二〇〇〇年
「現象学と解釈学との交差――地平的超越の開放性と閉域性」（連載「世界と生命」4）、『現代思想』第二八巻第九号、青土社、二〇〇〇年
「顕現せざるものの現象学――ハイデガーの『思惟の道』」（連載「世界と生命」5）、『現代思想』第二八巻第一一号、青土社、二〇〇〇年
「可視性と不可視性　再考――光のメタファーとイコン的差異性」（連載「世界と生命」6）、『現代思想』第二八巻第一二号、青土社、二〇〇〇年
「現象学的真理論の差異論的展開――後期フッサールの時間性・身体性の分析」（連載「世界と生命」7）、『現代思想』第二八巻第一三号、青土社、二〇〇〇年
「思想の言葉　フッサールとハイデガーとのあいだ――問いの往還」、『思想』第九一六号、岩波書店、二〇〇〇年
「現象学のコスモロギー的転回――E・フィンクの世界論」（連載「世界と生命」8）、『現代思想』第二九巻第一号、青土社、二〇〇一年
「知の深さと深さの知」、『現代思想』第二九巻第三号（臨時増刊　総特集＝システム）青土社、二〇〇一年
「生命の現象学――その系譜と展開を追って」（連載「世界と生命」9）、『現代思想』第二九巻第五号、青土社、二〇〇一年
「世界・生命・個物――超越論的媒体性とはなにか」（連載「世界と生命」最終回）、『現代思想』第二九巻第六号、青土社、二〇〇一年

「現象学的思惟の自己変貌――フライブルク系現象学の時代的展開」、『現代思想』第二九巻一七号（臨時増刊　総特集＝現象学――知と生命）、青土社、二〇〇一年

「対談　哲学と反復――〈現象学運動〉の形成と変貌（新田義弘＋河本英夫）」、『現代思想』第二九巻第一七号（臨時増刊　総特集＝現象学――知と生命）、青土社、二〇〇一年

「現象学的思惟と東洋の思惟との間――経験の深層次元への問いの道」、『日本の哲学』第四号、昭和堂、二〇〇三年

「知の自証性と世界の開現性――西田と井筒」、『思想』第九六八号、岩波書店、二〇〇四年

「断想　他者と死」、河本英夫・谷徹・松尾正編『他者の現象学Ⅲ――哲学と精神医学の臨界』、北斗出版、二〇〇四年

“The Singularity and Plurality of the Viewpoint in Husserl's Transcendental Phenomenology”, in: *Analecta Husserliana*, vol. XVI, Anna - Teresa Tymieniecka (ed.), D. Reidel, 1983.

“Der Weg zu einer Phänomenologie des Unscheinbaren”, in: *Zur philosophischen Aktualität Heideggers*, Bd. II, Otto Pöggeler (Hg.), V. Klostermann, 1990.

“Das anonyme Medium in der Konstitution von mehrdimensionalem Wissen”, in: *Phänomenologische Forschungen*, Bd. 24/25 (Perspektiven und Probleme der Husserlschen Phänomenologie: Beiträge zur neueren Husserl-Forschung), Ernst Wolfgang Orth (Hg.), Karl Alber, 1991.

“Über die Selbst-Differenzierung des Lebens. Phänomenologie der Ungegenständlichkeit bei Kitaro Nishida (1870 - 1945)”, *in: Facetten der Wahrheit*, Ernesto Gazón - Valdés u.a. (Hg.), Karl Alber, 1995.

“Fenomén Východ-Západ”, in: *Filosofický Časopis* 3, Vydává Filosofický ústav Akademie věd České republiky v Praze, 1998. (*Fenomén jako filosofický problém*, Centrum pro fenomenologická bádáni, Praha, 2000に再録)

訳書

マックス・ミューラー『ハイデッガーと西洋の形而上学』（実存主義叢書12）理想社、一九六六年
オイゲン・フィンク他『フッサールと現代思想』（現象学叢書1）立松弘孝他共訳、せりか書房、一九七二年
オットー・フリードリッヒ・ボルノウ、ヘルムート・プレスナー『現代の哲学的人間学』（白水叢書4）藤田健治他共訳、白水社、一九七六年
ゲルト・ブラント『世界・自我・時間——フッサール未公開草稿による研究』新田義弘・小池稔共訳、国文社、一九七六年
マックス・ミュラー他『現象学の根本問題』新田義弘・小川侃編訳、晃洋書房、一九七八年
ヴァルター・シュルツ『変貌した世界の哲学1　科学化の動向』藤田健治監訳、藤田健治・新田義弘・石垣寿郎共訳、二玄社、一九七八年
ベルンハルト・ヴァルデンフェルス他『現象学とマルクス主義1　生活世界と実践』新田義弘他訳、白水社、一九八二年
ベルンハルト・ヴァルデンフェルス他『現象学とマルクス主義2　方法と認識』新田義弘他訳、白水社、一九八二年
オイゲン・フィンク『フッサールの現象学』新田義弘・小池稔共訳、以文社、一九八二年
ハインリヒ・ロムバハ、ポール・リクール、ルートヴィヒ・ラントグレーベ他『現象学の展望』（アウロラ叢書）新田義弘・村田純一編訳、国文社、一九八六年
ベルンハルト・ヴァルデンフェルス『行動の空間』新田義弘他訳、白水社、一九八七年
クラウス・ヘルト『生き生きした現在——時間の深淵への問い』新田義弘他訳、北斗出版、一九八八年↓〔新装版〕『生き生きした現在——時間と自己の現象学』一九九七年

エトムント・フッサール、オイゲン・フィンク『超越論的方法論の理念——第六デカルト的省察』新田義弘・千田義光共訳、岩波書店、一九九五年

エトムント・フッサール「自然の空間性の現象学的起源に関する基礎研究——コペルニクス説の転覆」新田義弘・村田純一共訳、『現象学と現代思想』(新田義弘・滝浦静雄・木田元・立松弘孝編『講座　現象学』第三巻)、弘文堂、一九八〇年

あとがき

本書、新田義弘先生の追悼記念論集は、多くの人たちの協力をえて、現象学をさらに前進させる部分と、ここまで進んできたそれぞれの人たちが思いを籠めてそれぞれに区切りをあたえていく部分から成り立っている。参加していただいた多数の人たちには、心より感謝したい。

現象学そのものにとって、本書が、新たな多くの試行錯誤を示し、また多くの大胆な企ての事例となってくれることを願っている。また病気や体調不良により、参加していただけなかった多くの人たちの思いに、いくぶんか対応できていれば幸いである。

しかも本書は、現象学に関わる人たちにだけ必要とされるのではない。新田先生の構想のなかには、現象学を軸として、哲学史総体を再編していくという大きな企画と果敢な思いがあった。「現われ」を経験の第一義的な場所として設定すると、伝統的な主観性そのものも「現われ」や「現われの出現」の「媒体」となっていく。「現われ」からみて、身体も時間もおそらく意識も、「現われ」の媒体なのである。ここには事象の解明だけではなく、同時に未来へと向けた「課題設定」も含まれているようにみえる。

実際、新田先生の構想の組み立てには、事象の解明と同時に課題設定を行なうという、試行的な「踏み出し」が含まれていた。例えば現われと媒体との間の「媒体性」のモードは、多くのタイプがあると思われる。現われにとって、意識の媒体的な関わりのモードと、身体の媒体的関わりのモードは、相当に異なっている。そうしたモードを明るみに出すためには、現象学的な考察の限界に触れていくような場面も生じてくる。

また「現われ」はみずからを自証するが、同時に「隠れ」が生じてくる。この隠れの由来は、多くの内容を含むが、最も典型的なものの一つが、現われの出現をもたらす「働き」そのものであり、経験の側面で言えば、そこで遂行されている「行為」である。現われの出現に関わる行為は、現われの出現とともに隠れてしまう。

こうした事態を考察しようとすると、別建ての大きなテーマに触れてしまうようなところがある。こうした課題に対しては、ドイツ観念論からも近世哲学からも、それぞれに固有の対応の仕方と解答の仕方があるように思われる。多方面に関わり、波及効果の大きな課題設定を同時に行なってしまっていたのが、新田先生の現象学であった。

今回の企画を進めるにあたって、実務的な作業で、立正大学の武内大先生と、東洋大学国際哲学研究センターの研究スタッフである畑一成先生には、多くの助力をいただいた。ドイツ語圏からの執筆者に対しては、山口一郎先生に連絡と翻訳チェックの労を取っていただいた。

多数の人に参加していただいた企画であるため、連絡業務の行き違いもあり、いくつかのアクシデントもあった。そのつど、おおらかに対応していただいたことに感謝している。

なによりも学芸みらい社の小島直人氏には、成書として仕上げていくためのこまごまとした作業を一手に引き受けてやっていただいた。小島直人氏とは、今回も多くの思いと感慨を共有した作業となった。衷心より感謝したい。

なお本書は二〇二〇年度東洋大学重点研究推進プログラムの助成を受けたものである。

二〇二一年三月　河本英夫

著者／訳者紹介

※生年・最終学歴・現職・主要業績二点を示す。
※（＊）は編者。

稲垣　諭

一九七四年生まれ。東洋大学大学院文学研究科哲学専攻博士後期課程修了。東洋大学教授。著書に『大丈夫、死ぬには及ばない——今、大学生に何が起きているのか』（学芸みらい社、二〇一五年）、『壊れながら立ち上がり続ける——個の変容の哲学』（青土社、二〇一八年）他。

河本英夫（＊）

一九五三年生まれ。東京大学理学系研究科博士課程満期退学。東洋大学教授。著書に『哲学の練習問題』（講談社学術文庫、二〇一八年）、『経験をリセットする——理論哲学から行為哲学へ』（青土社、二〇一七年）他。

斎藤慶典

一九五七年生まれ。慶應義塾大学大学院文学研究科博士課程単位取得退学。慶應義塾大学文学部教授。著書に『「実在」の形而上学』（岩波書店、二〇一一年）、『私は自由なのかもしれない——〈責任という自由〉の形而上学』（慶應義塾大学出版会、二〇一八年）他。

ゲオルグ・シュテンガー／Georg Stenger

一九五七生まれ。ヴュルツブルク大学哲学科教授資格取得。ウィーン大学教授。二〇一一年からウィーン大学哲学科の

「グローバル世界における哲学講座」を担当。また、二〇〇九年から二〇一九年まで「間文化哲学学会」(Gesellschaft für Interkulturelle Philosophie; GIP) の会長を、二〇一九年以後は同学会の副会長を務める。著書に *Philosophie der Interkulturalität. Phänomenologie der interkulturellen Erfahrung, Freiburg*/München (Alber-Verlag) 2. Aufl. (Studien- und Online-Ausgabe), Alber-Verlag, Freiburg/München 2020. (1. Aufl. 2006). (1088 S.) (『間文化性の哲学。間文化的経験の現象学』) 他。

ハンス・ライナー・ゼップ／Hans Rainer Sepp

一九五四年生まれ。ミュンヘン大学哲学科博士課程修了。プラハ・カレル大学人間科学部教授、プラハ・カレル大学人間科学部中央ヨーロッパ哲学研究所(SIF)所長。著書にPhilosophie der imaginären Dinge, 2017. Phänomenologie und Oikologie [chinesisch], 2019. 他。

高橋義人

一九四五年生まれ。慶応義塾大学大学院文学研究科独文学専攻博士課程単位取得満期退学。平安女学院大学特任教授、京都大学名誉教授。著書に『形態と象徴――ゲーテと「緑の自然科学」』(岩波書店、一九八八年)、『悪魔の神話学』(岩波書店、二〇一八年) 他。

田口 茂

一九六七年生まれ。ドイツ・ヴッパータール大学哲学科博士課程修了。北海道大学大学院文学研究院教授。著書に *Das Problem des 'Ur-Ich' bei Edmund Husserl. Die Frage nach der selbstverständlichen 'Nähe' des Selbst* (Phaenomenologica 178), Dordrecht: Springer, 2006.、『現象学という思考――〈自明なもの〉の知へ』(筑摩書房、二〇一四年) 他。

武内 大

一九六八年生まれ。東洋大学大学院文学研究科博士後期課程満期退学。立正大学文学部哲学科教授。論文に「ジョン・ディーにおける創造の問い」(『実存思想論集 XXⅢ』所収、理想社、二〇一六年)、著書に『現象学と形而上学――フッサール・フィンク・ハイデガー』(知泉書館、二〇一〇年)他。

谷 徹

一九五四生まれ。慶應義塾大学大学院文学研究科哲学専攻博士課程単位取得退学。立命館大学文学部名誉教授・特別任用教授。著書に『意識の自然――現象学の可能性を拓く』(勁草書房、一九九八年)、『これが現象学だ』(講談社現代新書、二〇〇二年)他。

丹木博一

一九六一年生まれ。上智大学大学院哲学研究科哲学専攻博士後期課程単位取得満期退学。上智大学短期大学部英語科教授。著書に『いのちの形成とケアリング――ケアのケアを考える』(ナカニシヤ出版、二〇一六年)他、共著に『生命の倫理と宗教的霊性』(海老原晴香・長町裕司・森裕子編、ぷねうま舎、二〇一八年。収録論文「悲哀と表現――西田幾多郎における行為的自己の生命の自覚について」)他。

富山 豊

一九八一年生まれ。東京大学大学院人文社会系研究科博士課程修了。東京大学大学院人文社会系研究科研究員。共著に『ワードマップ 現代現象学――経験から始める哲学入門』(植村玄輝・八重樫徹・吉川孝編著、富山豊・森功次著、新曜社、二〇一七年)がある。

永井　晋

一九六〇生まれ。パリ第一大学博士課程ＤＥＡ取得。東洋大学文学部教授。著書に『現象学の転回――「顕現しないもの」に向けて』（知泉書館、二〇〇七年）、『〈精神的〉東洋哲学――顕現しないものの現象学』（知泉書館、二〇一八年）がある。

村田純一

一九四八年生まれ。東京大学大学院理学系研究科（科学史・科学基礎論）博士課程単位取得退学。東京大学名誉教授。著書に『味わいの現象学――知覚経験のマルチモダリティ』（ぷねうま舎、二〇一九年）、『技術の哲学』（岩波書店、二〇〇九）他。

山口一郎

一九四七年生まれ。ミュンヘン大学哲学科博士課程。東洋大学名誉教授。著書に『存在から生成へ――フッサール発生的現象学研究』（知泉書館、二〇〇五年）、『発生の起源と目的――フッサール「受動的綜合」の研究』（知泉書館、二〇一八年）Genese der Zeit aus dem Da, Alber 2018 他。

ベルンハルト・ヴァルデンフェルス／Bernhard Waldenfels

一九三四年生まれ。ミュンヘン大学哲学科博士課程修了。ボーフム大学名誉教授。邦訳書に『経験の裂け目』（山口一郎・中山純一・三村尚彦・稲垣諭・村田憲郎・吉川孝訳、知泉書館、二〇〇九年）、『フランスの現象学』（佐藤真理人訳、法政大学出版局、二〇〇九年）他。

鈴木琢真

一九五九年生まれ。東洋大学大学院文学研究科哲学専攻博士後期課程単位取得退学。共訳書に『フッサールの思想』（R・

ベルネ、I・ケルン、E・マールバッハ著、千田義光・鈴木琢真・徳永哲郎訳、哲書房、一九九四年)、『ニーチェ――悲劇的認識の思想』(H・シュミット著、竹田純郎・鈴木琢真訳、国文社、一九九六年)がある。

千田義光

一九四三年生まれ。東京大学大学院哲学専修課程博士課程中退。國學院大學名誉教授。著書に『現象学の基礎』(放送大学、二〇〇四年)他、共訳書に『超越論的方法論の理念――第六デカルト的省察』(E・フッサール、E・フィンク、H・エーベリンク他編、新田義弘・千田義光訳、岩波書店、一九九五年)他。

野家啓一

一九四九年生まれ。東京大学大学院理学系研究科(科学史・科学基礎論)博士課程中退。東北大学名誉教授、立命館大学客員教授、河合文化教育研究所主任研究員。著書に『歴史を哲学する』(岩波現代文庫、二〇一六年)、『はざまの哲学』(青土社、二〇一八年)他。

日暮陽一

一九五二年生まれ。東洋大学大学院文学研究科哲学専攻博士後期課程単位取得退学。東洋大学文学部哲学科非常勤講師。共著に『他者の現象学Ⅲ――哲学と精神医学の臨界』(河本英夫・谷徹・松尾正編、北斗出版、二〇〇四年。収録論文「第3章:死から死へ」)、『自己意識の現象学――生命と知をめぐって』(新田義弘・河本英夫編、世界思想社、二〇〇五年。収録論文「第5章:自己意識のアポリア」)他。

鷲田清一

一九四九年生まれ。京都大学大学院文学研究科（哲学専攻）博士課程単位取得退学。大阪大学名誉教授。著書に『現象学の視線――分散する理性』（講談社学術文庫、一九九七年）、『メルロ＝ポンティ――可逆性』（講談社学術文庫、二〇二〇年）他。

＊

増田隼人

一九八八年生まれ。東洋大学大学院文学研究科哲学専攻博士後期課程修了。「東洋大学国際哲学研究センター」客員研究員。論文に「現象学における習慣概念の意義――ギルバート・ライルの機械的習慣論との対比を通して」（『比較思想研究　第四六号』所収、二〇二〇年）他、翻訳にゲオルグ・シュテンガー「ドイツ文化とエコロジー」（『「エコ・フィロソフィ」研究　別冊一〇号』所収、二〇一六年）がある。

畑　一成

一九八二年生まれ。カイザースラウテルン工科大学哲学科博士課程修了。武蔵野美術大学非常勤講師。著書に『ゲーテ　ポイエーシス的自然学の想像力――色彩論と生成する自然の力の源泉』（学芸みらい社、二〇二〇年）がある。

[編著者紹介]

河本英夫（かわもと・ひでお）

1953年、鳥取県生まれ。東京大学教養学部卒業。同大学大学院理学系研究科博士課程満期退学（科学史・科学基礎論）。現在、東洋大学文学部哲学科教授。専門は哲学・システム論・科学論。著書に『オートポイエーシス――第三世代システム』『経験をリセットする――理論哲学から行為哲学へ』（共に青土社）、『システム現象学』（新曜社）、『〈わたし〉の哲学――オートポイエーシス入門』（角川選書）、『哲学の練習問題』（講談社学術文庫）など多数。編著に『現象学のパースペクティヴ』（晃洋書房）、『iHuman――AI時代の有機体-人間-機械』（学芸みらい社）などが、また訳書に荒川修作+マドリン・ギンズ『建築する身体――人間を超えていくために』（春秋社）、アーサー・C・ダント『物語としての歴史――歴史の分析哲学』（国文社）などがある。

現象学 未来からの光芒
～新田義弘教授 追悼論文集～

2021年4月15日　初版発行

編著者　河本《かわもと》英《ひで》夫《お》

発行者　小島直人

発行所　株式会社 学芸みらい社

〒162-0833 東京都新宿区箪笥町31 箪笥町SKビル3F
電話番号：03-5227-1266
FAX番号：03-5227-1267
HP：http://www.gakugeimirai.jp/
E-mail：info@gakugeimirai.jp

印刷所・製本所　藤原印刷株式会社
装　幀　芦澤泰偉
本文デザイン　吉久隆志・古川美佐（エディプレッション）

落丁・乱丁本は弊社宛お送りください。送料弊社負担でお取り替えいたします。

ISBN978-4-909783-72-1 C0010